PONS

PRAXIS-SPRACHFÜHRER

FRANZÖSISCH

PONS GmbH
Stuttgart

PONS Praxis-Sprachführer
FRANZÖSISCH

Bearbeitet von: Nathalie Karanfilovic, Anette Dralle

1. Auflage 2020 (1,01 - 2020)

www.pons.de
E-Mail: kundenservice@pons.de

Umschlagfoto: shutterstock/Pascale Gueret
Logoentwurf: Erwin Poell, Heidelberg
Satz: Lumina Datamatics Ltd.
Logoüberarbeitung: Sabine Redlin, Ludwigsburg

Druck und Bindung: Publikum d.o.o.

ISBN 978-3-12-518018-5

Liebe Leserin, lieber Leser,

Sie reisen nach Frankreich und suchen die passende Sprachbegleitung? Mit dem Praxis-Sprachführer von PONS haben Sie immer die wichtigsten Sätze und Worte besonders schnell zur Hand.

Ob Sie mal eben nach dem Weg fragen oder eine Übernachtung buchen möchten: **In sechs thematischen Kapiteln** finden Sie den passenden vorformulierten Satz für jede Situation. Und wenn es schnell gehen muss, schlagen Sie einfach im **Französisch - Deutschen, Deutsch - Französischen** Wörterbuch nach, der den wichtigsten Wortschatz von A wie *Abendessen* bis Z wie *Zwischenlandung* für Sie enthält.

Alle Themen sind für Sie mit dem innovativen **Farbleitsystem** gekennzeichnet und dadurch ohne langes Blättern ganz einfach zu finden. Die **praktische Ringbindung** unterstützt Sie dabei ganz besonders in der Handhabung dieses Sprachführers: Einmal im Restaurant z.B. die Speisekarte aufgeschlagen, können Sie den Sprachführer bequem wieder in die Tasche stecken und bei Bedarf erneut herausziehen und haben immer die Speisekarte parat, ohne erneutes langes Blättern.

Ganz gleich ob Sie einen Kurztrip oder eine längere Reise planen: Der Praxis-Sprachführer von PONS bietet Ihnen alles was Sie brauchen, um sich unterwegs schnell, bequem und sicher zu verständigen.

Eine schöne Reise wünscht Ihnen

Ihre

PONS Redaktion

INHALT

ESSEN UND TRINKEN 55

EINKAUFEN 77

ÜBERNACHTEN 97

FÜR ALLE FÄLLE 107

WÖRTERBUCH 129

KÖNNEN SIE MIR DAS BUCHSTABIEREN?

In manchen Situationen, z.B. am Telefon, hilft meist nur das Buchstabieren. Damit es dabei zu keinen Missverständnissen kommt, anbei für Sie das Alphabet mit der richtigen Aussprache.

A	a	[a]	N	n	[ɛn]
B	b	[be]	O	o	[o]
C	c	[se]	P	p	[pe]
D	d	[de]	Q	q	[ky]
E	e	[ə]	R	r	[ɛːʀ]
F	f	[ɛf]	S	s	[ɛs]
G	g	[ʒe]	T	t	[te]
H	h	[aʃ]	U	u	[y]
I	i	[i]	V	v	[ve]
J	j	[ʒi]	W	w	[dubləve]
K	k	[ka]	X	x	[iks]
L	l	[ɛl]	Y	y	[igʀɛk]
M	m	[ɛm]	Z	z	[zɛd]

ABKÜRZUNGEN IM PRAXIS-SPRACHFÜHRER

„WAS BEDEUTET ...?“

Mit dieser Liste finden Sie sich im PONS Praxis-Sprachführer Französisch schnell zurecht.

abst	abstrakt	abstrait
adj	Adjektiv	adjectif
adv	Adverb	adverbe
akust	Akustik	acoustique
art	Artikel	article
conj	Konjunktion	conjonction
el	Elektrizität	électricité
etw	etwas	quelque chose
f	weiblich	féminin
jdm	jemandem	à quelqu'un
jdn	jemanden	quelqu'un
konk	konkret	concret
m	männlich	masculin
M.	Herr	Monsieur
med	Medizin	médecine
Mlle	Fräulein	Mademoiselle
Mme	Frau	Madame
n°	Nummer	numéro
pers prn	Personalpronomen	pronom personnel
pl	Plural	pluriel
poss prn	Possessivpronomen	pronom possessif
prn	Pronomen	pronom
prp	Präposition	préposition
qc	etwas	quelque chose
qn	jemanden, jemandem	quelqu'un
rel	Religion	religion
s.	sich	se
sing	Singular	singulier
s.t.p.	bitte *(du)*	s'il te plaît
superl	Superlativ	superlatif
s.v.p.	bitte *(Sie)*	s'il vous plaît
tele	Telefon	téléphone

Prachtvolle Lavendelfelder in der Provence.

DIE BASICS

Für den leichten Einstieg: Hier finden Sie die nützlichsten Wörter und Ausdrücke auf einen Blick.

Das Wichtigste in Kürze

Ja.
Oui. [wi]

Nein.
Non. [nɔ]

Bitte.
S'il vous plaît./S'il te plaît. [sil vu plɛ/sil tə plɛ]
(als Antwort auf „Danke!")
De rien ! [də ʀjɛ̃]

Danke!
Merci ! [mɛʀsi]

Wie bitte?
Comment ? [kɔmɑ̃]
Pardon ? [paʀdɔ̃]

Selbstverständlich!
Naturellement ! [natyʀɛlmɑ̃]

Bien entendu !
[bjɛ̃n‿ɑ̃tɑ̃dy]

Natürlich!
Bien sûr ! [bjɛ syʀ]

Einverstanden!
D'accord ! [dakɔʀ]

Tut mir Leid!
Désolé ! [dezɔle]

In Ordnung!
Entendu ! [ɑ̃tɑ̃dy]

Entschuldigen Sie!
Excusez-moi ! [ɛksyze mwa]

Verzeihung!
Pardon ! [paʀdɔ̃]

Einen Augenblick, bitte!
Un instant, s'il vous plaît/s'il te plaît !
[ɛ̃nɛ̃stɑ̃ sil vu plɛ/sil tə plɛ]

Das reicht jetzt!
Ça suffit maintenant ! [sa syfi mɛ̃tnɑ̃]

Hilfe!
Au secours ! [o skuʀ]

A l'aide ! [a lɛd]

Ich hätte gerne ...
Je voudrais ... [ʒə vudʀɛ]

J'aimerais ... [ʒɛmʀɛ]

Gibt es ...?
Il y a ... ? [il‿ja]

Est-ce qu'il y a ... ? [ɛs‿kil‿ja]

Im Gespräch

BEGRÜSSEN

Guten Morgen!
Bonjour ! [bɔ̃ʒuʀ]

Guten Tag!
Bonjour ! [bɔ̃ʒuʀ]

Guten Abend!
Bonsoir ! [bɔ̃swaʀ]

Hallo!/Grüß dich!
Salut ! [saly]

Freut mich!
Enchanté ! [ɑ̃ʃɑ̃te]

Wie geht es Ihnen?
Comment allez-vous ? [kɔmɑ̃t‿ale vu]

Wie geht's?
(Comment) Ça va ? [(kɔmɑ̃) sa va]

Danke. Und Ihnen/dir?
Bien, merci. Et vous-même/toi ?
[bjɛ̃ mɛʀsi e vu mɛm/twa]

SICH VORSTELLEN

Wie ist Ihr Name, bitte?
Comment vous appelez-vous ? [kɔmɑ̃ vuz‿aple vu]

Wie heißt du?
Comment tu t'appelles ? [kɔmɑ̃ ty tapɛl]

Ich heiße ...
Je m'appelle ... [ʒə mapɛl…]

Darf ich bekannt machen? Das ist ...
Puis-je faire les présentations ? / Je vous présente ...
[pɥiʒ fɛʀ le pʀezɑ̃tasjø/ʒə vu prezɑ̃t…]

- ***Frau X.***
  Madame X. [madam]
  Mademoiselle X. [mad(ə)mwazɛl]
- ***Herr X.***
  Monsieur X. [məsjø]
- ***mein Mann./meine Frau.***
  mon mari. [mɔ̃ maʀi]
  /ma femme. [ma fam]
- ***mein Sohn./meine Tochter.***
  mon fils. [mɔ̃ fis]
  /ma fille. [ma fij]
- ***mein Freund./meine Freundin.***
  mon ami. [mɔ̃n‿ami]
  /mon amie. [mɔ̃n‿ami]

– mein Partner./meine Partnerin.
mon compagnon./ma compagne.
[mɔ̃ kɔ̃paɲɔ̃/ma kɔ̃paɲ]

Darf ich Ihnen/dir meine Visitenkarte geben?
Je peux vous/te donner ma carte de visite ?
[ʒpø vu/tə dɔne ma kaʀt də vizit]

SICH VERABSCHIEDEN

Auf Wiedersehen!
Au revoir ! [o ʀvwaʀ]

Bis später!
A tout à l'heure ! [a tut‿a lœʀ]

Bis morgen!
A demain ! [a dmɛ̃]

Bis bald!
A bientôt ! [a bjɛ̃to]

Gute Nacht!
Bonne nuit ! [bɔn nɥi]

Tschüss!
Salut ! [saly]

Gute Reise!
Bon voyage ! [bɔ̃ vwajaʒ]

Es war schön, Sie/dich kennen zu lernen.
J'ai été content/e de faire votre/ta connaissance.
[ʒɛ ete kɔ̃tɑ̃ dfɛʀ vɔt‿kɔnɛsɑ̃s]

Höflichkeit

BITTE

Bitte.
S'il vous plaît./S'il te plaît. [sil vu plɛ/sil tə plɛ]
De rien ! [də ʀjɛ̃] *(als Antwort auf „Danke!")*

Ja, bitte.
Oui, je veux bien. [wi ʒvø bjɛ̃]

Nein, danke!
Non, merci ! [nɔ̃ mɛʀsi]

Gestatten Sie?
Vous permettez ? [vu pɛʀmɛte]

Entschuldigen Sie bitte die Störung.
Excusez-moi de vous déranger.
[ɛkskyze mwa dvu deʀɑ̃ʒe]

Entschuldigen Sie, dürfte ich Sie etwas fragen?
Excusez-moi, je peux vous demander quelque chose ?
[ɛkskyse mwa ʒø vu dmɑ̃de kɛlkʃoz]

Könnten Sie mir sagen, ...?
Pourriez-vous me dire, ... ? [puʀje vu mdiʀ...]

Können Sie mir bitte helfen?
Vous pouvez m'aider, s'il vous plaît ?
[vu puve mede sil vu plɛ]

Darf/Dürfte ich Sie um einen Gefallen bitten?
Je peux/je pourrais vous demander un service ?
[ʒpø/ʒpuʀɛ vu dəmɑ̃de ɛ̃ sɛʀvis]

ENTSCHULDIGUNG

Entschuldigung!
Excusez-moi/Excuse-moi. [ɛkskyze mwa/ɛkskyz mwa]

Das tut mir sehr leid!
Je suis vraiment désolé/e ! [ʒə sɥi vrɛmɑ̃ desole]

Tut mir leid, (dass ich zu spät komme)!
Désolé/e (d'arriver aussi tard) ! [dezɔle daʀive osi taʀ]

Wer? Wie? Was?

Wer?
Qui ? [ki]

Was?
Quoi ? [kwa]

Welcher?/Welche?/Welches?
Lequel ?/Laquelle ?/Lesquels ?/Lesquelles ?
[ləkɛl/lakɛl/lekɛl/lekɛl]

Wem?
A qui ? [aki]

Wen?
Qui ? [ki]

Wo?
Où ? [u]

Wo ist?/Wo sind ...?
Où est ?/Où sont ... ? [u ɛ/u sɔ̃]

Warum?
Pourquoi ? [puʀkwa]

Wozu?
Dans quel but ? [dɑ̃ kɛl by]
Pour quoi faire ? [puʀ kwa fɛʀ]

Wie viel?
Combien ? [kɔ̃bjɛ̃]

Zeitangaben

Wie viel Uhr ist es bitte?
Quelle heure est-il, s'il vous plaît ? [kɛl‿œʀ ɛt‿il sil vu plɛ]

Es ist (genau/ungefähr) …
Il est (exactement/environ) … [il‿ɛt(‿ɛgzaktəmɑ̃/ɑ̃viʀɔ̃)]

- *3 Uhr.*
  trois heures. [tʀwaz‿œʀ]
- *5 nach 3.*
  trois heures cinq. [tʀwaz‿œʀ sɛ̃k]
- *3 Uhr 10.*
  trois heures dix. [tʀwaz‿œʀ dis]
- *Viertel nach 3.*
  trois heures et quart. [tʀwaz‿œʀ e kaʀ]
- *halb 4.*
  trois heures et demie. [tʀwaz‿œʀ e dmi]
- *Viertel vor 4.*
  quatre heures moins le quart. [katʀ‿œʀ mwɛ̃l kaʀ]
- *5 vor 4.*
  quatre heures moins cinq. [katʀ‿œʀ mwɛ̃ sɛ̃k]
- *12 Uhr Mittag/Mitternacht.*
  midi/minuit. [midi/minɥi]

Um wie viel Uhr?/Wann?
A quelle heure ?/Quand ? [a kɛl‿œʀ/kɑ̃]

Um 1 Uhr.
A une heure. [a yn‿œʀ]

Um 2 Uhr.
A deux heures. [a døz‿œʀ]

Gegen 4 Uhr.
Vers quatre heures. [vɛʀ katʀ‿œʀ]

In einer Stunde.
Dans une heure. [dɑ̃z‿yn‿œʀ]

In zwei Stunden.
Dans deux heures. [dɑ̃ døz‿œʀ]

Nicht vor 9 Uhr morgens.
Pas avant neuf heures du matin.
[pa avɑ̃ nœv‿œʀ dy matɛ̃]

Nach 8 Uhr abends.
Après huit heures du soir. [apʀɛ ɥit‿œʀ dy swaʀ]

Wie lange?
Combien de temps ? [kɔ̃bjɛ̃d tɑ̃]

Zwei Stunden (lang).
Deux heures. [døz‿œʀ]

Von 10 bis 11.
De dix à onze. [də dis a ɔ̃z]

Seit wann?
Depuis quelle heure ? [dəpɥi kɛl‿œʀ]

Seit 8 Uhr morgens.
Depuis huit heures du matin. [dəpɥi ɥit‿œʀ dy matɛ̃]

Seit einer halben Stunde.
Depuis une demi-heure. [dəpɥi yn dəmijœʀ]

Seit acht Tagen.
Depuis huit jours. [dəpɥi ɥi ʒuʀ]

ab und zu	de temps en temps [də tɑ̃z‿ɑ̃ tɑ̃]
abends	le soir [lə swaʀ]
am Sonntag	dimanche [dimɑ̃ʃ]
am Wochenende	le week-end [lə wikɛnd]
bald	bientôt [bjɛ̃to]
diese Woche	cette semaine [sɛt səmɛn]
früher (eher)	plus tôt [ply to]; *(einst)* autrefois [otʀəfwa]
gegen Mittag	vers midi [vɛʀ midi]
gestern	hier [jɛʀ]
heute	aujourd'hui [ɔʒuʀdɥi]
heute Morgen/ heute Abend	ce matin/ce soir [sə matɛ̃/sə swaʀ]
in 14 Tagen	dans quinze jours [dɑ̃ kɛ̃z ʒuʀ]
in einer Woche	dans une semaine [dɑ̃zyn səmɛn]
jeden Tag	tous les jours [tu le ʒuʀ]
jetzt	maintenant [mɛ̃tnɑ̃]
kürzlich	l'autre jour [lotʀə ʒuʀ]
letzten Montagmorgen	lundi dernier au matin [lɛ̃di dɛʀnje o matɛ̃]
manchmal	quelquefois [kɛlkəfwa]
mittags	le midi [lə midi]
morgen	demain [dəmɛ̃]
morgen früh/ morgen Abend	demain matin/demain soir [dəmɛ̃ matɛ̃/dəmɛ̃ swaʀ]
morgens	le matin [lə matɛ̃]
nachmittags	l'après-midi [lapʀɛmidi]
nachts	la nuit [la nɥi]
spät	tard [taʀ]
stündlich	toutes les heures [tut lez‿œʀ]
täglich	tous les jours [tu le ʒuʀ]

tagsüber	pendant la journée [pɑ̃dɑ̃ la ʒuʀne]
übermorgen	après-demain [apʀɛ dmɛ̃]
um diese Zeit	à cette heure-ci [a sɛt‿œʀ si]
vor zehn Minuten	il y a dix minutes [il‿ja di minyt]
vorgestern	avant-hier [avɑ̃t‿jɛʀ]
vormittags	le matin [lə matɛ̃]

Zahlen

0
zéro [zeʀo]

1
un [ɛ̃]

2
deux [dø]

3
trois [tʀwa]

4
quatre [katʀ]

5
cinq [sɛ̃k]

6
six [sis]

7
sept [sɛt]

8
huit [ɥit]

9
neuf [noef]

10
dix [dis]

11
onze [ɔ̃z]

12
douze [duz]

13
treize [tʀɛz]

14
quatorze [katɔʀz]

15
quinze [kɛ̃z]

16
seize [sɛz]

17
dix-sept [disɛt]

18
dix-huit [dizɥit]

19
dix-neuf [diznoef]

20
vingt [vɛ̃]

21
vingt et un [vɛ̃t‿e ɛ̃]

22
vingt-deux [vɛ̃t dø]

23
vingt-trois [vɛ̃t tʀwa]

24
vingt-quatre [vɛ̃t katʀ]

25
vingt-cinq [vɛ̃t sɛ̃k]

26
vingt-six [vɛ̃t sis]

27
vingt-sept [vɛ̃t sɛt]

28
vingt-huit [vɛ̃t‿ɥit]

29
vingt-neuf [vɛ̃t noef]

30
trente [tʀɑ̃t]

31
trente et un [tʀɑ̃t‿e ɛ̃]

32
trente-deux [tʀɑ̃t dø]

40
quarante [kaʀɑ̃t]

50
cinquante [sɛk̃ ɑ̃t]

60
soixante [swasɑ̃t]

70
soixante-dix
[swasɑ̃t dis]

80
quatre-vingts
[katʀə vɛ̃]

90
quatre-vingt-dix
[katʀə vɛ̃ dis]

100
cent [sɑ̃]

101
cent un [sɑ̃ ɛ̃]

200
deux cents [dø sɑ̃]

300
trois cents [tʀwa sɑ̃]

1000
mille [mil]

2000
deux mille [dø mil]

3000
trois mille [[trwa mil]

10 000
dix mille [di mil]

100 000
cent mille [sɑ̃ mil]

1 000 000
un million [ɛ̃ miljɔ]

2016
Deux mille seize
[dø mil sɛz]

2017
Deux mille dix-sept
[dø mil disɛt]

1.
premier/première
[prəmje/prəmjɛr]

2.
deuxième [døzjɛm]
second(e) [səgɔ(d)]

3.
troisième [trwazjɛm]

4.
quatrième [katrjɛm]

5.
cinquième [sɛ̃kjɛm]

6.
sixième [sizjɛm]

7.
septième [sɛtjɛm]

8.
huitième [ɥitjɛm]

9.
neuvième [noevjɛm]

10.
dixième [dizjɛm]

1/2
un demi [ɛ̃ dmi]

1/3
un tiers [ɛ̃ tjɛr]

1/4
un quart [ɛ̃ kar]

3/4
trois quarts [trwa kar]

3,5 %
trois virgule cinq pour cent
[trwa virgyl sɛ̃k pur sɑ̃]

27 °C
vingt-sept degrés
[vɛ̃t sɛt dəgre]

-5 °C
moins cinq degrés
[mwɛ̃ sɛ̃k dəgre]

Millimeter
le millimètre
[lə milimɛtʀ]

Zentimeter
le centimètre
[lə sɑ̃timɛtʀ]

Meter
le mètre
[lə mɛtʀ]

Kilometer
le kilomètre
[lə kilɔmɛtʀ]

Quadratmeter
le mètre carré
[lə mɛtʀə kaʀe]

Liter
le litre
[lə litʀ]

Gramm
le gramme
[lə gʀam]

Pfund
la livre
[la livʀ]

Kilogramm
le kilogramme
[lə kilɔgʀam];
le kilo [lə kilo]

Un demi, s'il vous plaît !

Vorsicht: In Frankreich können einige Getränke anders ankommen, u.a. Wein und Bier. Ein Glas Wein ist üblicherweise 13 cl (130 ml). Wenn man ein *Viertel Wein* bestellen möchte, sollte man dann ***un quart de vin*** *oder* ***un pichet*** bestellen.

Wenn man ein Bier vom Fass bestellen möchte, fragt man nach ***un demi***, es handelt sich aber dabei um 25 cl (250 ml) und nicht um *eine Halbe!*

Metroschild der Pariser U-Bahn-Station.

UNTERWEGS

Frankreich, St. Arnoult: Die größte Mautstation Europas mit sechs frei fließenden, berührungslosen Mautspuren.

Einreisen

Ihren Pass, bitte!
Votre passeport, s'il vous plaît. [vɔtʀə paspɔʀ sil vu plɛ]

Haben Sie ein Visum?
Vous avez un visa ? [vuz ave ɛ̃ viza]

Kann ich das Visum hier bekommen?
Est-ce que je peux obtenir le visa ici ?
[ɛs‿kəʒ pø ɔbtəniʀ lə viza isi]

Haben Sie etwas zu verzollen?
Vous avez quelque chose à déclarer ?
[vuz ave kɛlkə ʃoz a deklaʀe]

Muss ich das verzollen?
Il faut déclarer ça ? [il fo deklaʀe sa]

PERSONALIEN

Familienname … le nom de famille [lə nɔ̃d famij]
Familienstand … la situation de famille [la sityasjɔ̃d famij]
– ***ledig*** … célibataire [selibatɛʀ]
– ***verheiratet*** … marié [maʀje]
– ***verwitwet*** … *(Mann)* veuf [vœf]; *(Frau)* veuve [vœv]

WANN UND WIE SCHNELL?

... 50 km/h in geschlossenen Ortschaften, 80 km/h auf Landstraßen (manchmal sogar 110 km/h) und 130 km/h auf Autobahnen. Vergessen Sie auch nicht, dass auf Frankreichs Autobahnen fast überall Mautgebühren anfallen. Man wird jedoch rechtzeitig durch das Schild **péage** (*Maut*) vorgewarnt und kann so die Autobahn noch rechtzeitig verlassen. Wichtige Informationen zu Frankreichs Straßen finden Sie auch unter www.bison-fute.fr

Geburtsdatum	la date de naissance [la dat də nɛsɑ̃s]
Geburtsname	le nom de jeune fille [lə nɔ̃d jœn fij]
Geburtsort	le lieu de naissance [lə ljød nɛsɑ̃s]
Staatsangehörigkeit	la nationalité [la nasjɔnalite]
Vorname	le prénom [lə pʀenɔ̃]
Wohnort	le domicile [lə dɔmisil]

AN DER GRENZE

Ausreise	la sortie [la sɔʀti]
Einreise	l'entrée *(f)* [lɑ̃tʀe]
EU-Bürger	le citoyen européen [lə sitwajɛ̃ øʀopeɛ̃]
Führerschein	le permis de conduire [lə pɛʀmid kɔ̃dɥiʀ]
Grenzübergang	le poste frontière [lə pɔstə fʀɔ̃tjɛʀ]
gültig	valable [valabl]
Nationalitätskennzeichen	la plaque de nationalité [la plak də nasjɔnalite]
Nummernschild	la plaque d'immatriculation [la plak dimatʀikylasjɔ̃]
Passkontrolle	le contrôle des passeports [lə kɔ̃tʀol de paspɔʀ]

Personalausweis	la carte d'identité [la kaʀtə didɑ̃tite]
Reisepass	le passeport [lə paspɔʀ]
grüne Versicherungskarte	la carte Vitale [la kaʀtə vital]
Visum	le visa [lə viza]
Zoll	la douane [la dwan]
zollfrei	exempt de droits de douane [ɛgzɑ̃ də dʀwad duan]
Zollgebühren	les droits de douane [le dʀwad duan]
zollpflichtig	soumis aux droits de douane [sumi o dʀwad duan]

Nach dem Weg fragen

ORTSANGABEN

links	à gauche [a goʃ]
rechts	à droite [a dʀwat]
geradeaus	tout droit [tu dʀwa]
vor	devant [dəvɑ̃]
hinter	derrière [dɛʀjɛʀ]
neben	à côté de [a kote də]
gegenüber	en face de [ɑ̃ fas də]
hier	ici [isi]
dort	là, là-bas [la, laba]
nah	près [pʀɛ]
weit	loin [lwɛ̃]
nach	à, vers, en direction de [a, vɛʀ, ɑ̃ diʀɛksjɔ̃ də]
Ampel	le feu (de circulation) [lə fø (də siʀkylasjɔ̃)]
Straße	la rue [la ʀy]
Straßenecke	le coin de la rue [lə kwɛ̃ dla ry]
Kreuzung	le carrefour [lə kaʀfuʀ]
Kurve	le virage [lə viʀaʒ]

WO GEHT ES LANG?

Entschuldigen Sie bitte, wie komme ich nach ...?
Excusez-moi, pour aller à ..., s'il vous plaît ?
[ɛkskyse mwa puʀ ale a sil vu plɛ]

Immer geradeaus bis ...
Toujours tout droit jusqu'à ... [tuʒuʀ tu dʀwa ʒyska]

Dann bei der Ampel links/rechts abbiegen.
Ensuite, vous tournez à gauche/à droite au feu.
[ɑ̃sɥit vu tuʀne a goʃ/a dʀwat o fø]

Ist das weit von hier?
C'est loin d'ici ? [sɛ lwɛ̃ disi]

Bitte, ist das die Straße nach ...?
Pardon Mme/Mlle/M., je suis bien sur la route de ... ?
[paʀdɔ̃ madam/madmwazɛl/məsjø ʒə sɥi bjɛ̃ suʀ la ʀut də]

Entschuldigung, wo ist bitte ...?
Pardon Mme/Mlle/M., où se trouve ..., s'il vous plaît ?
[paʀdɔ̃ madam/madmwazɛl/məsjø us tʀuv ... sil vu plɛ]

Tut mir leid, das weiß ich nicht.
Je suis désolé, je ne sais pas. [ʒə sɥi dezɔle ʒən sɛ pa]

Gehen Sie geradeaus/nach links/nach rechts.
Vous allez tout droit./Vous prenez à gauche/à droite.
[vuz ale tu dʀwa/vu pʀəne a goʃ/a dʀwat]

Erste/Zweite Straße links/rechts.
La première/deuxième rue à gauche/à droite.
[la pʀəmjɛʀ/døzjɛm ʀy a goʃ/a dʀwat]

Überqueren Sie ...
Vous traversez ... [vu tʀavɛʀse]

- *die Brücke.*
  le pont. [lə pɔ̃]
- *den Platz.*
  la place. [la plas]
- *die Straße.*
  la rue. [la ʀy]

UNTERWEGS

NACH DEM WEG FRAGEN

Auf Zwei- und Vierrädern

A BIS Z FÜR FAHRER

Ausfahrt	la sortie (d'autoroute) [la sɔʀti (dotoʀut)]
Autobahn	l'autoroute *(f)* [lotɔʀut]
Hauptstraße	la rue principale [la ʀy pʀɛ̃sipal]
Landstraße	la route secondaire [la ʀut səgɔ̃dɛʀ]; la route départementale [la ʀut depaʀtəmɑ̃tal]
Maut	le péage [lə peaʒ]
Nebenstraße	la rue adjacente [la ʀy adʒasɑ̃t]
Radarkontrolle	le contrôle radar [lə kɔ̃tʀol ʀadaʀ]
Rastplatz	l'aire *(f)* de repos [lɛʀ də ʀəpo]; l'aire *(f)* de service [lɛʀ də sɛʀvis]
Raststätte	le restoroute [lə ʀɛstɔʀut]
Schild	le panneau [lə pano]
Schnellstraße	la voie rapide [la vwa ʀapid]
Stau	l'embouteillage *(m)* [lɑ̃butɛjaʒ]
trampen	faire de l'auto-stop [fɛʀ də lotɔstɔp]

AN DER TANKSTELLE/RASTSTÄTTE

Wo ist bitte die nächste Tankstelle?
Où est la station-service la plus proche, s'il vous plaît ?
[u ɛ la stasjɔ̃ sɛʀvis la ply pʀɔʃ sil vu plɛ]

Gibt es hier eine Elektrotankstelle?
Est-ce qu'il y a une borne de recharge électrique par ici ?
[ɛs‿kil‿ja yn bɔʀn də ʀəʃaʀʒ‿elɛ̃ktʀik paʀ‿isi]

Ich möchte ... Liter
Je voudrais ... litres, s'il vous plaît.
[ʒvudʀɛ ... litʀə sil vu plɛ]

- *Benzin (bleifrei).*
  Du (sans plomb) 95 (octanes).
  [dy (sɑ̃ plɔ̃) katʀə vɛ̃kɛ̃z(‿ɔktan)]
- *Super (bleifrei).*
  Du (sans plomb) 98 (octanes).
  [dy (sɑ̃ plɔ̃) katʀə vɛ̃ dizɥit(‿ɔktan)]
- *Diesel.*
  Du gazole/gasoil/diesel. [dy gazɔl/gazwal/djezɛl]

Voll tanken, bitte!
Le plein, s'il vous plaît! [lə plɛ̃ sil vu plɛ]

Wo sind bitte die Toiletten?
Où sont les toilettes, s'il vous plaît ?
[u sɔ̃ le twalɛt, sil vu plɛ]

Gibt es eine Behindertentoilette?
Il y a des toilettes pour handicapés ?
[ilja de twalɛt puʀ ɑ̃dikape]

Gibt es hier einen Wickelraum?
Vous avez une nurserie ici ? [vuz‿ave yn‿nœʀsəʀi isi]

HINWEISE UND INFORMATIONEN

Arrêt interdit	Halten verboten
Attention	Achtung
Chantier	Baustelle
Chaussée déformée	Schlechte Fahrbahn
Chemin privé	Chaussée déformée
Danger	Gefahr
Dérapage	Schleudergefahr
Descente dangereuse	starkes Gefälle
Déviation	Umleitung
Ecole	Auf Schulkinder achten

Entrée interdite	Einfahrt verboten
Fin d'interdiction de stationner	Ende des Parkverbots
Gravillons	Rollsplitt
Halte	Anhalte
Hôpital	Krankenhaus
Poids lourds	Lastwagen
Priorité à droite	Rechtsvorfahrt
Prudence	Vorsicht
Ralentir	Langsamer fahren
Rappel	Erinnerung an ein vorausgegangenes Gebots- oder Verbotsschild
Roulez au pas	Schritt fahren
Sauf riverains	Anlieger frei
Secours routier	Pannenhilfe, Straßenwacht
Serrer à droite /gauche	rechts/links fahren
Sortie d'autoroute	Autobahnausfahrt
Sortie de véhicules	Ausfahrt frei halten
Stationnement interdit	Parken verboten
Trous en formation	Schlechte Fahrbahn
Virage dangereux	Gefährliche Kurve
Voie pompiers	Feuerwehrzufahrt
Voie sans issue	Sackgasse
Zone à stationnement réglementé	Kurzparkzone

PARKEN

Entschuldigen Sie bitte, gibt es hier in der Nähe eine Parkmöglichkeit?
Excusez-moi, est-ce qu'il y a un parking près d'ici ?
[ɛkskyse mwa ɛs‿kil‿ja ɛ̃ paʀkiŋ pʀɛ disi]

Wie hoch ist die Parkgebühr pro Stunde?
Quel est le tarif pour une heure? [kɛl‿ɛl taʀif puʀ yn‿œʀ]

EINE PANNE

Ich habe eine Panne.
Je suis en panne. [ʒə sɥiz‿ɑ̃ pan]

Ich habe einen Platten.
J'ai un pneu crevé. [ʒɛ ɛ̃ pnø kʀəve]

Ich habe kein Benzin mehr.
Je n'ai plus d'essence. [ʒə nɛ ply dɛsɑ̃s]

Die Batterie ist leer.
La batterie est à plat. [la batʀi ɛt‿a pla]

Könnten Sie mir Starthilfe geben?
Vous pourriez m'aider à démarrer ?
[vu puʀje mɛde a demaʀe]

Gibt es hier in der Nähe eine Werkstatt?
Pardon Mme/Mlle/M., est-ce qu'il y a un garage près d'ici, s'il vous plaît ? [paʀdɔ̃ madam/madmwazɛl/məsjø ɛs‿kil‿ja ɛ̃ gaʀaʒ pʀɛ disi sil vu plɛ]

Abschleppdienst	le service de dépannage [lə sɛʀvis də depanaʒ]
abschleppen	remorquer [ʀəmɔʀke]
Abschleppseil	le câble de remorquage [lə kablə də ʀəmɔʀkaʒ]
Abschleppwagen	la dépanneuse [la depanøz]
Benzinkanister	le bidon d'essence [lə bidɔ̃ dɛsɑ̃s]
Ersatzrad	la roue de secours [la ʀud səkuʀ]
Flickzeug	le kit de réparation [lə kit də ʀepaʀasjɔ̃]
Luftpumpe	la pompe [la pɔ̃p]
Notrufsäule	le téléphone de secours [lə telefɔn də skuʀ]
Pannendienst	le service de dépannage [lə sɛʀvis də depanaʒ]
Platten	le pneu crevé [lə pnø kʀəve]
Starthilfekabel	le câble de démarrage [lə kablə də demaʀaʒ]
Wagenheber	le cric [lə kʀik]

Warnblinkanlage	les feux de détresse [le fɔ də detʀɛs]
Warndreieck	le triangle de présignalisation [lə tʀijɑ̃gl də pʀesiɲalizasjɔ̃]
Werkzeug	les outils *(m)* [lez‿uti]

IN DER WERKSTATT

Das Auto springt nicht an.
Ma voiture ne démarre pas. [ma vwatyʀ nə demaʀ pa]

... ist/sind defekt.
... est/sont défectueux/défectueuse(s).
[ɛ/sɔ̃ defɛktyø/defɛktyøz]

Abblendlicht	les codes *(m)* [le kɔd]
Alarmanlage	le système d'alarme [lə sistɛm dalaʀm]
Anlasser	le démarreur [lə demaʀœʀ]
Auspuff	le tuyau d'échappement [lə tɥijo deʃapmɑ̃]
Automatik(getriebe)	la boîte automatique [la bwat ɔtɔmatik]
Benzinpumpe	la pompe à essence [la pɔ̃p‿a ɛsɑ̃s]
Blinklicht	le clignotant [lə kliɲɔtɑ̃]
Bremse	le frein [lə fʀɛ̃]
Bremsflüssigkeit	le liquide de frein [lə likid də fʀɛ̃]
Bremslichter	les stops *(m)* [le stɔp]
Fernlicht	les feux *(m)* de route [le fød ʀut]
Gang	la vitesse [la vitɛs]
– erster Gang	la première [la pʀəmjɛʀ]
– Leerlauf	le point mort [lə pwɛ̃ mɔʀ]
– Rückwärtsgang	la marche arrière [la maʀʃ aʀjɛʀ]
Gaspedal	l'accélérateur *(m)* [lakseleʀatœʀ]
Getriebe	la boîte de vitesses [la bwat də vitɛs]
Handbremse	le frein à main [lə fʀɛ̃ a mɛ̃]

Hupe	le klaxon [lə klaksɔn]
Keilriemen	la courroie de transmission [la kuʀwa də tʀɑ̃smisjɔ̃n]
Kofferraum	le coffre [lə kɔfʀ]
Kühlwasser	l'eau de refroidissement *(f)* [lod ʀəfʀwadismɑ̃]
Kupplung	l'embrayage *(m)* [lɑ̃bʀɛjaʒ]
Kurzschluss	le court-circuit [lə kuʀsiʀkɥi]
Motor	le moteur [lə mɔtœʀ]
Öl	l'huile *(f)* [lɥil]
Ölwechsel	la vidange [la vidɑ̃ʒ]
Rad	la roue [la ʀu]
Reifen	le pneu [lə pnø]
Rücklicht	les feux *(m)* arrière [le fø aʀjɛʀ]
Rückspiegel	le rétroviseur [lə ʀetʀɔvizoeʀ]
Scheibenwischer	l'essuie-glace *(m)*
Scheinwerfer	le phare [lə faʀ]
Standlicht	les feux *(m)* de position
Stoßstange	le pare-chocs [lə paʀʃɔk]
Tachometer	le compteur [lə kɔ̃tœʀ]
Tank	le réservoir [lə ʀezɛʀvwaʀ]
Verbandskasten	la trousse de secours [la trus də skuʀ]
Warnblinkanlage	les feux *(m)* de détresse [le fød detʀɛs]
Warndreieck	le triangle de signalisation [lə tʀijɑ̃gl də siɲalizasjɔ̃]
Warnweste	le gilet de sécurité [lə ʒilɛ də sekyʀite]
Werkstatt	le garage [lə gaʀaʒ]
Windschutzscheibe	le pare-brise [lə paʀbʀiz]
Zündkerze	la bougie [la buʒi]
Zündung	l'allumage *(m)* [lalymaʒ]

VERKEHRSUNFALL

Ein Unfall ist passiert!
Il y a eu un accident. [il‿ja y ɛ̃n‿aksidɑ̃]

Rufen Sie bitte schnell ...
Appelez vite ... [aple vit]

– einen Krankenwagen!
une ambulance ! [yn‿ɑ̃bylɑ̃s]
– die Polizei!
la police ! [la pɔlis]
– die Feuerwehr!
les pompiers ! [le pɔ̃pje]

Haben Sie Verbandszeug?
Vous avez une trousse de secours ?
[vuz‿ave yn tʀus də skuʀ]

Sie haben …
Vous … [vu]

– die Vorfahrt nicht beachtet.
n'avez pas respecté la priorité.
[nave pa ʀɛspɛkte la pʀijɔʀite]
– nicht geblinkt.
n'avez pas mis votre clignotant.
[nave pa mi vɔtʀə kliɲɔtɑ̃]

Sie sind …
Vous … [vu]

– zu schnell gefahren.
rouliez trop vite. [ʀulje tʀo vit]
– bei Rot über die Kreuzung gefahren.
avez brûlé un feu rouge. [‿zave bʀyle ɛ̃ fø ʀuʒ]

Geben Sie mir bitte Ihren Namen und Ihre Anschrift.
Donnez-moi votre nom et votre adresse, s'il vous plaît.
[dɔne mwa vɔtʀə nɔ e vɔtʀ‿adʀɛs sil vu plɛ]

AUTO-, MOTORRAD- UND FAHRRADVERMIETUNG

Ich möchte für zwei Tage/eine Woche … mieten.
Je voudrais louer pour deux jours/une semaine …
[ʒvudʀɛ lue puʀ dø ʒuʀ/yn səmɛn]

– einen (Gelände-)Wagen
une voiture tout-terrain/un 4×4.
[yn vwatyʀ tu tɛʀɛ̃/ɛ̃ katkat]

- *ein Motorrad*
  une moto. [yn mɔto]
- *ein Fahrrad*
  un vélo. [ɛ̃ velo]
- *Trettroller*
  une trottinette [yn trɔtinɛt]

Bitte mit …
Avec … s'il vous plaît. [avɛk … sil vu plɛ]

- *Automatik.*
  boîte automatique [bwat‿otomatik]
- *Klimaanlage.*
  climatisation [klimatizasjɔ̃]
- *Navigationsgerät.*
  GPS [ʒepeɛs]

Gibt es für Körperbehinderte Leihwagen mit Handgas?
Vous avez des voitures avec commandes à mains pour handicapés ?
[vuz‿ave de vwatyʀ avɛk kɔmɑ̃da mɛ̃ puʀ ɑ̃dikape]

Wie viel kostet es pro Tag/Woche?
Quel est le tarif à la journée/semaine ?
[kɛl‿ɛl taʀif a la ʒuʀne/smɛn]

Wie viel verlangen Sie pro gefahrenem Kilometer?
Quel est le prix au kilomètre ? [kɛl‿ɛl pʀi o kilɔmɛtʀ]

Haben Sie eine Straßenkarte?
Vous avez une carte ? [vuz‿ave yn kaʀt]

Verleihen Sie Kinderautositze?
Vous louez des sièges-enfants pour les voitures ?
[vu lue de sjɛʒɑ̃fɑ̃ puʀ le vwatyʀ]

App herunterladen ... télécharger une appli [teleʃaʀʒe yn apli]

eine Kaution hinterlegen ... déposer une caution [depoze yn kosjɔ]

Fahrradverleihsystem ... la location de vélos en libre-service [la lɔkasjɔ də velo ɛ libʀ sɛʀvis]
(Paris) le Vélib [lə velib]

Führerschein	le permis de conduire [lə pɛʀmid kɔ̃dɥiʀ]
Kindersitz	le siège-enfants [lə sjɛʒɑ̃fɑ̃]
Kindersitzkissen	le réhausseur [lə ʀeosœʀ]
Papiere	les papiers *(m)* [le papje]
reservieren	réserver [ʀezɛʀve]
sich anmelden	s'inscrire [sɛskʀiʀ]
Sturzhelm	le casque [lə kaskə]
Teilkasko	l'assurance *(f)* au tiers [lasyʀɑ̃s o tjɛʀ]
grüne Versicherungskarte	la carte verte [la kaʀtə vɛʀt]
Zündschlüssel	la clé de contact [la kled kɛ̃takt]

Mit dem Flugzeug

EINEN FLUG BUCHEN

Ich möchte einen einfachen Flug nach ...
Je voudrais un billet d'avion pour ... en aller simple.
[ʒvudʀɛ ɛ̃ bijɛ davjɔ̃ puʀ … ɑ̃n‿ale sɛ̃pl]

Ich möchte einen Hin- und Rückflug nach ... buchen.
Je voudrais un billet d'avion pour ... en aller-retour.
[ʒvudʀɛ ɛ̃ bijɛ davjɔ̃ puʀ … ɑ̃n‿ale ʀtuʀ]

Was kostet bitte der Flug Touristenklasse/ Business?
Combien coûte le vol en classe économique/affaires ?
[kɔbjɛ kut lə vɔl ɑ̃ klas ekɔnɔmik/afɛʀ]

Ich möchte bitte ...
Je voudrais ... [ʒə vudʀɛ]

– einen Fensterplatz.
une place à la fenêtre, s'il vous plaît.
[yn plas a la fnɛtʀ sil vu plɛ]

– einen Platz am Gang.
une place sur l'allée, s'il vous plaît.
[yn plas syʀ lale sil vu plɛ]

Ich möchte diesen Flug umbuchen.
Je voudrais changer ce vol. [ʒə vudʀɛ ʃɑ̃ʒe sə vɔl]

AM FLUGHAFEN

Wo ist bitte …
Où se trouve … , s'il vous plaît ? [us tʀuv … sil vu plɛ]

– … Halle/Terminal …?
… le hall/le terminal … [lə ol/lə tɛʀminal]
– … der Check-in-Automat?
… la borne d'enregistrement automatique
[la bɔʀn dɑ̃ʀəʒistʀəmɑ̃ otomatik]
– … der Schalter der …-Fluggesellschaft?
… le comptoir de la compagnie …
[lə kɔ̃twaʀ də la kɔ̃paɲi …]

Könnte ich bitte Ihren Flugschein sehen?
Je pourrais voir votre billet, s'il vous plaît ?
[ʒə puʀɛ vwaʀ vɔtʀə bijɛ sil vu plɛ]

Kann ich das/diese Flüssigkeit als Handgepäck mitnehmen?
Je peux prendre ça/ce liquide comme bagage à mains ?
[ʒpø prɑ̃dʀ sa/sə likid kɔm bagaʒ‿a mɛ̃]

Ich habe einen Laptop im Handgepäck.
J'ai un portable dans mon bagage à mains.
[ʒɛ ɛ̃ pɔʀtabl dɑ̃ mɔ̃ bagaʒ‿a mɛ̃]

Kann ich einen eigenen (faltbaren) Rollstuhl/ einen Buggy im Flugzeug mitnehmen?
Je peux emporter mon fauteuil roulant (pliant)/ une poussette dans l'avion ? [ʒpø ɑ̃pɔʀte mɔ̃ fotœj ʀulɑ̃ (pliɑ̃)/yn pusɛt dɑ̃ lavjɔ̃]

Wann landet die Maschine aus …?
A quelle heure arrive l'avion en provenance de … ?
[a kɛl œʀ‿ariv lavjɔ̃ ɑ̃ pʀɔvnɑ̃s də]

UNTERWEGS
MIT DEM FLUGZEUG

ANKUNFT

Mein Gepäck ist verloren gegangen.
Mes bagages ont été égarés. [me bagaʒ ɔ̃t‿ete egaʀe]

Mein Koffer ist beschädigt worden.
Ma valise est abîmée. [ma valiz ɛt‿abime]

Wo fährt der Bus in Richtung … ab?
D'où part le bus pour … ? [du paʀ lə bys puʀ]

Abflug	le départ [lə depaʀ]; le décollage [lə dekɔlaʒ]
Ankunft	l'arrivée *(f)* [laʀive]
Ankunftszeit	l'heure d'arrivée *(f)* [lœʀ daʀive]
Anschluss	la correspondance [la kɔʀɛspɔ̃dɑ̃s]
Auslandsflug	le vol international [lə vɔl ɛ̃tɛʀnasjɔnal]
Bordkarte	la carte d'embarquement [la kaʀtə dɑ̃baʀkəmɑ̃]
einchecken	faire les formalités d'embarquement [fɛʀ le fɔʀmalite dɑ̃baʀkəmɑ̃]
elektronisches Ticket	le billet électronique [lə bijɛ elɛktʀɔnik]
Flug	le vol [lə vɔl]
Flugbegleiter/in	le steward/l'hôtesse de l'air [lə stiwaʀt/lotɛs də lɛʀ]
Flughafen	l'aéroport *(m)* [laeʀɔpɔʀ]
Flugsteig, Gate	la porte d'embarquement [la pɔʀt dɑ̃baʀkəmɑ̃]
Gepäck	les bagages *(m)* [le bagaʒ]
Gepäckabfertigung	l'enregistrement *(m)* des bagages [lɑ̃ʀʒistʀəmɑ̃ de bagaʒ]
Gepäckausgabe	l'arrivée *(f)* des bagages [laʀive de bagaʒ]
Gepäckwagen	le chariot [lə ʃaʀjo]
Inlandsflug	le vol intérieur [lə vɔl ɛ̃teʀjœʀ]
Online-Buchung	la réservation en ligne [la ʀezɛʀvasjɔ̃ ɑ̃ liɲ]
Landung	l'atterrissage *(m)* [lateʀisaʒ]

Notausgang	la sortie de secours [la sɔʀtid səkuʀ]
Notlandung	l'atterrissage *(m)* forcé [lateʀisaʒ fɔʀse]
Notrutsche	le toboggan d'évacuation [lə tɔbɔgɑ̃ devakyasjɔ̃]
Pilot	le pilote [lə pilɔt]
Schwimmweste	le gilet de sauvetage [lə ʒilɛd sovtaʒ]
Sicherheitskontrolle	le contrôle de sécurité [lə kɔ̃tʀol də sekyʀite]
Spucktüte	le sac à vomi [lə sak‿a vɔmi]
stornieren	annuler [anyle]
Terminal	le terminal [lə tɛʀminal]
Übergewicht	l'excédent *(m)* de bagages [lɛksedɑ̃d bagaʒ]
umbuchen	changer [ʃɑ̃ʒe]
Verspätung	le retard [lə ʀətaʀ]
zollfreier Laden	la boutique hors-taxes [la butik ɔʀtaks]
Zwischenlandung	l'escale *(f)* [lɛskal]

Auf Schienen

IM BAHNHOF

Wo kann ich eine Fahrkarte kaufen?
Où est-ce que je peux acheter un billet ?
[u ɛs kə ʒə pø aʃte ɛ̃ bijɛ]

Ist der Einstieg in die Wagen ebenerdig?
Est-ce que la montée dans les voitures est au niveau du sol ?
[ɛs‿kə la mɔ̃te dɑ̃ le vwatyʀ ɛt‿o nivo dy sɔl]

Entschuldigen Sie bitte, von welchem Gleis fährt der Zug nach ... ab?
Excusez-moi, le train pour ... part de quelle voie, s'il vous plaît ?
[ɛkskyze mwa lə tʀɛ̃ puʀ ... paʀ də kɛl vwa sil vu plɛ]

FAHRKARTEN KAUFEN

Eine Karte/Rückfahrkarte nach ..., einfach bitte.
Un aller simple/aller-retour pour ...
[ɛñ‿ale sɛ̃pl/alleʀtuʀ puʀ ...]

– 2. Klasse/1. Klasse
deuxième/première classe [døzjɛm/ pʀəmjɛʀ klas]

Gibt es eine Ermäßigung für Kinder/Studenten/Senioren?
Est-ce qu'il y a des réductions pour les enfants/les étudiants/pour les seniors ? [ɛs‿kil‿ja de ʀedyksjɔ̃ puʀ lez‿ɑ̃fɑ̃/lez‿etydjɑ̃/puʀ le senjɔʀ]

Gibt es einen Spartarif?
Est-ce qu'il y a un tarif économique ?
[ɛs‿kil‿ja ɛ̃ taʀif‿ ekonomik]

Ich möchte gern zwei Plätze reservieren:
Je voudrais réserver deux places, s'il vous plaît :
[ʒvudʀɛ ʀezɛʀve dø plas sil vu plɛ]

– im ICE/Regionalzug nach ...
dans le TGV/TER pour ... [dɑ̃l teʒeve/teoeɛʀ]

– am ... um ... Uhr
le ... à .... heures [lə ... a ... œʀ]

IM ZUG

Ist dieser Platz noch frei?
Cette place est encore libre ? [sɛt plas‿ɛt‿ɑ̃kɔʀ libʀ]

Entschuldigen Sie, ich glaube, das ist mein Platz.
Excusez-moi, je crois que c'est ma place.
[ɛkskyze mwa ʒkʀwa ksɛ ma plas]

Könnte mir jemand beim Umsteigen behilflich sein?
Est-ce que quelqu'un pourrait m'aider à changer de train ?
[ɛs‿kə kɛlkɛ̃ puʀɛ mede a ʃɑ̃ʒed tʀɛ̃]

Abfahrt .... le départ [lə depaʀ]
Abteil .... le compartiment [lə kɔ̃paʀtimɑ̃]

UNTERWEGS AUF SCHIENEN

ankommen	arriver [aʀive]
Aufenthalt	l'arrêt *(m)* [laʀɛ]
aussteigen	descendre [desɑ̃dʀ]
Bahnhof	la gare [la gaʀ]
Barwagen	la voiture-bar [la vwatyʀ baʀ]
Begleitperson	l'accompagnateur/-trice [lakɔ̃paɲatœʀ/tʀis]
einsteigen	monter (dans le train) [mɔ̃te (dɑ̃l tʀɛ̃)]
Ermäßigung	la réduction [la ʀedyksjɔ̃]
Erstattung	le remboursement [lə ʀɑ̃buʀsəmɑ̃]
Fahrkarte	le billet [lə bijɛ]
Fahrkartenschalter	le guichet [lə giʃɛ]
Fahrplan	l'horaire *(m)* (de chemin de fer) [lɔʀɛʀ (də ʃəmɛ̃d fɛʀ)]
Fahrpreis	le prix du billet [lə pʀi dy bijɛ]
Gepäck	les bagages *(m)* [le bagaʒ]
Gepäckaufbewahrung	la consigne [la kɔ̃siɲ]
Gleis	la voie [la vwa]
Hauptbahnhof	la gare principale [la gaʀ pʀɛ̃sipal]
Online-buchung	la réservation en ligne [la ʀesɛʀvasjɔ̃ ɑ̃ liɲ]
Kinderfahrkarte	le billet enfants [lə bijɛ ɑ̃fɑ̃]
Liegewagenplatz	la couchette [la kuʃɛt]
Nachtzug	le train de nuit [lə tʀɛ də nɥi]
Reservierung	la réservation [la ʀezɛʀvasjɔ̃]
Rückfahrkarte	le billet aller-retour [lə bijɛ aləʀtuʀ]
Schaffner/in	le contrôleur/la contrôleuse [lə kɔtʀolœʀ/la kɔ̃tʀoløz]
Schließfach	la consigne [la kɔ̃siɲ]
Schwerbehinderte(r)	le/la handicapé/e [lə/la ɑ̃dikape]
Speisewagen	le wagon-restaurant [lə vagɔ̃ ʀɛstɔʀɑ̃]
Umsteigen	la correspondance [la kɔʀɛspɔ̃dɑ̃s]

Wagennummer	le numéro de la voiture [lə nymeʀo də la vwatyʀ]
Wartesaal	la salle d'attente [la sal datɑ̃t]
Zugchef	le chef de bord [lə ʃɛf də bɔʀd]
Zuschlag	le supplément [lə syplemɑ̃]

HINWEISE UND INFORMATIONEN

L'accès aux quais	Zu den Bahnsteigen
Arrivée	Ankunft
Consigne	Schließfach
Dames	Damen
Eau non potable	Kein Trinkwasser
Fumeurs	Raucher
Horaires des trains	Fahrplan
Lavabos	Waschraum
Libre	Frei
Messieurs	Herren
Occupé	Besetzt
Passage souterrain	Unterführung
Quai	Bahnsteig
Renseignements	Auskunft
Salle d'attente	Wartesaal
Signal d'alarme	Notbremse
Sortie	Ausgang
Toilettes	Toiletten
Voie	Gleis
Voiture-couchettes	Liegewagen
W.C.	Toilette
Wagon-lit	Schlafwagen
Wagon-restaurant	Speisewagen

Auf dem Wasser

EINE SCHIFFSFAHRT BUCHEN

Könnten Sie mir sagen, wann das nächste Schiff/die nächste Fähre nach ... abfährt?
Pourriez-vous me dire quand part le prochain bateau/le prochain ferry pour ... ?
[purie vum diʀ kɑ̃ paʀ lə pʀɔʃɛ̃ bato/lə pʀɔʃɛ̃ feʀi puʀ ...]

Wann legen wir in ... an?
Quand est-ce qu'on arrive à ... ? [kɑ̃t‿ɛs kɔ̃n‿aʀiv a]

Ich möchte ...
Je voudrais ... [ʒvudʀɛ]

- *eine Schiffskarte nach ...*
  un billet pour ... [ɛ̃ bijɛ puʀ]
- *1. Klasse*
  en première classe [ɑ̃ pʀəmjɛʀ klas]
- *Touristenklasse*
  en classe touristes [ɑ̃ klas tuʀist]
- *eine Einzelkabine*
  une cabine pour une personne
  [yn kabin puʀ yn pɛʀsɔn]
- *eine Zweibettkabine*
  une cabine pour deux personnes
  [yn kabin puʀ dø pɛʀsɔn]

AN BORD

Ich suche Kabine Nr. ...
Je cherche la cabine numéro ... [ʒə ʃɛʀʃ‿la kabin nymero]

Wo ist bitte der Speisesaal/der Aufenthaltsraum?
Où est la salle à manger/le salon, s'il vous plaît ?
[u ɛ la sal‿a mɑ̃ʒe/lə salɔ̃ sil vu plɛ]

Könnten Sie bitte den Schiffsarzt rufen?
Pourriez-vous appeler le médecin de bord, s'il vous plaît.
[puʀie vu aple lə medsɛ̃d bɔʀ sil vu plɛ]

Könnten Sie mir bitte ein Mittel gegen Seekrankheit geben?
Pourriez-vous me donner un médicament contre le mal de mer, s'il vous plaît. [purje vum dɔne ɛ̃ medikamɑ̃ kɔ̃tʀə lə mal də mɛʀ sil vu plɛ]

anlegen in — faire escale à [fɛʀ ɛskal a]
Anlegestelle — l'embarcadère *(f)* [lɑ̃baʀkadɛʀ]
Buchung — la réservation [la ʀesɛʀvasjɔ̃]
Deck — le pont [lə pɔ̃]
Fähre (Fluss) — le bac [lə bak]; *(Meer)* le ferry [lə fɛʀi]
Fahrkarte — le billet [lə bijɛ]
Festland — la terre ferme [la tɛʀ fɛʀm]; le continent [lə kɔ̃tinɑ̃]
Hafen — le port [lə pɔʀ]
Kabine — la cabine [la kabin]
Kai — le quai [lə kɛ]
Kapitän — le capitaine [lə kapitɛn]
Klimaanlage — la climatisation [la klimatizasjɔ̃]
Kreuzfahrt — la croisière [la kʀwazjɛʀ]
Küste — la côte [la kot]
Landausflug — l'excursion *(f)* à terre [lɛkskyʀsjɔ̃ a tɛʀ]
Rettungsboot — le canot de sauvetage [lə kanod sovtaʒ]
Rettungsring — la bouée de sauvetage [la bued sovtaʒ]
Rundfahrt — le circuit [lə siʀkɥi]
Schwimmweste — le gilet de sauvetage [lə ʒilɛd sovtaʒ]
Seegang — l'état *(m)* de la mer [letad la mɛʀ]
seekrank sein — avoir le mal de mer [avwaʀ lə mal də mɛʀ]
Tragflügelboot — l'hydroglisseur *(m)* [lidʀoglisœʀ]

Mit Bus und Bahn

Bitte, wo ist die nächste ...
Où se trouve ... [us tʀuv]

– ***Bushaltestelle?***
l'arrêt de bus le plus proche ? [laʀɛd bys lə ply pʀɔʃ]
– ***Straßenbahnhaltestelle?***
l'arrêt de tram le plus proche ? [laʀɛd tʀam lə ply pʀɔʃ]
– ***U-Bahnstation?***
la station de métro la plus proche ?
[la stasjɔ̃d metʀo la ply pʀɔʃ]

Welche Linie fährt nach ...?
C'est quelle ligne pour ..., s'il vous plaît ?
[sɛ kɛl liɲ puʀ ... sil vu plɛ]

Entschuldigen Sie, ist das der Bus nach ...?
Excusez-moi, c'est bien le bus pour ... ?
[ɛkskyze mwa sɛ bjɛ̃l bys puʀ]

Wie viele Haltestellen sind es bis ...?
Il y a combien d'arrêts jusqu'à ... ? [ilja kɔ̃bjɛ̃ daʀɛ ʒyska]

Könnten Sie mir bitte Bescheid geben, wenn ich aussteigen muss?
Vous pourriez me dire quand je dois descendre, s'il vous plaît ? [vu purjem diʀ kɑ̃ʒ dwa desɑ̃dʀ sil vu plɛ]

Gibt es ...
Est-ce qu'il y a ... [ɛs‿kil‿ja ...]

– ***Tageskarten?***
des tickets *(m)* pour la journée ? [de tikɛ puʀ la ʒuʀne]
– ***Wochenkarten?***
des tickets *(m)* pour la semaine ? [de tikɛ puʀ la smɛn]
– ***Touristentickets?***
des pass *(m)* tourisme ? [de pas tuʀism]

Bitte einen Fahrschein nach ...
Un billet pour ..., s'il vous plaît. [ɛ̃ bijɛ puʀ ... sil vu plɛ]

Abfahrt .... le départ [lə depaʀ]
Bus .... le bus [lə bys]

Busbahnhof	la gare routière [la gaʀ rutjɛr]
einsteigen	monter [mɔ̃te]
Endstation	le terminus [lə tɛʀminys]
entwerten	composter [kɔ̃pɔste]
Fahrkartenautomat	le distributeur de billets [lə distʀibytœʀ də bijɛ]
Fahrplan	l'horaire *(m)* (des bus/du métro/des trolleys) [lɔʀɛʀ (de bys/dy metʀo/de tʀɔlɛ)]
Fahrpreis	le prix du billet [lə pʀi dy bijɛ]
Fahrschein	le billet [lə bijɛ]
Haltestelle	l'arrêt *(m)* [laʀɛ] la station [la stasjɔ̃]
Kontrolleur	le contrôleur [lə kɔ̃tʀolœʀ]
Mehrfahrtenkarte	le carnet de tickets [lə kaʀnɛd tikɛ]
Richtung	la direction [la diʀɛksjɔ̃]
S-Bahn	le train de banlieue [lə tʀɛ̃d bɑ̃ljø]; *(Paris)* le RER [lə ɛʀoeɛʀ]
Straßenbahn	le tram [lə tʀam]
U-Bahn	le métro [lə metʀo]
Überlandbus	le car [lə kaʀ]

Mit dem Taxi

Bitte ein Taxi an die Adresse ... für jetzt gleich/für (morgen) ... Uhr.
Pourriez-vous envoyer un taxi tout de suite/demain à ... heures à cette adresse ... [purje vu ɑ̃vwuaje ɛ̃ taksi tudswit a sɛt‿adrɛs]

Entschuldigen Sie bitte, wo ist der nächste Taxistand?
Excusez-moi, où est la station de taxis la plus proche, s'il vous plaît ? [ɛkskyse mwa u ɛ la stasjɔ̃d taksi la ply pʀɔʃ sil vu plɛ]

Bringen Sie mich bitte zu (dieser Adresse).
Conduisez-moi à (cette adresse), s'il vous plaît.
[kɔ̃dɥise mwa a sɛt‿adʀɛs, sil vu plɛ]

Zum Bahnhof, bitte.
A la gare, s'il vous plaît. [a la gaʀ sil vu plɛ]

Zum ... Hotel, bitte.
A l'hôtel ..., s'il vous plaît. [a lotɛl sil vu plɛ]

In die ...-Straße, bitte.
Rue ..., s'il vous plaît. [ʀy sil vu plɛ]

Nach ..., bitte.
A ..., s'il vous plaît. [a … sil vu plɛ]

Könnten Sie bitte hier halten?
Vous pourriez arrêter ici, s'il vous plaît ?
[vu puʀje maʀete isi sil vu plɛ]

Wie viel kostet es nach ...?
Il faut compter combien pour aller à ...
[il fo kɔ̃te kɔ̃bjɛ̃ puʀ‿ale a]

Könnten Sie mir bitte eine Quittung ausstellen?
Vous pourriez me donner un reçu, s'il vous plaît ?
[vu puʀjem dɔne ɛ̃ ʀsy silvu plɛ]

Das ist für Sie.
Gardez la monnaie. [gaʀde la mɔnɛ]

anhalten	arrêter [aʀete]
Hausnummer	le numéro de la maison/de l'immeuble [lə nymeʀod la mɛzɔ̃/də limœbl]
Kilometerpreis	le prix au kilomètre [lə pʀi o kilɔmɛtʀ]
Pauschalpreis	le prix forfaitaire [lə pʀi fɔʀfɛtɛʀ]
Quittung	le reçu [lə ʀəsy]
Taxifahrer/in	le chauffeur/la chauffeuse de taxi [lə ʃofœʀ/la ʃoføz də taksi]
Taxistand	la station de taxis [la stasjɔ̃ də taksi]
Trinkgeld	le pourboire [lə puʀbwaʀ]

Sehenswürdigkeiten und Museen

ÖFFNUNGSZEITEN, FÜHRUNGEN, EINTRITTSKARTEN

Wie lange haben Sie geöffnet?
Vous êtes ouverts jusqu'à quelle heure ?
[vuz‿ɛtz‿uvɛʀ ʒyska kɛl‿œʀ]

Wann beginnt die nächste Führung?
Quand commence la prochaine visite guidée ?
[kɑ̃ kɔmɑ̃s la pʀɔʃɛn vizit gide]

Darf man hier fotografieren?
Est-ce qu'on peut prendre des photos ?
[ɛs‿kɔ̃ pø pʀɑ̃dʀə de fɔto]

Zwei Eintrittskarten, bitte
Deux billets, s'il vous plaît. [dø bijɛ sil vu plɛ]

Zwei Erwachsene und ein Kind.
Deux adultes et un enfant. [døz‿adylt e ɛ̃n‿ɑ̃fɑ̃]

Ist die Ausstellung für Gehbehinderte über Aufzüge erreichbar?
L'exposition est-elle accessible aux handicapés par des ascenceurs ?
[lɛkspozisjɔ̃ ɛt‿ɛl aksɛsiblə o ɑ̃dikape paʀ dez‿asɑ̃sœʀ]

Gibt es spezielle Führungen für Behinderte/ Stadtführungen für Gehörlose?
Il y a des visites guidées spécialement pour handicapés/ des visites de la ville pour les malentendants ? [il‿ja de vizit gide spesjalmɑ̃ puʀ ɑ̃dikape/de vizit də la vil puʀ le malɑ̃tɑ̃dɑ̃]

Gibt es Museumsführungen/Theateraufführungen für Taubstumme/ Blinde?
Il y a des visites du musée/des représentations théâtrales pour les malentendants/les non-voyants ? [il‿ja de vizit du myze/de ʀəpʀezɑ̃tasjɔ̃ teatʀal puʀ le malɑ̃tɑ̃dɑ̃/le nɔ̃vwajɑ̃]

Blick auf das Louvre-Museum mit Louvre-Pyramide am Abend. Das Louvre Museum ist eines der größten und meistbesuchten Museen weltweit.

FREIER EINTRITT

Damit Sie in Paris nicht zu viel Geld ausgeben, sollten Sie Ihren Aufenthalt auf das erste Wochenende im Monat legen. Dann können Sie den **Louvre** und einige andere Museen „für umsonst" besuchen. Noch ein Tipp: Schüler, Studenten bis 26 und Lehrer aus der EU erhalten auch freien Eintritt in den meisten französischen Museen.

Bitte beachten Sie, dass einige Museen dienstags geschlossen sind.

Theater, Kino, Konzert

Könnten Sie mir sagen, welches Stück heute Abend im Theater gespielt wird?
Pourriez-vous me dire quelle pièce on joue ce soir au théâtre ? [purje vum diʀ kɛl pjɛs ɛ̃ ʒu sə swaʀ o teatʀ]

Wann beginnt die Vorstellung?
A quelle heure commence la représentation ?
[a kɛl‿œʀ kɔmɑ̃s la ʀəpʀezɑtasjɔ̃]

Wo bekommt man Karten?
Où est-ce qu'on peut prendre les billets ?
[u ɛs‿kɔ̃ pø pʀɑdʀə lə bije]

Ich habe Karten vorbestellt auf den Namen ...
J'ai réservé des places au nom de ...
[ʒɛ ʀesɛʀve de plas o nɔ̃ də]

Bitte zwei Karten für heute Abend.
Deux billets pour ce soir, s'il vous plaît.
[dø bije puʀ sə swaʀ sil vu plɛ]

Eintrittskarte le billet [lə bijɛ]
Festival le festival [lə fɛstival]
Garderobe le vestiaire [lə vɛstjɛʀ]
Kasse la caisse [la kɛs]
Pause l'entracte *(m)* [lɑ̃tʀakt]
Programmheft le programme [lə pʀɔgʀam]
Vorstellung (Kino) la séance [la seɑ̃s]; *(Theater)* la représentation [la ʀəpʀesɑ̃tasjɔ̃]
Vorverkauf la location [la lɔkasjɔ̃]; la réservation [la ʀezɛʀvasjɔ̃]

THEATER

Akt l'acte *(m)* [lakt]
Aufführung la représentation [la ʀəpʀezɑ̃tasjɔ̃]
Ballett le ballet [lə balɛ]
Drama le drame [lə dʀam]
Freilufttheater le théâtre en plein air [lə teatʀ ɑ̃ plɛn‿ɛʀ]
Kabarett le cabaret [lə kabaʀɛ]
Kleinkunstbühne le café-théâtre [lə kafeteatʀ]
Komödie la comédie [la kɔmedi]
Loge la loge [la lɔʒ]
Musical la comédie musicale [la kɔmedi myzikal]
Oper l'opéra *(m)* [lɔpeʀa]
Operette l'opérette *(f)* [lɔpeʀɛt]
Parkett le parterre [lə paʀtɛʀ]

Premiere	la première [la pʀəmjɛʀ]
Schauspiel	le spectacle [lə spɛktakl]
Schauspieler/in	l'acteur/l'actrice [laktœʀ/laktʀis] le comédien/la comédienne [lə kɔmedjɛ̃/la kɔmedjɛn]
Tänzer/in	le danseur/la danseuse [lə dɑ̃sœʀ/la dɑ̃søz]
Theater	le théâtre [lə teatʀ]
Theaterstück	la pièce de théâtre [la pjɛs də teatʀ]
Tragödie	la tragédie [la tʀaʒedi]
Varietee	les variétés *(f)* [le vaʀjete]
Volksstück	la pièce populaire [la pjɛs pɔpylɛʀ]

KONZERT

Chanson	la chanson française [la ʃɑ̃sɔ fʀɑ̃sɛz]
Chor	le chœur [lə kœʀ]
Dirigent/in	le/la chef d'orchestre [lə/la ʃɛf dɔʀkɛstʀ]
Electro	l'électro [lelɛtro]
Folk	le folk [lə fɔlk]
Jazz	le jazz [lə dʒaz]
Klassik	la musique classique [la mysik klasik]
Komponist/in	le compositeur/la compositrice [lə kɔ̃pozitœʀ/la kɔ̃pɔsitʀis]
Konzert	le concert [lə kɔ̃sɛʀ]
– Kammerkonzert	le concert de musique classique [lə kɔ̃sɛʀ də myzik klasik]
– Kirchenkonzert	le concert en église [lə kɔ̃sɛʀ ɑ̃n‿egliz]
– Sinfoniekonzert	le concert symphonique [lə kɔ̃sɛʀ sɛ̃fɔnik]
Orchester	l'orchestre *(m)* [lɔʀkɛstʀə]
Pop	la pop [la pɔp]
Rock	le rock [lə ʀɔk]
Reggae	le reggae [lə ʀege]
Sänger/in	le chanteur/la chanteuse [lə ʃɑ̃tœʀ/la ʃɑ̃tøz]

Solist/in	le/la soliste [lə/la sɔlist]
Soul	la soul [la sol]

KINO

Film	le film [lə film]
- Actionfilm	le film d'action [lə film daksjɔ̃]
- Dokumentarfilm	le documentaire [lə dɔkymɑ̃tɛr]
- Drama	le drame [lə dʀam]
- Komödie	la comédie [la kɔmedi]
- Kurzfilm	le court-métrage [lə kuʀmetʀaʒ]
- Schwarzweißfilm	le film en noir et blanc [lə film ɑ̃ nwaʀ e blɑ̃]
- Sciencefictionfilm	le film de science-fiction [lə film də sjɑ̃sfiksjɔ̃]
- Thriller	le film policier [lə film pɔlisje]
- Western	le western [lə wɛstɛʀn]
- Zeichentrickfilm	le dessin animé [lə dɛsɛ̃ anime]
Filmschauspieler/in	l'acteur/l'actrice de cinéma [laktœʀ/laktʀis də sinema]
Kino	le cinéma [lə sinema]
Originalfassung	la version originale (la v.o.) [la vɛʀsjɔ̃ ɔʀiʒinal (la ve o)]
Untertitel	les sous-titres *(m)* [le sutitʀ]

Ausflug

Besichtigen wir auch ...?
Est-ce qu'on va visiter également ... ?
[ɛs‿kɔ̃ va vizite egalmɑ̃]

Ausflug	l'excursion *(f)* [lɛkskyʀsjɔ̃]
Aussichtspunkt	le point de vue [lə pwɛ̃d vy]
Berg	la montagne [la mɔ̃taɲ]
Botanischer Garten	le jardin botanique [lə ʒaʀdɛ̃ bɔtanik]
Fischerort	le village de pêcheurs [lə vilaʒ də pɛʃœʀ]

Fluss la rivière [la ʀivjɛʀ]
Freilichtmuseum le musée en plein air [lə myze ɑ̃ plɛn‿ɛʀ]
Freizeitpark le parc de loisirs [lə paʀk də lwaziʀ]
Gebirge la montagne [la mɔ̃taɲ]
Grotte la grotte [la gʀɔt]
Heide la lande [la lɑ̃d]
Hinterland l'arrière-pays *(m)* [laʀjɛʀpei]
Höhle la caverne [la kavɛʀn]
Inselrundfahrt le tour de l'île [lə tuʀ də lil]
Landschaft le paysage [lə peizaʒ]
Leuchtturm le phare [lə faʀ]
Markt le marché [lə maʀʃe]
Nationalpark le parc national [lə paʀk nasjɔnal]
Naturschutzgebiet la réserve naturelle [la ʀesɛʀv natyʀɛl]
Pass le col [lə kɔl]
Rundfahrt le circuit [lə siʀkɥi]
Schlucht la gorge [la gɔʀʒ]
See le lac [lə lak]; *(Meer)* la mer [la mɛʀ]
Tagesausflug l'excursion *(f)* pour une journée [lɛkskyʀsjø puʀ yn ʒuʀne]
Tal la vallée [la vale]
Tropfsteinhöhle la grotte (à stalactites et à stalagmites) [la gʀɔt (a stalaktit e a stalagmit)]
Vogelschutzgebiet le parc ornithologique [lə paʀk ɔʀnitɔlɔʒik]
Vulkan le volcan [lə vɔlkɑ̃]
Wald la forêt [la fɔʀɛ]
Wallfahrtsort le lieu de pèlerinage [lə ljɔ̃ də pɛlʀinaʒ]
Wasserfall la cascade [la kaskad]
Wildpark le parc animalier [lə paʀk animalje]
Zoo le zoo [lə zo]

Ausflugsziele

die ***Botschaft***
l'ambassade
[ɑ̃basad]

das ***Einkaufsviertel***
le quartier commerçant
[kaʀtjekɔmɛʀsɑ̃]

die ***Flussfahrt***
la promenade en bateau
[pʀɔm(ə)nadɑ̃bato]

das ***Museum***
le musée
[myze]

der ***Nationalpark***
le parc national
[paʀknasjɔnal]

Sehenswürdigkeiten
curiosité
[kyʀjozite]

der ***See***
le lac
[lak]

der ***Zoo***
le zoo
[zo(o)]

der ***Stadtplan***
le plan de la ville
[plɑ̃d(ə)lavil]

die ***Stadtrundfahrt***
la visite guidée (en bus)
[vizitgide (ɑ̃bys)]

die ***Stadtbesichtigung***
la visite de la ville
[vizitd(ə)lavil]

die ***Touristen-information***
l'office de tourisme
[ɔfisd(ə)tuʀism]

ESSEN UND TRINKEN

Essen gehen

Wo gibt es hier …
Vous pourriez m'indiquer …
[vu puʀje mɛ̃dike]

ein gutes Restaurant?
un bon restaurant ?
[ɛ̃ bɔ̃ ʀɛstɔʀɑ̃]

ein nicht zu teures Restaurant?
un restaurant pas trop cher ?
[ɛ̃ ʀɛstɔʀɑ̃ pa tʀo ʃɛʀ]

Im Restaurant

Ich möchte für heute Abend einen Tisch für vier Personen reservieren.
Je voudrais retenir une table pour ce soir pour quatre personnes.
[ʒvudʀɛ ʀətniʀ yn tablə puʀ sə swaʀ puʀ katʀə pɛʀsɔn]

Ist dieser Tisch noch frei?
Est-ce que cette table est libre, s'il vous plaît ?
[ɛs‿kə sɛt tabl ɛ libʀ sil vu plɛ]

Einen Tisch für zwei/drei Personen, bitte.
Une table pour deux/trois personnes.
[yn tablə puʀ dø/tʀwa pɛʀsɔn]

Wo sind bitte die Toiletten?
Où sont les toilettes, s'il vous plaît ?
[u sɔ̃ le twalɛt sil vu plɛ]

Darf man auf der Terrasse rauchen?
Est-ce qu'on peut fumer en terrasse ?
[ɛs‿kɔ̃ pø fyme ɑ̃ teʀas]

ZUBEREITUNG

extra rare	bleu [blø]
frittiert	frit [fʀi]
gebacken	(Backofen) cuit au four / (Pfanne) frit [kɥi o fur/fʀi]
gebraten	(Backofen) rôti/(Pfanne) poêlé [ʀoti/pwale]
gedünstet	à l'étuvée [a letyve]
gegart	mijoté [miʒɔte]
gegrillt	grillé [gʀije]
gekocht	bouilli [buji]
geräuchert	fumé [fyme]
geröstet (Kartoffeln)	rissolées [ʀisɔle]
geschmort	en daube [ɑ̃ dob]
medium	à point [a pwɛ̃]
rare	à saignant [sɛɲɑ̃]
roh	cru [kʀy]
saftig	juteux [ʒytø]
sauer	aigre [ɛgʀ]
scharf	épicé [epise]
süß	doux/douce [du/dus]
überbacken	gratiné [gʀatine]
well-done	bien cuit [bjɛ̃kɥi]
zart	tendre [tɑ̃dʀ]

Bestellen

Ich möchte …
Je voudrais … [ʒə vudʀɛ …]

– die Speisekarte/Getränkekarte, bitte.
la carte/la carte des boissons, s'il vous plaît.
[la kaʀt/la kaʀt de bwasɔ sil vu plɛ]

Ich hätte gerne etwas Typisches aus der Region.
J'aimerais quelque chose de typique pour la région.
[ʒɛmʀɛ kɛlkə ʃoz də tipik puʀ la ʀeʒjɔ̃]

Gemütliches Outdoor-Café in Paris.

Bieten Sie (Kinder-)Menüs an?
Vous proposez des menus (pour enfants) ?
[vuz propoze de meny (pur ɑ̃fɑ̃)]

Ich nehme das Frühstück-/Mittagsmenü.
Je prends la formule petit-déjeuner/midi.
[ʒə pʀɑ la formyl pti deʒoene/midi]

Könnte ich statt … … haben?
Est-ce qu'à la place de … je pourrais avoir … ?
[ɛs‿ka la plas də … ʒə puʀɛ avwaʀ]

Ich esse kein …
Je ne mange pas de …
[ʒən mɑ̃ʒ pa də …]

Ich bin …
Je suis … [ʒə sɥi …]

- *Diabetiker/Diabetikerin.*
  diabétique. [djabetik]
- *Vegetarier/Vegetarierin.*
  végétarien/ne. [veʒetaʀjɛ̃/ɛn]
- *Veganer/Veganerin.*
  végan/e. [vegɑ̃n]

WANN UND WAS

Normalerweise wird das **déjeuner** (*Mittagessen*) zwischen 12.00 Uhr und 14.00 Uhr serviert, das **dîner** (*Abendessen*) zwischen 19.00 Uhr und 22 Uhr. **Du pain** (*frisches Brot*) und **une carafe d'eau** (*ein Krug Leitungswasser*) werden kostenlos nachgereicht.

Zu Mittag essen viele Franzosen ein **hors d'oeuvre** (*kalte Vorspeise*) wie z. B. **crudités** (*Rohkostsalat*), ein Hauptgericht, Käse und/oder Nachtisch. Abends isst man leichter. Im Restaurant werden mittags wie abends Menüs angeboten, man kann aber auch *à la carte* essen.

Ich bin allergisch gegen ...
Je suis allergique au/aux [ʒə sɥiz‿alɛʀʒik‿o]

- ***Eier.***
  œufs. [z‿ø]
- ***Gluten.***
  gluten. [glytɛn]
- ***Milchprodukte.***
  produits laitiers. [pʀɔdɥi lɛtje]
- ***Natriumglutamat.***
  glutamate. [glytamat]
- ***Nüsse.***
  noix. [nwa]

Was möchten Sie trinken?
Qu'est-ce que vous voudriez boire ?
[kɛs‿kə vu vudʀje bwaʀ]

Bitte ein Glas ...
Un verre de ..., s'il vous plaît. [ɛ̃ vɛʀ də … sil vu plɛ]

Bitte eine Flasche/eine halbe Flasche ...
Une bouteille/Une demi-bouteille de ..., s'il vous plaît.
[yn butɛj/yn dəmibutɛj də … sil vu plɛ]

Guten Appetit!
Bon appétit ! [bɔn‿apeti]

Zum Wohl!
A votre santé/A la vôtre. [a vɔtʀ sɑ̃te/a la votʀ]

Bitte bringen Sie uns ...
Apportez-nous ..., s'il vous plaît. [apɔʀtenu … sil vu plɛ]

Könnten Sie uns noch etwas Brot/Wasser/Wein bringen?
Est-ce que vous pourriez nous apporter encore un peu de pain/d'eau/de vin, s'il vous plaît ? [ɛs‿kə vu puʀje nuz‿apɔʀte ɑ̃kɔʀ ɛ̃ pød pɛ̃/do/də vɛ̃ sil vu plɛ]

Könnten Sie bitte noch einen Kinderstuhl bringen?
Vous pourriez nous apporter une chaise d'enfants, s'il vous plaît ? [vu purje nuz‿apɔʀte yn ʃɛz dɑ̃fɑ̃ sil vu plɛ]

Sich beschweren

Haben Sie mein/e ... vergessen?
Vous pensez à mon/ma/mes ... ? [vu pɑ̃se a mɔ̃/ma/me]

Das habe ich nicht bestellt.
Ce n'est pas ce que j'ai commandé. [snɛ pa skə ʒɛ kɔmɑ̃de]

Die Suppe ist kalt/versalzen.
Le potage est froid/trop salé. [lə pɔtaʒ ɛ fʀwa/tʀo sale]

Das Fleisch ist zäh/zu fett.
Cette viande est dure/trop grasse. [sɛt viɑ̃d‿ɛ dyʀ/tʀo gʀas]

Der Fisch ist nicht frisch.
Le poisson n'est pas frais. [lə pwasɔ̃ nɛ pa fʀɛ]

Bezahlen

Die Rechnung bitte/Bezahlen, bitte.
L'addition, s'il vous plaît. [ladisjɔ̃ sil vu plɛ]

Bitte alles zusammen.
Je paie le tout. [ʒə pɛ lə tu]

ZAHLEN, BITTE! Essen mehrere Leute mit „getrennter Kasse" zusammen, zahlen Sie bitte zunächst die Gesamtrechnung und regeln Sie dann die Einzelbeträge anschließend nach dem Bezahlen.

Das Trinkgeld (ca. 10%) lässt man übrigens in der Regel lässig auf dem Tisch oder in dem dafür bestimmten Tellerchen liegen. In den meisten Restaurants kann man übrigens mit Bankkarte zahlen.

Ist die Bedienung inklusive?
Le service est compris ? [lə sɛʀvis ɛ kɔ̃pʀi]

Die Rechnung scheint mir nicht zu stimmen.
Je crois qu'il y a une erreur dans l'addition.
[ʒə kʀwa kil‿ja yn‿ɛʀœʀ dɑ̃ ladisjɔ̃]

Hat es geschmeckt?
Ça a été ? [sa a ete]
Ça vous a plu? [sa vuz‿a ply]

Das Essen war ausgezeichnet.
Le repas était excellent. [lə ʀəpa etɛt‿ɛksɛlɑ̃]

Es stimmt so.
C'est bien comme ça. [sɛ bjɛ̃ kɔm sa]

Café

Was trinken Sie?
Qu'est-ce que vous buvez ? [kɛs‿kə vu byve]

Ich möchte einen Kaffee, bitte.
Je voudrais un café, s'il vous plaît. [ʒvudʀɛ ɛ̃ kafe sil vu plɛ]

... einen schwarzen Kaffee
... un café noir [ɛ̃ kafe nwaʀ]

... einen Espresso
... un (café) express [ɛ̃ (kafe) ɛkspʀɛs]

... einen starken / leichten Kaffee
... un café serré / allongé [ɛ̃ kafe sere/alɔʒe]

... einen Milchkaffee
... une (café) crème [ɛ̃ (kafe) kʀɛmlɛ]

... einen Kräutertee
... une infusion [ɛf̃ yzjɔ]

Ich hätte gern einen Tee natur/mit Milch/mit Zitrone.
J'aimerais un thé nature/au lait/au citron.
[ʒɛmʀɛ ɛ̃ te natyʀ/o lɛ/o sitʀɔ̃]

Das Gleiche noch einmal, bitte.
La même chose, s'il vous plaît. [la mɛm ʃoz sil vu plɛ]

Abendessen .... le dîner [lə dine]
alkoholfrei .... sans alcool [sɑ̃z‿alkɔl]
Aschenbecher .... le cendrier [lə sɑ̃dʀije]
Besteck .... les couverts *(m)* [le kuvɛʀ]
Bestellung .... la commande [la kɔmɑ̃d]
Dressing .... l'assaisonnement *(m)* [lasɛzɔnmɑ̃]
Essig .... le vinaigre [lə vinɛgʀ]
fettarm .... léger [leʒe]
Frühstück .... le petit-déjeuner [lə pti deʒœne]
Gabel .... la fourchette [la fuʀʃɛt]
Gang .... le plat [lə pla]
Gericht .... le plat [lə pla]
Getränk .... la boisson [la bwasɔ̃]; la consommation [la kɔ̃sɔmasjɔ̃]
Glas .... le verre [lə vɛʀ]
glutenfrei .... sans gluten [sɑ̃ glytɛn]
hart .... dur [dyʀ]
Hauptspeise .... le plat principal [lə pla pʀɛ̃sipal]
hausgemacht .... (fait) maison [(fɛ) mɛzɔ̃]
heiß .... très chaud [tʀɛ ʃo]
hungrig sein .... avoir faim [avwaʀ fɛ̃]
Kellner/in .... le garçon/la serveuse [lə gaʀsɔ̃/la sɛʀvøz]

Ketschup	le ketchup [lə kɛtʃəp]
Kinderteller	le menu enfants [lə məny ɑ̃fɑ̃]
Knochen	l'os *(m)* [lɔs]
Löffel	la cuillère [la kɥijɛʀ]
Teelöffel	la cuillère à café [la kɥijɛʀ a kafe]
Mayonnaise	la mayonnaise [la majɔnɛz]
Messer	le couteau [lə kuto]
Mittagessen	le déjeuner [lə deʒœne]
Nachtisch	le dessert [lə desɛʀ]
Öl	l'huile *(f)* [lɥil]
Pfeffer	le poivre [lə pwavʀ]
Portion	la portion [la pɔʀsjɔ̃]
Salatbüfett	le buffet de salades [lə byfɛd salad]
Salz	le sel [lə sɛl]
Scheibe	la tranche [la tʀɑ̃ʃ]
Schüssel	le plat [lə pla]
Senf	la moutarde [la mutaʀd]
Serviette	la serviette [la sɛʀvjɛt]
Soße	la sauce [la sos]
Speisekarte	la carte [la kaʀt]
Strohhalm	la paille [la paj]
Suppe	la soupe [la sup]; le potage [lə pɔtaʒ]
Süßstoff	les sucrettes *(f)* [le sykʀɛt]
Tagesgericht	le plat du jour [lə pla dy ʒuʀ]
Tasse	la tasse [la tas]
Untertasse	la soucoupe [la sukup]
Teller	l'assiette *(f)* [lasjɛt]
Tischtuch	la nappe [la nap]
Trinkgeld	le pourboire [lə puʀbwaʀ]
vegetarisch	végétarien [veʒetaʀjɛ]
Vorspeise	l'entrée *(f)* [lɑ̃tʀe]
Wasser	l'eau *(f)* [lo]
würzen	assaisonner [asɛzɔne]
Zucker	le sucre [lə sykʀə]

Carte

SPEISEKARTE

PETIT-DÉJEUNER	FRÜHSTÜCK
café noir [kafe nwaʀ]	schwarzer Kaffee
café crème [kafe kʀɛm]	Milchkaffee
café décaféiné [kafe dekafeine]	koffeinfreier Kaffee
thé au lait/citron [te o lɛ/sitʀɔ̃]	Tee mit Milch/Zitrone
infusion [ɛ̃fyzjɔ̃]	Kräutertee
chocolat chaud [ʃɔkɔla ʃo]	heiße Schokolade
jus de fruits [ʒyd fʀɥi]	Fruchtsaft
œuf à la coque [œf a la kɔk]	weich gekochtes Ei
œufs brouillés [ø bʀuje]	Rühreier
œufs au bacon [ø o bakɔ̃]	Eier mit Speck
pain/petit pain/toast [pɛ̃/pti pɛ̃/tost]	Brot/Brötchen/Toast
beurre [bœʀ]	Butter
fromage [fʀɔmaʒ]	Käse
jambon [ʒɑ̃bɔ̃]	Schinken
confiture [kɔ̃fityʀ]	Marmelade
miel [mjɛl]	Honig
céréales [seʀeal]	Frühstücksflocken
yaourt [jaurt]	Joghurt
fruit [fʀɥi]	Obst

POTAGES ET SOUPES	SUPPEN
bisque d'écrevisses [bisk dekʀəvis]	Flusskrebssuppe
bouillabaisse [bujabɛs]	südfranzösische Fischsuppe

consommé de poulet
[kɔ̃sɔmed pulɛ] Hühnersuppe
potage au cresson
[pɔtaʒ‿o kʀesɔ̃] Kressecremsuppe
potage de légumes
[pɔtaʒ də legym] Gemüsecremsuppe
soupe à l'oignon
[sup a lɔɲɔ̃] Zwiebelsuppe
soupe de poisson
[sup də pwasɔ̃] Fischsuppe
velouté d'asperges
[vəlute daspɛʀʒ] Spargelcremsuppe

ENTRÉES	**VORSPEISEN**

asperges à la crème
[aspɛʀʒ a la kʀɛm] Spargel mit Rahmsoße
assiette de charcuterie
[asjɛt də ʃaʀkytʀi] Aufschnittplatte
avocat aux crevettes
[avɔka o kʀəvɛt] Avocado mit Krabben
bouchée à la reine
[buʃe a la ʀɛn] Königinpastete
carpaccio de bœuf
[kaʀpatʃjo də bœf] Carpaccio vom Rind
cœurs d'artichauts
[kœʀ daʀtiʃo] Artischockenherzen
coquille Saint-Jacques
[kɔkij sɛ̃ ʒak] Jakobsmuschel
crudités variées
[kʀydite vaʀje] Rohkostteller
escargots de Bourgogne
[ɛskaʀgo də buʀgɔn] Weinbergschnecken in Knoblauchbutter
feuilleté de chèvre chaud
[fœjte də ʃevʀə ʃo] warmer Ziegenkäse in Blätterteig
foie gras
[fwa gʀa avɛk tost] Gänsestopfleber

hors d'oeuvres variés [ɔʀ dœvʀə vaʀje]	Vorspeisenteller
jambon de Bayonne [ʒɑ̃bɔ̃ də bajɔn]	roher Schinken aus Bayonne
jambon fumé [ʒɑ̃bɔ̃ fyme]	geräucherter Schinken
melon au porto [məlɔ̃ o pɔʀto]	Melone mit Portwein
pâté de campagne [pated kɑ̃paɲ]	Bauernpastete
quiche lorraine [kiʃ lɔʀɛn]	Quiche mit Schinken
rillettes [ʀijɛt]	Schweinefleischpastete im Topf
salade niçoise [salad niswaz]	gemischter Salat aus (u. a.) grünen Bohnen, Kartoffeln und Thunfisch
saumon fumé [somɔ̃ fyme]	Räucherlachs
tartare de saumon [taʀtaʀ də somɔ̃]	Lachstatar
terrine de canard [teʀin də kanaʀ]	Entenpastete
terrine de saumon [teʀin də somɔ̃]	Lachspastete

CRUSTACÉS ET COQUILLAGES SCHALTIERE, MUSCHELN UND FISCH → ZEIGEBILDER AM KAPITELENDE

VIANDES	FLEISCH
agneau [aɲo]	Lammfleisch
bœuf [bœf]	Rindfleisch
brochettes d'agneau [bʀɔʃɛt daɲo]	Lammspieße

mouton [mutɔ̃]	Hammelfleisch
porc [pɔʀ]	Schweinefleisch
veau [vo]	Kalbfleisch
blanquette de veau [blɑ̃kɛt də vo]	Kalbsfrikassee
bœuf bourguignon [bœf buʀgiɲɔ̃]	geschmortes Rindfleisch in Rotwein
cassoulet [kasulɛ]	verschiedenene Fleischsorten (u. a. Gänsefleisch) mit weißen Bohnen (Toulouse)
choucroute [ʃukʀut]	Sauerkraut mit diversen Fleischsorten (Elsass)
cochon de lait [kɔʃɔ̃d lɛ]	Spanferkel
côte de bœuf [kot də bœf]	Rippenstück vom Rind
entrecôte [ɑ̃tʀəkot]	Zwischenrippenstück vom Rind
escalope de veau [ɛskalɔp də vo]	Kalbschnitzel
filet de bœuf [filɛd bœf]	Rinderfilet
foie [fwa]	Leber
gigot d'agneau [ʒigo daɲo]	Lammkeule
grillade de boeuf [gʀijad də bœf]	gegrilltes Rinderkotelett
grillades [gʀijad]	Grillplatte
jarret de veau [ʒaʀɛd vo]	Kalbshaxe
langue [lɑ̃g]	Zunge
onglet [ɔ̃glɛ]	(sehr gutes) Rindersteak
pieds de cochon [pjed kɔʃɔ̃]	Schweinsfüße
paupiettes [popjɛt]	Rouladen
pavé de boeuf [pave də bœf]	(dickeres) Rindersteak

ris de veau [ʀid vo]	Kalbsbries
rognons [ʀɔɲɔ̃]	Nieren
rôti [ʀoti]	Braten
sauté de veau [soted vo]	Kalbsragout
steak [stɛk]	Steak
steak au poivre [stɛk‿o pwavʀ]	Pfeffersteak
steak tartare [stɛk taʀtaʀ]	Rindertatar
tournedos [tuʀnədo]	dickes Filetsteak
tripes [tʀip]	Kutteln

VOLAILLES ET GIBIER	GEFLÜGEL UND WILD
caille [kaj]	Wachtel
canard à l'orange [kanaʀ a lɔʀɑ̃ʒ]	Ente mit Orange
civet de lièvre [sivɛ də ljɛvʀ]	Hasenpfeffer
coq au vin [kɔko vɛ̃]	Hahnragout in Rotwein
cuissot de chevreuil [kɥisod ʃəvʀœj]	Rehkeule
dinde truffée [dɛ̃d tʀyfe]	Truthahn mit Trüffeln
faisan [fəzɑ̃]	Fasan
lapin chasseur [lapɛ̃ ʃasœʀ]	Kaninchen nach Jägerart
magret de canard [magʀɛ də kanaʀ]	Entenbrust
oie aux marrons [wa o maʀɔ̃]	Gans mit Maronenfüllung
perdrix [pɛʀdʀi]	Rebhuhn
pigeon [piʒɔ̃]	Taube
pintade [pɛ̃tad]	Perlhuhn
poulet rôti [pulɛ ʀoti]	Brathähnchen
sanglier [sɑ̃glije]	Wildschwein

LÉGUMES GEMÜSE → ZEIGEBILDER AM KAPITELENDE

FROMAGES	KÄSE
assortiment de fromages [asɔʀtimɑ̃ də fʀɔmaʒ]	Käseauswahl
fromage au lait cru [fʀɔmaʒ o lɛ kʀy]	Rohmilchkäse
fromage blanc [fʀɔmaʒ blɑ̃]	feiner Quark
fromage de brebis [fʀɔmaʒ də bʀəbi]	Schafskäse
fromage de chèvre [fʀɔmaʒ də ʃɛvʀ]	Ziegenkäse
fromage frais [fʀɔmaʒ fʀɛ]	Frischkäse

DESSERTS	NACHSPEISEN
baba au rhum [baba o ʀɔm]	rumgetränkter Hefekuchen
charlotte [ʃaʀlɔt]	Süßspeise aus Löffelbiskuits mit Früchten und Vanillecreme
crème brûlée [kʀɛmbʀyle]	Crème brûlée
crème caramel [kʀem kaʀamɛl]	Karamell-Vanillecreme
crème Sabayon [kʀɛm sabajɔ]	Weinschaumcreme
gâteau [gato]	Kuchen
île flottante [ilflɔtɑ̃t]	Vanillesoße mit darauf schwimmendem pochiertem Eischnee
mousse au chocolat [musoʃɔkɔla]	Schokomousse

omelette norvégienne [ɔmlɛt nɔʀveʒjɛn]	mit Vanilleeis gefüllter, überbackener Eierschnee
profiteroles [pʀɔfitʀɔl]	kleine Windbeutel mit Cremefüllung
tarte aux fraises [taʀt o fʀɛz]	Erdbeertorte
tarte Tatin [taʀt tatɛ̃]	gestürzter Apfelkuchen

GLACES	**EIS**
au café [o kafe]	Kaffeeeis
au chocolat [o ʃɔkɔla]	Schokoladeneis
à la fraise [a la fʀɛz]	Erdbeereis
à la pistache [a la pistaʃ]	Pistazieneis
à la vanille [a la vanij]	Vanilleeis
café liégeois [kafe ljeʒwa]	Eiskaffee
coupe maison [kup mɛzɔ̃]	Eisbecher nach Art des Hauses
dame blanche [dam blɑ̃ʃ]	Vanilleeis mit Schokoladensoße
poire Belle-Hélène [pwaʀ bɛl elɛn]	Birne mit Eis und Schokoladensoße
sorbet au citron [sɔʀbɛ o sitʀɔ̃]	Zitronensorbet

Liste des consommations

GETRÄNKEKARTE

VINS	WEINE
un (verre de vin) rouge [ɛ̃ (vɛʀ də vɛ̃) ʀuʒ]	ein Glas Rotwein
1 quart de vin blanc [ɛ̃ kaʀ də vɛ̃ blɑ̃]	ein Viertel Weißwein
1 pichet de rosé [ɛ̃ piʃɛd ʀoze]	Karaffe Rosé
AOC (Appellation d'origine contrôlée) [ɑose]	kontrollierte Herkunftsbezeichnung

BIÈRE	BIER
(bière) pression [(bjɛʀ) pʀesjɔ̃]	offenes Bier
demi [dmi]	allgemeine Bezeichnung für ein Fassbier (entspricht einem kleinem Bier)
bière en bouteille [bjɛʀ ɑ̃ butɛj]	Flaschenbier
bière blanche [bjɛ̃ʀ blɑ̃ʃ]	Weizenbier
panaché [panaʃe]	Radler

APÉRITIFS	APERITIFS
Byrrh [biʀ]	Aperitifs mit Chinarinde
Dubonnet, Muscat (Rivesaltes, Frontignan) [dybɔnɛ], [myska ʀivsalt fʀɔ̃ iɲɑ̃]	Aperitifweine

Pastis (Pernod, Ricard)
[pastis pɛʀno ʀikaʀ] .... Aperitifs mit Anisgeschmack

Suze [syz] .... Aperitif mit Enziangeschmack

ALCOOLS ET LIQUEURS	**SCHNÄPSE UND LIKÖRE**
Armagnac [aʀmaɲak]	Weinbrand
Calvados [kalvados]	Apfelschnaps
Cognac [kɔɲak]	Weinbrand
Chartreuse [ʃaʀtʀøz]	Kräuterlikör
Framboise [fʀɑ̃bwaz]	Himbeergeist
Marc [maʀ]	Tresterschnaps
Mirabelle [miʀabɛl]	Mirabellenschnaps
Rhum [ʀɔm]	Rum
Cidre [sidʀ]	Apfelwein

BOISSONS SANS ALCOOL	**ALKOHOLFREIE GETRÄNKE**
Jus de fruit [ʒyd fʀɥi]	Fruchtsäfte
Eau plate [o plat]	stilles Wasser
Eau gazeuse [o gɑzøz]	Sprudel
Eau minérale [o mineʀal]	Mineralwasser
Grenadine [gʀənadin]	Wasser mit Grenadine-Sirup
Sirop à la menthe [siʀomɑ̃t]	Wasser mit Minze-Sirup

Fisch und Meeresfrüchte

Auster
l'huître *f*
[lɥitʀ]

Fischfilet
le filet de poisson
[lə filɛd‿pwasɔ̃]

Flusskrebs
l'écrevisse
[lekʀəvis]

Forelle
la truite
[la tʀɥit]

Garnele
la crevette
[la kʀəvɛt]

Heilbutt
le turbot
[lə tyʀbo]

Herzmuschel
la coque
[la kɔk]

Hummer
le homard
[lə ɔmaʀ]

Kabeljau
le cabillaud
[lə kabijo]

Krake
le poulpe
[lə pulp]

Krebs
le crabe
[le kʀab]

Makrele
le maquereau
[lə makʀo]

Miesmuschel
la moule
[la mul]

Sardine
la sardine
[la saʀdin]

Scholle
le carrelet
[lə karlɛ]

Seeteufel
la baudroie/
la lotte
[la bodrwa/la lɔt]

Seezunge
la sole
[la sɔl]

Tintenfisch
le calamar
[lə kalamaʀ]

Tunfisch
le thon
[lə tɔ̃]

Venusmuschel
les palourdes *f*
[le paluʀd]

Frühstück

Baguette
la baguette
[la bagɛt]

Butter
le beurre
[lə bœʀ]

Frühstücksflocken
les céréales *m*
[le seʀeal]

Croissant
le croissant
[lə kʀwasɑ̃]

Schockocroissant
le pain au chocolat
[lə pɛ̃o ʃɔkɔla]

gekochtes Ei
l'oeuf à la coque
[lœf‿a la kɔk]

Honig
le miel
[le miel]

Joghurt
le yaourt
[lə jauʀt]

Kaffee
le café
[lə kafe]

Käse
le fromage
[lə fʀɔmaʒ]

Zwieback
la biscotte
[la biskɔt]

Marmelade
la confiture
[la kɔ̃fityʀ]

Milch
le lait
[lə lɛ]

Aufstrich
la pâte à tartiner
[la pat a taʀtine]

Rührei
les œufs brouillés
[lez‿œ bʀuje]

Saft
le jus
[lə ʒy]

heiße Schokolade
le chocolat chaud
[lə ʃɔkɔla ʃɔ]

Spiegelei
l'oeuf sur le plat
[lœf syʀ lə pla]

Tee
le thé
[lə te]

Toast
le toast
[lə tost]

Gemüse

Aubergine
l‘aubergine *f*
[lobɛʀʒin]

Avocado
l’avocat *m*
[lavɔka]

Brokkoli
le brocoli
[lə bʀɔkɔli]

Champignons
les champignons
m [le ʃɑ̃piɲɔ̃]

Stangenbohne
es haricots verts *m*
[lez‿aʀiko vɛʀ]

Erbsen
pois
[pwa]

Gurken
les concombres
[lə kɔ̃kɔ̃bʀ]

Karotten
le carotte *f*
[le kaʀɔt]

Knoblauch
l’ail *m*
[laj]

Kartoffeln
les pommes de terre
[le pɔm də tɛʀ]

Kopfsalat
la laitue
[la lɛty]

Kürbis
le potiron
[lə pɔtiʀɔ̃]

Lauch
le poireau
[lə pwaʀo]

Oliven
les olives *f*
[lezɔliv]

Paprika
le poivron
[lə pwavʀɔ̃]

Radieschen
les radis *m*
[le ʀadi]

Spinat
les épinards *m*
[lez‿epinaʀ]

Tomate
la tomate *f*
[le tɔmat]

Zucchini
la courgette
[la kuʀʒɛt]

Zwiebel
l’oignon *m*
[lez‿ɔɲɔ̃]

Obst

Apfel
la pomme
[la pɔm]

Aprikose
l'abricot *m*
[lez‿abʀiko]

Banane
la bananes
[la banan]

Birne
la poire
[la pwaʀ]

Mandarine
la mandarine
[la mɑ̃daʀin]

Erdbeere
les fraises *f*
[le fʀɛz]

Feige
la figue
[la fig]

Grapefruit
le pamplemouss
[lə pɑ̃pləmus]

Himbeere
les framboises *f*
[le fʀɑ̃bwaz]

Kirsche
les cerises *f*
[le sʀiz]

Kiwi
le kiwim
[le kiwi]

Limette
la limette
[la limɛt]

Mango
la mangue
[la mɑ̃g]

Nektarine
la nectarine
[la nɛktaʀin]

Orange
l'orange *f*
[lɔʀɑ̃ʒ]

Papaya
la papaye
[la papaj]

Pfirsich
le pêche *f*
[le pɛʃ]

Pflaume
la prune *f*
[le pʀyn]

Weintraube
le raisin
[lə ʀezɛ]

Zitrone
le citron
[lə sitʀɔ̃]

Junge Frau beim Einkaufen in Paris.

EINKAUFEN

Einkaufstour

EINKAUFEN

Kann ich Ihnen helfen?
Je peux vous aider ? [ʒə pø vuz‿ɛde]

Danke, ich sehe mich nur um.
Merci, je regarde. [mɛʀsi ʒə ʀəgaʀd]

Haben Sie ...?
Vous avez ... ? [vuz‿ave]

REKLAMIEREN

Ich möchte das bitte zurückgeben.
Je voudrais rendre ça, s'il vous plaît.
[ʒə vudʀɛ ʀɑ̃dʀ sa, sil vu plɛ]

Ich möchte bitte mein Geld zurück!
Je voudrais être remboursé, s'il vous plaît !
[ʒə vudʀɛ ɛtʀə ʀɑ̃buʀse, sil vu plɛ]

Kann ich das bitte umtauschen?
Je peux l'échanger, s'il vous plaît ?
[ʒpø leʃɑ̃ʒe, sil vu plɛ]

Geschäfte

Horaires d'ouverture	Öffnungszeiten
Ouvert	offen
Fermé	geschlossen
Vacances jusqu'au	Betriebsferien bis ...
Apotheke	la pharmacie [la faʀmasi]
Bäckerei	la boulangerie [la bulɑ̃ʒʀi]
Bioladen	le magasin bio [lə magazɛ̃ bjɔ]
Blumengeschäft	le fleuriste [lə flœʀist]

ÖFFNUNGSZEITEN

Grundsätzlich können Sie in Frankreich davon ausgehen, dass jedes Geschäft bis 19 Uhr bzw. 19.30 Uhr geöffnet hat. In den *riesigen Supermärkten* (**hypermarchés**) können Sie sogar meistens bis 22 Uhr einkaufen. Auch sonntags werden Sie in den Großstädten bis 12 Uhr noch (fast) alles bekommen, was Ihr Herz begehrt. Dafür sind montags viele kleine Geschäfte geschlossen.

Buchhandlung	la librairie [la librɛri]
Elektrohandlung	le magasin d'électroménager [lə magazɛ̃ delɛktromenaʒe]
Feinkostgeschäft (internationale Spezialitäten)	l'épicerie *(f)* fine [lepisri fin]
(hausgemachte Produkte)	le traiteur [lə trɛtœr]
Fischgeschäft	la poissonnerie [la pwasɔnri]
Flohmarkt	le marché aux puces [lə marʃe o pys]
Fotogeschäft	le magasin de photos [lə magazɛ̃d fɔto]
Frisör	le salon de coiffure [lə salɔ̃d kwafyr]
Handyladen	la boutique de téléphonie [la butik də telefɔni]
Juwelier	la bijouterie [la biʒutri]
Kaufhaus	le grand magasin [lə gɑ̃ magazɛ̃]
Konditorei	la pâtisserie [la patisri]
Markt	le marché [lə marʃe]
Metzgerei	la boucherie [la buʃri]
Obst- und Gemüsehändler	le magasin de primeurs [lə magazɛd primer]
Optiker	l'opticien *(m)* [lɔptisjɛ̃]
Parfümerie	la parfumerie [la parfymri]

Reinigung	le pressing [lə presiŋ]
Reisebüro	l'agence de voyages [laʒɑ̃s də vwajaʒ]
Schreibwarengeschäft	la papeterie [la papɛtʀi]
Schuhgeschäft	le magasin de chaussures [lə magazɛ̃d ʃosyʀ]
Souvenirladen	le magasin de souvenirs [lə magazɛ̃d suvniʀ]
Spielwarengeschäft	le magasin de jouets [lə magazɛ̃d ʒuɛ]
Spirituosengeschäft	le magasin de (vins et) spiritueux [lə magazɛ̃d (vɛ̃ e) spiʀityø]
Sportgeschäft	le magasin (d'articles) de sport [lə magazɛ̃ (daʀtikl) də spɔʀ]
Supermarkt	le supermarché [lə sypɛʀmaʀʃe]
Tabakladen	le bureau de tabac [lə byʀod taba]
Weinhandlung	le caviste [lə kavist]
Zeitungshändler	le marchand de journaux [lə maʀʃɑ̃d ʒuʀno]

Lebensmittel kaufen

Was darf es sein?
Vous désirez ? [vu deziʀe]

Geben Sie mir bitte ...
Donnez-moi ..., s'il vous plaît.
[dɔne mwa ...sil vu plɛ]

– ein Kilo ...
un kilo de ... [ɛ̃ kilo də]
– 10 Scheiben ...
dix tranches de ... [di tʀɑ̃ʃ də]
– ein Stück von ...
un morceau de ... [ɛ̃ mɔʀso də]

- eine Einkaufstüte.
un sac (en plastique) [ɛ̃ sak (ɑ̃ plastik)]

Darf es noch etwas sein?
Et avec ça ? [e avɛk sa]

Danke, das ist alles.
Non, merci. C'est tout. [nɔ̃ mɛʀsi sɛ tu]

Verkaufen Sie ...?
Vous vendez ... ? [vu vɑ̃de ...]

- Bioprodukte
des produits bio [de pʀɔdɥi bjo]
- Produkte aus der Region
des produits régionaux [de pʀɔdɥi ʀeʒjɔno]

OBST	LES FRUITS
Ananas	l'ananas *(m)* [lanana]
Äpfel	les pommes *(f)* [le pɔm]
Apfelsinen	les oranges *(f)* [lez‿ɔʀɑ̃ʒ]
Aprikosen	les abricots *(m)* [lez‿abʀiko]
Bananen	les bananes *(f)* [le banan]
Birnen	les poires *(f)* [le pwaʀ]
Brombeeren	les mûres *(f)* [le myʀ]
Datteln	les dattes *(f)* [le dat]
Erdbeeren	les fraises *(f)* [le fʀɛz]
Feigen	les figues *(f)* [le fig]
Grapefruit	le pamplemousse [lə pɑ̃pləmus]
Kirschen	les cerises *(f)* [le sʀiz]
Kiwi	le kiwi [lə kiwi]
Kokosnuss	la noix de coco [la nwad koko]
Mandarinen	les mandarines *(f)* [le mɑ̃daʀin]
Mandeln	les amandes *(f)* [lez‿amɑd]
Mango	la mangue [la mɑ̃g]
Melone (Honig~)	le melon [lə məlɔ̃]
Melone (Wasser~)	la pastèque [la pastɛk]
Nüsse	les noix *(f)* [le nwa]
Obst	les fruits *(m)* [le fʀɥi]
Pfirsiche	les pêches *(f)* [le pɛʃ]

Pflaumen	les prunes *(f)* [le pʀyn]
Weintrauben	les raisins *(m)* [le ʀɛzɛ̃]
Zitronen	les citrons *(m)* [le sitʀɔ̃]

GEMÜSE	**LÉGUMES**
Artischocken	les artichauts *(m)* [lez‿aʀtiʃo]
Auberginen	les aubergines *(f)* [lez‿obɛʀʒin]
Avocado	l'avocat *(m)* [lavɔka]
Blumenkohl	le chou-fleur [lə ʃuflœʀ]
Bohnen	les haricots *(m)* [le aʀiko]
– grüne Bohnen	les haricots *(m)* verts [le aʀiko vɛʀ]
– weiße Bohnen	les haricots *(m)* blancs [le aʀiko blɑ̃]
Chicoree	l'endive *(f)* [lɑ̃div]
Erbsen	les petits pois *(m)* [le pti pwa]
Fenchel	le fenouil [lə fənuj]
Gemüse	les légumes *(m)* [le legym]
Gurke	le concombre [lə kɔ̃kɔ̃bʀ]; *(eingelegt)* le cornichon [lə kɔʀniʃɔ̃]
Karotten	les carottes *(f)* [le kaʀɔt]
Kartoffeln	les pommes de terre [le pɔm də tɛʀ]
Kichererbsen	les pois *(m)* chiches [le pwa ʃiʃ]
Knoblauch	l'ail *(f)* [laj]
Kohl	le chou [lə ʃu]
Kürbis	le potiron [lə pɔtiʀɔ̃]
Lauch	le poireau [lə pwaʀo]
Linsen	les lentilles *(f)* [le lɑ̃tij]
Mais	le maïs [lə mais]
Oliven	les olives *(f)* [lezɔliv]
Paprika(schote)	le poivron [lə pwavʀɔ̃]
Petersilie	le persil [lə pɛʀsi]
Salat	la salade [la salad]
Kopfsalat	la laitue [la lɛty]
Sellerie	le céleri [lə sɛlʀi]
Spargel	l'asperge *(f)* [laspɛʀʒ]

Spinat	les épinards *(m)* [lez‿epinaʀ]
Tomaten	les tomates *(f)* [le tɔmat]
Zucchini	la courgette [la kurʒɛt]
Zwiebeln	les oignons *(m)* [lez‿ɔɲɔ̃]

BACKWAREN, SÜSSWAREN ...	**PAIN, PÂTISSERIE, CONFISERIE ...**
Bonbons	les bonbons *(m)* [le bɔ̃bɔ̃]
Brot	le pain [lə pɛ̃]
- Vollkornbrot	le pain complet [lə pɛ̃ kɔ̃plɛ]
- Weißbrot	le pain blanc [lə pɛ̃ blɑ̃]

Frisch gebackene Gourmet-Brote in einer französischen Bäckerei

BROT IST NICHT GLEICH BROT

So gibt es Weißbrot in ganz unterschiedlichen Größen: Am kleinsten ist **la ficelle** (*der Bindfaden*). Dann kommt das Baguette und danach **le gros pain** (*das grosse Brot*). Das Baguette kommt ausserdem in zahlreiche Fassungen sie kann u.a. **ordinaire**, **tradition** oder **rustique** sein.

Brötchen	le petit pain [lə pti pɛ̃]
– belegtes Brötchen	le sandwich [lə sɑ̃dwitʃ]
Eis	la glace [la glas]
Gebäck	les pâtisseries *(f)* [lə patisʀi]
Kekse	les biscuits *(m)* [lə biskɥi]
Kuchen	le gâteau [lə gato]
Schokolade	le chocolat [lə ʃɔkɔla]
Schokoriegel	la barre de chocolat [la baʀ də ʃɔkɔla]
Süßigkeiten	les friandises *(f)* [lə fʀijɑ̃diz]
Toast	le pain de mie [lə pɛd mi]

EIER UND MILCHPRODUKTE	**ŒUFS ET PRODUITS LAITIERS**
Butter	le beurre [lə bœʀ]
Eier	les œufs *(m)* [lez‿ø]
Joghurt	le yaourt [lə jauʀt]
Käse	le fromage [lə fʀɔmaʒ]
– Schafskäse	le fromage de brebis [lə fʀɔmaʒ də bʀəbi]
– Vollmilch	le lait entier [lə lɛ ɑ̃tje]
– Frischkäse	le fromage frais [lə fʀɔmaʒ fʀɛʃ]
– Ziegenkäse	le fromage de chèvre [lə fʀɔmaʒ də ʃɛvʀ]
Margarine	la margarine [la maʀgaʀin]
Milch	le lait [lə lɛ]
– fettarme Milch	le lait écrémé [lə lɛ ekʀeme]
Quark	le fromage blanc [lə fʀɔmaʒ blɑ̃]
Sahne	la crème [la kʀɛm]
– Schlagsahne	la crème fleurette [la kʀɛm flœʀɛt]

FLEISCH- UND WURSTWAREN	VIANDES ET CHARCUTERIE
Aufschnitt	les tranches *(f)* de charcuterie/ de viande froide [lə tʀɑ̃ʃ də ʃaʀkytʀi/də vjɑ̃d fʀwad]
Fleisch	la viande [la vjɑ̃d]
Hackfleisch	la viande hachée [la vjɑ̃d aʃe]
Hähnchen	le poulet [lə pulɛ]
Hammelfleisch	le mouton [lə mutɔ̃]
Kalbfleisch	le veau [lə vo]
Kaninchen	le lapin [lə lapɛ̃]
Kotelett	la côtelette [la kotlɛt]
Lammfleisch	l'agneau *(m)* [laɲo]
Pastete	le pâté [lə pated]
Rindfleisch	le bœuf [lə bœf]
Salami	le salami [lə salami]
Schinken	le jambon [lə ʒɑ̃bɔ̃]
Schweinefleisch	le porc [lə pɔʀ]
Wurstwaren	la charcuterie [la ʃaʀkytʀi]
Wurst	la saucisse [la sosis]; (*luftgetrocknet*) le saucisson [lə sosisɔ̃]

FISCH UND MEERESFRÜCHTE	POISSONS ET FRUITS DE MER
Aal	l'anguille *(f)* [lɑ̃gij]
Austern	les huîtres *(f)* [lez‿ɥitʀ]
Barsch	la perche [la pɛʀʃ]
Fisch	le poisson [lə pwasɔ̃]
Garnelen	les crevettes roses [le kʀəvɛt ʀoz]
Goldbrasse	la dorade [la dɔʀad]
Hering	le hareng [lə aʀɑ̃]
Krabben	les crevettes *(f)* [le kʀəvɛt]
Krebs	le crabe [lə kʀab]
Lachs	le saumon [lə somɔ]

Makrele	le maquereau [lə makʀo]
Miesmuscheln	les moules *(f)* [le mul]
Muscheln	les coquillages *(f)* [le kɔkijaʒ]
Pulpo	le poulpe [lə pulp]
Schwertfisch	l'espadon *(m)* [lɛspadɔ̃]
Seezunge	la sole [la sɔl]
Thunfisch	le thon [lə tɔ̃]
Tintenfisch	le calamar [lə kalamaʀ]
Venusmuschel	les palourdes *(f)* [le paluʀd]

GEWÜRZE	AROMATES
Basilikum	le basilic [lə bazilik]
Chili	le piment [lə pimɑ̃]
Dill	l'aneth *(m)* [lanɛt]
Estragon	l'estragon *(m)* [lɛstʀagɔ̃]
Ingwer	le gingembre [lə ʒɛ̃ʒɑ̃bʀ]
Kerbel	le cerfeuil [lə sɛʀfœj]
Knoblauch	l'ail *(m)* [laj]
Koriander	la coriandre [la kɔʀjɑ̃dʀ]
Kräuter	les herbes *(f)* [lez‿ɛʀb]
Kümmel	le cumin [lə kymɛ̃]
Lorbeer	le laurier [lə lɔʀje]
Majoran	la marjolaine [la maʀʒɔlɛn]
Minze	la menthe [la mɑ̃t]
Muskatnuss	la muscade [la myskad]
Nelken	les clous *(m)* de girofle [le klud ʒiʀɔfl]
Oregano	l'origan *(m)* [lɔʀigɑ̃]
Paprika	le paprika [lə papʀika]; *(scharf)* le piment [lə pimɑ̃]
Petersilie	le persil [lə pɛʀsil]
Pfeffer	le poivre [lə pwavʀ]
Rosmarin	le romarin [lə ʀɔmaʀɛ̃]
Salbei	la sauge [la soʒ]
Salz	le sel [lə sɛl]
Senf	la moutarde [la mutaʀd]
Thymian	le thym [lə tɛ̃]
Zimt	la noix de muscade [la nwad myskad]

Bücher, Zeitschriften und Schreibwaren

Ich hätte gern ...
Je voudrais ... [ʒvudʀɛ]

- *eine deutsche Zeitung.*
  un journal allemand. [ɛ̃ ʒuʀnal almɑ̃]
- *einen Reiseführer.*
  un guide touristique. [ɛ̃ gid tuʀistik]
- *eine Wanderkarte dieser Gegend.*
  une carte des randonnées de la région.
  [yn kaʀt de ʀɑdɔne də la ʀeʒjɔ̃]

BÜCHER, ZEITSCHRIFTEN UND ZEITUNGEN

Buch	le livre [lə livʀ]
Krimi	le roman policier [lə ʀɔmɔ̃ pɔlisje]
Landkarte	la carte (géographique) [la kaʀt (ʒeɔgʀafik)]
Roman	le roman [lə ʀɔmɑ̃]
Stadtplan	le plan (de la ville) [lə plɑ̃ (də la vil)]
Straßenkarte	la carte routière [la kaʀt ʀutjɛʀ]
Zeitschrift	le magazine [lə magazin]
Zeitung	le journal [lə ʒuʀnal]

SCHREIBWAREN

Bleistift	le crayon [lə kʀɛjɔ̃]
Block	le bloc [lə blɔk]
Briefumschlag	l'enveloppe *(f)* [lɑ̃vlɔp]
Farbstift	le crayon de couleur [lə kʀɛjɔ̃d kulœʀ]
Kugelschreiber	le stylo à bille [lə stilo a bij]
Notizbuch	le carnet [ləkaʀnɛ]
Postkarte	la carte postale [la kaʀt pɔstal]
Schreibwaren	les articles *(m)* de papeterie [lez‿aʀtikl də papɛtʀi]

Drogerieartikel

allergiegetestet — testé contre les allergies [teste kɔ̃tʀə lez‿alɛʀʒi]
Creme — la crème [la kʀɛm]
Conditioner — après-shampooing [lapʀɛ ʃɑ̃pwɛ]
Duschgel — le gel douche [lə ʒɛl duʃ]
Föhn — le sèche-cheveux [lə sɛʃ ʃəvø]
Kamm — le peigne [lə pɛɲ]
Lichtschutzfaktor — l'indice *(m)* de protection [lɛdis də pʀɔtɛksjɔ̃]
Mückenschutz — le produit anti-moustique [lə pʀodɥi ɑ̃timustik]
Nagellack — le vernis à ongles [lə vɛʀni a ɔ̃gl]
Papiertaschentücher — les mouchoirs *(m)* en papier [le muʃwaʀ ɑ̃ papje]
Rasierklingen — les lames *(f)* de rasoir [le lam də ʀazwaʀ]
Schnuller — la sucette (de caoutchouc) [la sysɛt (də kautʃu)]
Seife — le savon [lə savɔ̃]
Slipeinlagen — les protège-slips *(m)* [le pʀɔtɛʒslip]
Shampoo — le shampoing [lə ʃɑ̃pwɛ̃]
Sonnenmilch — le lait solaire [lə lɛ sɔlɛʀ]
Spiegel — le miroir [lə miʀwaʀ]
Spültuch — le torchon [lə tɔʀʃɔ̃]
Waschlappen — le gant de toilette [lə gɑ̃d twalɛt]
Waschmittel — la lessive [la lɛsiv]
Wattestäbchen — le coton-tige [lə kɔ̃tɔtiʒ]
Windeln — les couches *(f)* [le kuʃ]
Zahnbürste — la brosse à dents [la bʀɔs a dɑ̃]
Zahnpasta — le dentifrice [lə dɑ̃tifʀis]
Zahnseide — le fil dentaire [lə fil dɑ̃tɛʀ]

Haushaltsartikel

Abfallbeutel	le sac poubelle [lə sak pubɛl]
Alufolie	le papier (d')alu [lə papje (d)aly]
Batterie	la pile [la pil]
Dosenöffner	l'ouvre-boîte *(m)* [luvʀəbwat]
Flaschenöffner	l'ouvre-bouteille *(m)* [luvʀəbutɛj]
Flüssigseife	le savon liquide [lə savɔ likid]
Frischhaltefolie	le film alimentaire [lə film alimɑ̃tɛʀ]
Geschirrspültabs	les tablettes *(f)* pour lave-vaisselle [le tablɛt puʀ lav vɛsɛl]
Glühbirne	l'ampoule *(f)* [lɑ̃pul]
Grill	le barbecue [lə baʀbəkju]
Haushaltswaren	les articles ménagers [lez‿aʀtikl menaʒe]
Insektenspray	le spray anti-insectes [lə spʀɛ ɑ̃tiɛ̃sɛkt]
Korkenzieher	le tire-bouchon [lə tiʀbuʃɔ̃]
Kühltasche	la glacière [la glasjɛʀ]
Plastikbeutel	le sac en plastique [lə sak ɑ̃ plastik]
Schere	les ciseaux *(m)* [le sizo]
Servietten	les serviettes *(f)* [le sɛʀvjɛt]
Spülmittel	le liquide vaisselle [lə likid vɛsɛl]
Spültuch	le torchon [lə tɔʀʃɔ]
Streichhölzer	les allumettes *(f)* [lez‿alymɛt]
Taschenmesser	le couteau de poche [lə kutod pɔʃ]
Thermosflasche®	la (bouteille) thermos [la (butɛj) tɛʀmos]
Wäscheklammern	les pinces *(f)* à linge [le pɛ̃s a lɛ̃ʒ]
Wäscheleine	la corde à linge [la kɔʀda lɛ̃ʒ]

Elektroartikel/Computer/Smartphone

Adapter	l'adaptateur *(m)* [ladaptatœʀ]
Akku	la batterie [la batʀi]
CD/DVD	le CD/DVD [lə sede/devede]
Drucker	l'imprimante *(f)* [lɛ̃pʀimɑ̃t]
Handy	le portable/le mobile [lə pɔʀtabl/lə mɔbil]
Kopfhörer	les écouteurs *(m)* [lez‿ekutœʀ]
Ladegerät	le chargeur [lə ʃaʀʒœʀ]
Ladekabel	le chargeur [lə ʃaʀʒœʀ]; le câble de recharge [lə kɑbl dlə rəʃaʀʒ]
Laptop	le (ordinateur) portable [lə (ɔʀdinatœʀ) pɔʀtabl]
Lautsprecher	le haut-parleur [lə oparlœʀ]
Notebook	le portable [lə pɔʀtabl]
Powerbank	la batterie externe [la batʀi ɛkstɛʀn]
Smartphone	le smartphone [lə smaʀtfon]
Speicherkarte	la carte mémoire [kaʀt memwaʀ]
Stecker	la fiche [la fiʃ]
Tablet-PC	la tablette [la tablɛt]
USB-Stick	la clé USB [la kle yɛsbe]
Verlängerungsschnur	la rallonge [la ʀalɔ̃ʒ]

Fotoartikel

Ich brauche ... für diese Kamera.
J'ai besoin ... pour cet appareil photo
[ʒɛ bəzwɛ̃ … puʀ sɛt‿aparɛj]

– eine Speicherkarte
une carte-mémoire
[yn kaʀtmemwaʀ]

- Akkus
d'une batterie [dyn batʀi]
- einen Film
d'un film [dɛ̃ film]

Ich brauche Passfotos.
J'ai besoin de photos d'identité.
[ʒɛ bəzwɛ̃ də fɔto didɑ̃tite]

Das funktioniert nicht mehr.
Ça ne marche plus. [san‿maʀʃ ply]

Blitzgerät	le flash [lə flaʃ]
Digitalkamera	l'appareil *(m)* photo numérique [lapaʀɛj fɔto nymɛʀik]
Linse	la lentille [la lɑ̃tij]
Objektiv	l'objectif *(m)* [lɔbʒɛktif]
Selbstauslöser	le déclencheur automatique [lə deklɑʃœʀ ɔtɔmatik]
Selfie-Stick	la perche à selfie [la pɛʀʃ a sɛlfi]
Stativ	le pied [lə pje]
Unterwasserkamera	l'appareil *(m)* photo étanche [lapaʀɛj fɔtɔ etɑ̃ʃ]

Etwas zum Anziehen

Nicht verzweifeln

Sollten Sie etwas finden, was Ihnen gefällt, verzweifeln Sie nicht, wenn Sie merken, dass Sie eine Nummer größer brauchen als zu Hause. Nein, Sie haben nicht zugenommen, sondern die Größe 38 entspricht in Frankreich Größe 40.

FARBEN

beige	beige [bɛʒ]
blau	bleu [blø]

braun	marron [maʀɔ]
einfarbig	uni [yni]
farbig	de couleur [də kulœʀ]
gelb	jaune [ʒon]
goldfarben	doré [dɔʀe]
grau	gris [gʀi]
grün	vert [vɛʀ]
lila	mauve [mov]
orange	orange [ɔʀɑ̃ʒ]
rosa	rose [ʀoz]
rot	rouge [ʀuʒ]
schwarz	noir [nwaʀ]
türkis	turquoise [tyʀkwaz]
weiß	blanc [blɑ]

KLEIDUNG

Welche (Konfektions-)Größe haben Sie?
Quelle taille faites-vous ? [kɛl taj fɛt vu]

Kann ich es anprobieren?
Je peux l'essayer ? [ʒpø lesɛje]

Das ist mir zu …
Il est trop … pour moi. [il ɛ tʀo puʀ mwa]

- ***eng/weit.***
  étroit/large [etʀwa/laʀʒ]
- ***kurz/lang.***
  court/long [kuʀ/lɔ̃]
- ***klein/groß***
  petit/grand [pti/gʀɑ̃]

Anorak	l'anorak *(m)* [lanɔʀak]
Anzug	le costume [lə kɔstym]
Ärmel	la manche [la mɑ̃ʃ]
Badeanzug	le maillot une pièce [lə majo yn pjɛs]
Badehose	le maillot de bain [lə majod bɛ̃]
BH	le soutien-gorge [lə sutjɛ̃gɔʀʒ]
Bikini	le bikini [lə bikini]
Bluse	le chemisier [lə ʃmizje]

Handschuhe	les gants *(m)* [le gɑ̃]
Hemd	la chemise [la ʃmiz]
Hose	le pantalon [lə pɑ̃talɔ̃]
Hut	le chapeau [lə ʃapo]
Jacke	la veste [la vɛst]
Jeans	le jean [lə dʒin]
Kinderkleidung	les habits *(m)* pour enfants [lez‿abi puʀ ɑ̃fɑ̃]
Kleid	la robe [la ʀɔb]
Kostüm	le tailleur [lə tajœʀ]
Krawatte	la cravate [la kʀavat]
Mantel	le manteau [lə mɑ̃to]
Mütze	le bonnet [ləbɔnɛ]
Pullover	le pull-over [lə pylɔvɛʀ]
Regenjacke	la parka [la paʀka]
Rock	la jupe [la ʒyp]
Schal	l'écharpe *(f)* [leʃaʀp]
Schirm	le parapluie [lə paʀaplɥi]
Shorts	le short [lə ʃɔʀt]
Slip	le slip [lə slip]
Socken	les chaussettes *(f)* [le ʃosɛt]
Strickjacke	le gilet [le ʒilɛ]
Strumpfhose	les collants *(m)* [le kɔlɑ̃]
T-Shirt	le t(ee)-shirt [lə tiʃœʀt]
Unterwäsche	les sous-vêtements *(m)* [le suvɛtmɑ̃]

SCHUHE UND TASCHEN

Ich habe Schuhgröße ...
Je chausse du ... [ʒə ʃos dy]

Sie sind zu eng.
Elles sont trop étroites. [ɛl sɔ̃ tʀop‿etrwat]

Sie sind zu groß.
Elles sont trop grandes. [ɛl sɔ̃ tʀo gʀɑ̃d]

Absatz	le talon [lə talɔ̃]
Flipflops	les tongs *(f)* [tɔ̃g]
Gummistiefel	les bottes en caoutchouc [le bɔt ɑ̃ kautʃu]

Gürtel	la ceinture [la sɛ̃tyʀ]
Handtasche	le sac à main [lə sak‿a mɛ̃]
Koffer	la valise [la valiz]
Lederjacke	la veste de cuir [la vɛstə də kɥiʀ]
Reisetasche	le sac de voyage [lə sak də vwajaʒ]
Rucksack	le sac à dos [lə sak a do]
Sandalen	les sandales *(f)* [le sɑ̃dal]
Schnürsenkel	le lacet [lə lasɛ]
Schuh	la chaussure [la ʃosyʀ]
Schuhcreme	le cirage [lə siʀaʒ]
Sohle	la semelle [la smɛl]
Stiefel	les bottes *(f)* [le bɔt]
Tasche	le sac [lə sak]
Trolley(koffer/-tasche)	la valise à roulettes [la valiz‿a ʀulɛt]
Turnschuhe	les baskets *(m)* [le baskɛt]
Wander-/Trekkingschuh	les chaussures *(f)* de randonnée [ʃosyʀ də ʀɑ̃dɔne]

Souvenirs kaufen

Ich hätte gern ...
Je voudrais ...
[ʒvudʀɛ]

- ***ein hübsches Andenken.***
  un joli souvenir.
  [ɛ̃ ʒɔli suvniʀ]
- ***etwas Typisches aus dieser Gegend.***
  un souvenir typique de la région.
  [ɛ̃ suvniʀ tipik də la ʀeʒjɔ̃]

echt	authentique [otɑ̃tik]
handgemacht	fait-main [fɛmɛ̃]

Mitbringsel	le souvenir [lə suvniʀ]
regionales Produkt/Spezialität	le produit régional/la spécialité régionale [lə pʀɔdɥi ʀeʒjɔnal/la spesjalite ʀeʒjɔnal]

Im Tabakladen

Rauchen verboten

In Frankreich werden Zigaretten fast ausschließlich in Tabakwarengeschäften, den sogenannten **bar-tabacs** oder **bureau de tabac** verkauft.

Vorsicht: In Frankreich ist das Rauchen in allen öffentlichen Gebäuden sowie in Cafés, Bars, Restaurants und Parks verboten. Das Rauchen auf Terrassen ist manchmal gestattet. Fragen Sie lieber immer nach.

Eine Schachtel/Eine Stange ...
Un paquet/Une cartouche de ...
[ɛ̃ pakɛ/yn kaʀtuʃ də]

– mit/ohne Filter, bitte.
filtre/sans filtre, s'il vous plaît.
[filtʀ/sɑ̃ filtʀ sil vu plɛ]

Zehn Zigarren/Zigarillos, bitte.
Dix cigares/cigarillos, s'il vous plaît.
[di sigaʀ/sigaʀijo sil vu plɛ]

Aschenbecher	le cendrier [lə sɑ̃dʀije]
Feuerzeug	le briquet [lə bʀikɛ]
Pfeife	la pipe [la pip]
Pfeifentabak	le tabac à pipe [lə taba a pip]
Streichhölzer	les allumettes [lez‿alymɛt]
Zigarette	la cigarette [la sigaʀɛt]
Zigarettentabak	le tabac à cigarettes [lə taba a sigaʀɛt]
Zigarillo	le cigarillo [lə sigaʀijo]
Zigarre	le cigare [lə sigaʀ]

Einkaufen

die ***Bäckerei***
la boulangerie
[bulɑ̃ʒʀi]

der ***Käsehändler***
la fromagerie
[fʀɔmaʒʀi]

der ***Lebensmittellad***
épicerie
[episʀi]

der ***Friseursalon***
le salon de coiffure
[salɔ̃d(ə)kwafyʀ]

der ***Gemüseladen***
le marchand de primeurs [maʀʃɑ̃ d(ə) pʀimœʀ]

der ***Geschenkelade***
la boutique cadeau
[butik kado]

die ***Konditorei***
la pâtisserie
[pɑtisʀi]

der ***Markt***
le marché
[maʀʃe]

die ***Metzgerei***
la boucherie-charcuterie
[buʃʀiʃaʀkytʀi]

der ***Einkaufszentrum***
le centre commercial
[sɑ̃tʀ kɔmɛʀsjal]

Zeitschriftengeschäft
la maison de la presse
[mɛzɔ də lɑ̃pʀɛs]

der ***Supermarkt***
le supermarché
[sypɛʀmaʀʃe]

EINKAUFEN

EINKAUFEN

:hönes Hotel an der Atlantikküste
:rand von Biarritz, Frankreich.

ÜBERNACHTEN

Hotel, Pension, Privatzimmer

AN DER INFORMATION

Könnten Sie mir bitte ... empfehlen?
Vous pourriez m'indiquer ..., s'il vous plaît ?
[vu purje mɛ̃dike … sil vu plɛ]

- ein gutes Hotel
un bon hôtel [ɛ̃ bɔn‿otɛl]
- ein einfaches Hotel
un hôtel pas trop cher [ɛ̃n‿otɛl pa tʀo ʃɛʀ]

Ist es zentral/ruhig/in Strandnähe gelegen?
Est-ce qu'il/qu'elle est dans le centre/dans un quartier tranquille/près de la plage ?
[ɛs‿kil/kɛl ɛ dɑ̃l sɑ̃tʀ/dɑ̃z‿ɛ̃ kaʀtje tʀɑ̃kil/pʀɛd la plaʒ]

Gibt es hier auch ....?
Est-ce qu'il y a aussi ... ici ? [ɛs‿kil‿ja osi … isi]

- einen Campingplatz
un terrain de camping [ɛ̃ tɛʀɛ̃d kɑ̃piŋ]
- eine Jugendherberge
une auberge de jeunesse [yn‿obɛʀʒ də ʒœnɛs]
- eine Privatunterkunft
des chambres chez l'habitant [dɛ ʃɑ̃bʀ ʃɛ labitɑ̃]

Hotel

IM HOTEL ANGEKOMMEN

Ich habe ein Zimmer reserviert. Mein Name ist ...
J'ai réservé une chambre. Je m'appelle ...
[ʒɛ ʀesɛʀve yn ʃɑ̃bʀə ʒə mapɛl]

Haben Sie noch Zimmer frei?
Est-ce que vous avez encore des chambres de libre ?
[ɛs‿kə vuz‿ave ɑ̃kɔʀ de ʃɑ̃bʀə də libʀ]

– ... für eine Nacht
... pour une nuit [puʀ yn nɥi]
– ... für zwei Tage
... pour deux jours [puʀ dø ʒuʀ]
– ... für eine Woche
... pour une semaine [puʀ yn səmɛn]

Haben Sie Familienzimmer?
Est-ce que vous avez des chambres familiales ?
[ɛs kə vuz‿ave de ʃɑ̃bʀ familjal]

Ich hätte gern ...
Je voudrais ... [ʒə vudʀɛ]

– ein Einzelzimmer
une chambre pour une personne
[yn ʃɑ̃bʀ puʀ yn pɛʀsɔn]
– ein Doppelzimmer
une chambre double [yn ʃɑ̃bʀə dubl]
– ein Zweibettzimmer
une chambre à deux lits/une twin
[yn ʃɑ̃bʀ‿a dø li/yn twin]
– ein ruhiges Zimmer
une chambre calme [yn ʃɑ̃bʀə kalm]
– mit Dusche
avec douche [avɛk duʃ]
– mit Bad
avec salle de bains [avɛk sal də bɛ̃]
– mit Blick aufs Meer
avec vue sur la mer [avɛk vy syʀ la mɛʀ]
Kann ich das Zimmer ansehen?
Est-ce que je peux voir la chambre ?
[ɛs‿kəʒ pø vwaʀ la ʃɑ̃bʀ]

Es ist gut, ich nehme es.
C'est bien, je le prends.
[sɛ bjɛ̃, ʒəl pʀɑ̃]

Ich hätte gern ein anderes Zimmer.
J'aimerais une autre chambre, s'il vous plaît.
[ʒɛmʀɛ yn‿otʀə ʃɑ̃bʀə sil vu plɛ]

Willkommensschild an der Tür eines französischen Hotels.

Können Sie noch ein drittes Bett/Kinderbett dazustellen?
Est-ce que vous pouvez installer un troisième lit/un lit pour enfant ?
[ɛs‿kə vu puve ɛ̃stale ɛ̃ tʀwazjɛm li/ɛ̃ li puʀ ɑ̃fɑ̃]

Ist das Frühstück inklusive?
Est-ce que le petit-déjeuner est inclus ?
[ɛs‿kə lə pətideʒøne ɛt‿ ɛ̃kly]

FRAGEN UND BITTEN

Ab wann gibt es Frühstück?
Le petit-déjeuner est à partir de quelle heure ?
[lə pti deʒœne ɛt‿a paʀtiʀ də kɛl‿œʀ]

Wo ist der Frühstücksraum?
Où est-ce qu'on prend le petit-déjeuner ?
[u ɛs‿kɔ̃ pʀɑ̃l‿ptideʒøne]

Die 11 bitte.
La 11, s'il vous plaît. [la ɔ̃z sil vu plɛ]

Gibt es Fernsehen im Zimmer?
Est-ce qu'il y a la télévision dans la chambre ?
[ɛs‿kil‿ja la televizjɔ dɑ̃ la ʃɑ̃bʀ]

WIE MAN SICH BETTET...

Zimmerpreise für Hotels verstehen sich normalerweise pro Zimmer und nicht pro Person.

Sucht man ein Zimmer für zwei Personen, kann man entweder **une chambre à 2 lits** oder **une twin** (*zwei getrennte Betten*) auswählen oder aber **une chambre double**, ein Zimmer mit einem großen Bett. Das Frühstück ist in der Regel nicht im Preis mitenthalten.

ONLINE GEHEN

Haben Sie... ?
Vous avez ... ? [vuz‿ave]

- *Internetanschluss*
  un accès Internet [ɛñ‿aksɛ ɛ̃tɛʀnɛt]
- *WLAN*
  le Wi-Fi [lə wifi]
- *das Passwort*
  le mot de passe [lə mo də pas]

ALLES IN ORDNUNG?

Das Zimmer ist heute nicht geputzt worden.
Ma chambre n'a pas été nettoyée aujourd'hui.
[ma ʃɑ̃bʀ na paz‿ete nɛtwaje oʒuʀdɥi]

Die Klimaanlage funktioniert nicht.
La clim ne fonctionne pas.
[la klim nə fɔ̃ksjɔn pa]

Der Wasserhahn tropft.
Le robinet goutte. [lə ʀɔbinɛ gut]

Es kommt kein (warmes) Wasser.
Il n'y a pas d'eau (chaude). [il nja pa do (ʃod)]

Die Toilette/Das Waschbecken ist verstopft.
Les toilettes sont bouchées/Le lavabo est bouché.
[le twalɛt sɔ̃ buʃe/lə lavabo ɛ buʃe]

AUSCHECKEN UND BEZAHLEN

Ich reise heute Abend/morgen um ... Uhr ab.
Je pars ce soir/demain à ... heures.
[ʒə paʀ sə swaʀ/dəmɛ̃ a … œʀ]

Kann ich mein Gepäck (bis heute Abend) hier lassen?
Est-ce que je peux laisser mon bagage ici (jusqu'à ce soir) ? [ɛs‿kəʒ‿pø lɛse mɔ̃ bagaʒ isi (ʒyska sə swaʀ)]

Könnten Sie bitte die Rechnung fertig machen?
Vous pouvez préparer la note, s'il vous plaît ?
[vu puve pʀepaʀe la nɔt sil vu plɛ]

Nehmen Sie Kreditkarten?
Vous prenez les cartes de crédit ?
[vu pʀəne le kaʀt də kʀedi]

Vielen Dank für alles! Auf Wiedersehen!
Merci pour tout ! Au revoir ! [mɛʀsi puʀ tu o ʀvwaʀ]

Abendessen … le dîner [lə dine]
Abfalleimer … la poubelle [la pubɛl]
Aufenthaltsraum … le salon [lə salɔ̃]
Aufzug … l'ascenseur *(m)* [lasɑ̃sœʀ]
Babyfon … l'interphone *(m)* [lɛ̃tɛʀfɔn]
Badezimmer … la salle de bains [la sal də bɛ̃]
Balkon … le balcon [lə balkɔ̃]
barrierefrei … sans obstacle [sɑ̃z‿ɔpstakl]
Bett … le lit [lə li]
Bettdecke … la couverture [la kuvɛʀtyʀ]
Bettwäsche … les draps *(m)* [le dʀa]
Dusche … la douche [la duʃ]
ebenerdig … au niveau du sol [o nivo dy sɔl]
Etage … l'étage *(m)* [letaʒ]
Fenster … la fenêtre [la fnɛtʀə]
Fernseher … le téléviseur [lə televizœʀ]
Frühstück … le petit-déjeuner [lə pti deʒœne]
Frühstücksraum … la salle de petit-déjeuner [la sal də pti deʒœne]
Garage … le garage [lə gaʀaʒ]
Glas (Trink~) … le verre [lə vɛʀ]

HOTEL ÜBERNACHTEN

Glühbirne	l'ampoule *(f)* [lɑ̃pul]
Halbpension	la demi-pension [la dmipɑ̃sjɔ̃]
Handtuch	la serviette de toilette [la sɛʀvjɛt də twalɛt]
Heizung	le chauffage [lə ʃofaʒ]
Kinderbetreuung	la garderie [la gaʀdəʀi]
Kinderbett	le lit d'enfant [lə li dɑ̃fɑ̃]
Klimaanlage	la climatisation [la klimatizasjɔ̃]
Kopfkissen	l'oreiller *(m)* [lɔʀɛje]
Lampe	la lampe [la lɑ̃p]
Matratze	le matelas [lə matla]
Minibar	le minibar [lə minibaʀ]
Mittagessen	le déjeuner [lə deʒœne]
Nachttisch	la table de nuit [la tablə də nɥi]
Parkplatz	la place de stationnement [la plas də stasjɔnmɑ̃]
Pension	la pension (de famille) [la pɑ̃sjɔ̃(d famij)]
Radio	la radio [la ʀadjo]
reinigen	nettoyer [nɛtwaje]
reparieren	réparer [ʀepaʀe]
Reservierung	la réservation [la ʀezɛʀvasjɔ̃]
Restaurant	le restaurant [lə ʀɛstɔʀɑ̃]
Rezeption	la réception [la ʀesɛpsjɔ̃]
rollstuhlgerecht	aménagé/équipé pour handicapés [amenaʒe/ekipe puʀ ɑ̃dikape]
Safe	le coffre-fort [lə kɔfʀəfɔʀ]
Schlüssel	la clé [la kle]
Schrank	l'armoire *(f)* [laʀmwaʀ]
Speisesaal	la salle à manger [la sal a mɑ̃ʒe]
Steckdose	la prise de courant [la pʀiz də kuʀɑ̃]
Toilette	les toilettes *(f)* [le twalɛt]
Toilettenpapier	le papier hygiénique [lə papje iʒjenik]
Übernachtung	la nuit [la nɥit]
Ventilator	le ventilateur [lə vɑ̃tilatœʀ]
Verlängerungswoche	la semaine supplémentaire [la smɛn syplemɑ̃tɛʀ]

Vollpension	la pension complète [la pɑ̃sjɔ̃ kɔ̃plɛt]
Waschbecken	le lavabo [lə lavabo]
Wasser	l'eau *(f)* [lo]
– kaltes Wasser	l'eau *(f)* froide [lo fʀwad]
– warmes Wasser	l'eau *(f)* chaude [lo ʃod]
WLAN	le Wi-Fi [lə wifi]
Zimmer	la chambre [la ʃɑ̃bʀ]

Ferienhäuser und Ferienwohnungen

Ich habe ... gebucht/gemietet.
J'ai réservé/loué ... [ʒɛ ʀezɛʀve/lue]

– die Wohnung ...
l'appartement ... [lapaʀtəmɑ̃]
– das Haus ...
la maison ... [la mɛzɔ̃]
... bei Ihnen
... chez vous [... ʃe vu]

Wo holen wir die Schlüssel?
Où est-ce qu'on va chercher les clés ?
[u‿ɛs‿kɔ̃ va ʃɛʀʃe le kle]

Ist der Strom- und Wasserverbrauch im Mietpreis enthalten?
Est-ce que l'eau et l'électricité sont comprises dans la location ? [ɛs‿kə lo e lelɛktʀisite sɔ̃ kɔ̃pʀiz dɑ̃ la lɔkasjɔ̃]

Sind Haustiere erlaubt?
Est-ce que les animaux domestiques sont admis ?
[ɛs‿kə lez‿animo dɔmɛstik sɔ̃t‿admi]

Müssen wir die Endreinigung selbst übernehmen?
Est-ce que nous devons faire nous-mêmes le nettoyage de fin de séjour ?
[ɛs‿kə nu dvɔ̃ fɛʀ numɛm lə nɛtwajaʒ də fɛ̃d seʒuʀ]

Wohin kommt der Müll?
Où est-ce qu'on dépose les ordures ?
[u‿ɛs‿kɔ̃ depoz lez‿ ɔʀdyʀ]

Geben Sie mir bitte die Kaution zurück?
Vous me rendez la caution, s'il vous plaît ?
[vum‿ʀɑ̃de la kosjɔ̃ sil vu plɛ]

Wo gibt es hier ein Lebensmittelgeschäft?
Où est-ce qu'il y a une épicerie ici ?
[u‿ɛs‿kil‿ja yn‿episʀi isi]

Camping

Könnten Sie mir sagen, ob es in der Nähe einen Campingplatz gibt?
Vous pourriez me dire s'il y a un terrain de camping par ici ?
[vu puʀjem diʀ sil‿ja ɛ̃ tɛʀɛ̃d kɑ̃piŋ paʀ isi]

Haben Sie noch Platz für einen Wohnwagen/ein Zelt?
Vous avez encore de la place pour une caravane/ une tente ?
[vuz‿ave ɑ̃kɔʀ də la plas puʀ yn kaʀavan/yn tɑ̃t]

Wie hoch ist die Gebühr für ...
Quel est le tarif pour ... [kɛl‿ɛl taʀif puʀ]

- ***ein Auto?***
  une voiture ? [yn vwatyʀ]
- ***einen Wohnwagen?***
  une caravane ? [yn kaʀavan]
- ***ein Wohnmobil?***
  un camping-car ? [ɛ̃ kɑ̃piŋkaʀ]
- ***ein Zelt?***
  une tente ? [yn tɑ̃t]

Vermieten Sie stationäre Wohnwagen?
Vous louez des mobile-homes ?
[vu lue de mɔbil om]

Wir bleiben ... Tage/ Wochen.
Nous restons ... jours/semaines. [nu ʀɛstɔ̃ … ʒuʀ/smɛn]

Wo sind ...
Où sont ... [u sɔ̃]

- die Toiletten?
les toilettes ? [le twalɛt]
- die Waschräume?
les sanitaires ? [le sanitɛʀ]
- die Duschen?
les douches ? [le duʃ]

Camping	le camping [lə kɑ̃piŋ]
Campingplatz	le (terrain de) camping [lə (tɛʀɛ̃ də) kɑ̃piŋ]
Gasflasche	la bouteille de gaz [la butɛj də gaz]
Gaskocher	le réchaud à gaz [lə ʀeʃo a gaz]
Hammer	le marteau [lə maʀto]
Hering	la sardine [la saʀdin]
Kocher	le réchaud [lə ʀeʃo]
Pool	la piscine [la pisin]
Propangas	le propane [lə pʀɔpan]
Schlafsack	le sac de couchage [lə sak də kuʃaʒ]
Steckdose	la prise de courant [la pʀiz də kuʀɑ̃]
Stecker	la fiche [la fiʃ]
Strom	le courant (électrique) [lə kuʀɑ̃ (elɛktʀik)]
Taschenlampe	la lampe de poche [la lɑ̃p də pɔʃ]
Trinkwasser	l'eau *(f)* potable [lo pɔtabl]
Waschraum	les lavabos *(m)* [le lavabo]
Wasser	l'eau *(f)* [lo]
Wohnmobil	le camping-car [lə kɑ̃piŋkaʀ]
Wohnwagen	la caravane [la kaʀavan]
Zelt	la tente [la tɑ̃t]
zelten	camper [kɑ̃pe]

FÜR ALLE FÄLLE

In der Apotheke

Könnten Sie mir bitte sagen, wo die nächste Apotheke (mit Nachtdienst) ist?
Pourriez-vous me dire où est la pharmacie (de garde) la plus proche, s'il vous plaît ? [puʀje vu mə diʀ u ɛ la faʀmasi (də gaʀd) la ply pʀɔʃ sil vu plɛ]

Könnten Sie mir bitte etwas gegen ... geben?
Pourriez-vous me donner quelque chose contre ..., s'il vous plaît ? [puʀje vum dɔne kɔ̃lkə ʃoz kɔtʀsil vu plɛ]

Abführmittel	le laxatif [lə laksatif]
Augentropfen	le collyre [lə kɔliʀ]
Beruhigungsmittel	le tranquillisant [lə tʀɑ̃kilizɑ̃]
Desinfektionsmittel	l'antiseptique *(m)* [lɑ̃tisɛptik]
Elastikbinde	la bande élastique [la bɑ̃d elastik]
Fieberthermometer	le thermomètre [lə tɛʀmɔmɛtʀ]
Halstabletten	les pastilles *(f)* contre le mal de gorge [le pastij kɔ̃tʀə lə mal də gɔʀʒ]
Hustensaft	le sirop contre la toux [lə siʀo kɔ̃tʀə la tu]
Kondom	le préservatif [lə pʀezɛʀvatif]
Kopfschmerztabletten	les cachets *(m)* contre les maux de tête [le kaʃɛ kɔtʀə le mod tɛt]
Kreislaufmittel	le médicament pour la circulation [lə medikamɑ̃ puʀ la siʀkylasjɔ̃]
Medikament	le médicament [lə medikamɑ̃]
Mittel gegen Insektenstiche	le produit contre les piqûres d'insecte [lə pʀɔdɥi kɔ̃tʀ le pikyʀ dɛ̃sɛkt]
Mittel gegen Läuse	le produit contre les poux [lə pʀɔdɥi kɔ̃tʀ le pu]
Mullbinde	la gaze [la gaz]

Ohrentropfen	les gouttes pour les oreille [le gut puʀ lez‿ɔʀɛj]
Pflaster	le sparadrap [lə sparadʀa]
Rezept	l'ordonnance *(f)* [lɔʀdɔnɑ̃s]
Salbe	la pommade [la pɔmad]
Schlaftabletten	les somnifères *(m)* [le sɔmnifɛʀ]
Schmerztabletten	les cachets contre la douleur [le kaʃɛ kɔ̃tʀə la dulœʀ]
Sonnenbrandsalbe	la pommade contre les coups de soleil [la pɔmad kɔ̃tʀ le ku də sɔlɛj]
Verhütungsmittel	le contraceptif [lə kɔ̃tʀasɛptif]
Zäpfchen	les suppositoires *(m)* [le sypozitwaʀ]

Beim Arzt

Könnten Sie mir einen guten ... empfehlen?
Vous pourriez m'indiquer un bon ..., s'il vous plaît ?
[vu puʀje mɛ̃dike ɛ̃ bɔ̃sil vu plɛ]

– Arzt/Ärztin	médecin [medsɛ̃]
– Augenarzt	ophtalmo [ɔftalmo]
– Frauenarzt	gynéco(logue) [ʒinekɔ(lɔg)]
– Hals-Nasen-Ohren-Arzt	oto-rhino(-laryngologiste) [ɔtoʀino(laʀɛ̃gɔlɔʒist)]
– Hautarzt	dermato(logue) [dɛʀmatɔ(lɔg)]
– Kinderarzt	pédiatre [pedjatʀ]
– Praktischen Arzt	généraliste [ʒeneʀalist]
– Urologen	urologue [yʀɔlɔg]
– Zahnarzt	dentiste [dɑ̃tist]

Wo ist ihre/seine Praxis?
Où se trouve son cabinet, s'il vous plaît ?
[u stʀuv sɔ̃ kabinɛ sil vu plɛ]

BESCHWERDEN BESCHREIBEN

Ich habe Fieber.
J'ai de la fièvre.
[ʒɛ dla fjɛvʀ]

Mir ist oft schlecht/übel.
J'ai souvent mal au cœur.
[ʒɛ suvɑ̃ malo kœʀ]

Mir ist oft schwindelig.
J'ai souvent des vertiges.
[ʒɛ suvɑ̃ de vɛʀtiʒ]

Ich bin ohnmächtig geworden.
Je me suis évanoui.
[ʒəm sɥiz‿evanwi]

Ich habe Kopfschmerzen/Halsschmerzen.
J'ai mal à la tête/à la gorge.
[ʒɛ mal a la tɛt/a la gɔʀʒ]

Ich habe Husten.
Je tousse. [ʒə tus]

Ich bin gestochen/gebissen worden.
J'ai été piqué/mordu. [ʒɛ ete pike/mɔʀdy]

Ich habe mir den Magen verdorben.
J'ai une indigestion. [ʒe yn‿ɛ̃diʒɛstjɔ̃]

Ich habe Durchfall.
J'ai la diarrhée. [ʒe la djaʀe]

Ich habe Verstopfung.
Je suis constipé. [ʒə sɥi kɔ̃stipe]

Ich vertrage das Essen/die Hitze nicht.
Je digère mal./Je ne supporte pas la chaleur.
[ʒə diʒɛʀ mal/ʒən sypɔʀtə pa la ʃalœʀ]

Ich habe mich verletzt.
Je me suis blessé. [ʒəm sɥi blese]

Ich bin allergisch gegen …
Je suis allergique aux/au …
[ʒə sɥiz alɛʀʒik‿o]

- *Antibiotika.*
  antibiotiques. [z‿ɑ̃tibjɔtik]
- *Bienen.*
  abeilles. [z‿abɛj]
- *Pollen.*
  pollen. [pɔlɛn]

Ich bin gegen … geimpft.
Je suis vacciné contre …
[ʒə sɥi vaksine kɔ̃tʀə]

- *Hepatitis A/B/A und B*
  l'hépatite *(f)* A /B /A et B.
  [lepatit a/b/a e be]
- *Tetanus*
  le tétanos. [lə tetanɔs]
- *Typhus*
  le typhus. [lə tifys]

Ich habe einen hohen/niedrigen Blutdruck.
Je fais de l'hypertension/de l'hypotension.
[ʒfɛ də lipɛʀtɑ̃sjɔ̃/də lipotɑ̃sjɔ̃]

Ich bin …
Je suis … [ʒə sɥi]

- *Diabetiker/in.*
  diabétique. [djabetik]
- *Epileptiker/in.*
  épileptique. [epilɛptik]
- *körperbehindert.*
  handicapé physique.
  [ɑ̃dikape fisik]
- *sehbehindert.*
  mal-voyant/e. [malvwajɑ̃/t]
- *schwerhörig*
  malentendant/e. [malɑ̃tɑ̃dɑ̃/t]

Ich habe ...
J'ai ... [ʒɛ]

- *Multiple Sklerose.*
  de la sclérose en plaques.
  [də la skleʀoz ɑ̃ plak]
- *einen Herzschrittmacher.*
  un pacemaker. [ɛ̃ pɛsmɛkœʀ]

Ich bin schwanger.
J'attends un enfant/Je suis enceinte.
[ʒatɑ̃ ɛ̃n‿ɑ̃fɑ̃/ʒə sɥiz‿ɑ̃sɛ̃t]

BEI DER UNTERSUCHUNG

Wo tut es weh?
Où est-ce que vous avez mal ? [u ɛs‿kə vuz‿ave mal]

Ich habe hier Schmerzen.
J'ai des douleurs ici. [ʒɛ de dulœʀ isi]

Sie sollten ein paar Tage Bettruhe halten.
Vous devriez garder le lit pendant quelques jours.
[vu devʀije gaʀde lə li pɑ̃dɑ̃ kɛlkə ʒuʀ]

Im Krankenhaus

Wie lange muss ich hier bleiben?
Combien de temps est-ce que je vais devoir rester ici ?
[kɔ̃bjɛ̃d tɑ̃ ɛs‿kə ʒə vɛ dəvwaʀ ʀɛste isi]

Geben Sie mir bitte ...
Donnez-moi ..., s'il vous plaît.
[dɔne mwa sil vu plɛ]

- *ein Glas Wasser.*
  un verre d'eau [ɛ̃ vɛʀ do]
- *eine Schmerztablette.*
  un comprimé contre la douleur
  [ɛ̃ kɔ̃pʀime kɔtʀə la dulœʀ]

– eine Schlaftablette.
un somnifère [ɛ̃ sɔmnifɛʀ]
– eine Wärmflasche.
une bouillotte [yn bujɔt]

Ich kann nicht einschlafen.
Je n'arrive pas à dormir. [ʒə naʀiv pa a dɔʀmiʀ]

Wann darf ich aufstehen?
Quand est-ce que je peux me lever ?
[kɑ̃t‿ɛs‿kəʒ pøm ləve]

KRANKHEITEN UND BESCHWERDEN

Abszess — l'abcès *(m)* [labsɛ]
Allergie — l'allergie *(f)* [lalɛʀʒi]
Angina — l'angine *(f)* [lɑ̃ʒin]
ansteckend — contagieux [kɔ̃taʒjø]
Antibiotikum — l'antibiotique *(m)* [lɑ̃tibjɔtik]
Asthma — l'asthme *(m)* [lasm]
Atembeschwerden — les troubles respiratoires [le tʀublə ʀɛspiʀatwaʀ]
Ausschlag — les rougeurs *(f)* [le ʀuʒœʀ]
Bänderriss — la rupture de tendon [la ʀyptyʀ də tɑ̃dɔ̃]
Blähungen — les vents *(m)* [le vɑ̃]
Blinddarmentzündung — l'appendicite *(f)* [lapɛ̃disit]
Bluthochdruck — l'hypertension *(f)* [lipɛʀtɑ̃sjɔ̃]
Blutung — le saignement [lə sɛɲəmɑ̃]
Blutvergiftung — la septicémie [la sɛptisemi]
Brechreiz — la nausée [la noze]
brennen — brûler [bʀyle]
Bronchitis — la bronchite [la bʀɔ̃ʃit]
Diabetes — le diabète [lə djabɛt]
Durchfall — la diarrhée [la djaʀe]
Entzündung — l'inflammation *(f)* [lɛflamasjɔ̃]
Epilepsie — l'épilepsie *(f)* [lepilɛpsi]
Erkältung — le rhume [lə ʀym]
Fieber — la fièvre [la fjɛvʀ]; la température [la tɑ̃peʀatyʀ]

gebrochen	cassé [kase]
Gehirnerschütterung	la commotion cérébrale [la kɔmɔsjɔ̃ seʀebʀal]
Gehirnschlag	l'embolie *(f)* cérébrale [lɑ̃bɔli seʀebʀal]
Gelbfieber	la fièvre jaune [la fjɛvʀə ʒon]
Geschlechtskrankheit	la maladie vénérienne [la maladi veneʀjɛn]
geschwollen	enflé [ɑ̃fle]
Geschwür	l'ulcère *(m)* [lylsɛʀ]
giftig	venimeux [vənimø]
Gleichgewichtsstörungen	les troubles de l'équilibre [le tʀubl də lekilibʀ]
Grippe	la grippe [la gʀip]
Halsschmerzen	le mal de gorge [lə mal də gɔʀʒ]
Hämorroiden	les hémorroïdes *(f)* [lez‿emɔʀɔid]
heiser	enroué [ɑ̃ʀue]
Herpes	l'herpès *(m)* [lɛʀpɛs]
Herzbeschwerden	les troubles *(m)* cardiaques [le tʀublə kaʀdjak]
Herzinfarkt	l'infarctus *(m)* [lɛ̃faʀktys]
Heuschnupfen	le rhume des foins [lə ʀym de fwɛ]
Hexenschuss	le tour de reins [lə tuʀ də ʀɛ̃]; le lumbago [lə lɛ̃bago]
Hirnhautentzündung	la méningite [la menɛ̃ʒit]
HIV-positiv	séropositif [seʀɔpozitif]
Infektion	l'infection *(f)* [lɛ̃fɛksjɔ̃]
Insektenstich	la piqûre d'insecte [la pikyr dɛ̃sɛkt]
Ischias	la sciatique [la sjatik]
jucken	démanger [demɑ̃ʒe]; gratter [gʀate]
Kolik	la colique [la kɔlik]
Kopfschmerzen	les maux *(m)* de tête [le mod tɛt]
Krampf	la crampe [la kʀɑ̃p]

Krebs	le cancer [lə kɑ̃sɛʀ]
Kreislaufstörung	les troubles *(m)* de la circulation [le tʀublə də la siʀkylasjɔ̃]
Lähmung	la paralysie [la paʀalizi]
Lebensmittelvergiftung	l'intoxication alimentaire [lɛ̃tɔksikasjɔ̃ alimɑ̃tɛʀ]
Lungenentzündung	la pneumonie [la pnømɔni]
Magenschmerzen	les maux d'estomac [le mo dɛstɔma]
Mandelentzündung	l'inflammation des amygdales [lɛ̃flamasjɔ̃ dez‿amidal]
Migräne	la migraine [la migʀɛn]
Mittelohrentzündung	l'otite *(f)* [lɔtit]
Nasenbluten	les saignements *(m)* de nez [le sɛɲmɑ̃d ne]
Nierenentzündung	la néphrite [la nefʀit]
Nierenstein	le calcul rénal [lə kalkyl ʀenal]
niesen	éternuer [etɛʀnye]
Ohnmacht	l'évanouisseme *(nt/m)* [levanwismɑ̃]; la syncope [la sɛ̃kɔp]
Pilzinfektion	la mycose [la mykoz]
Prellung	la contusion [la kɔ̃tyzjɔ̃]
Rheuma	le rhumatisme [lə ʀymatism]
Rückenschmerzen	les douleurs au dos [le dulœʀ o do]
Salmonellenvergiftung	la salmonellose [la salmɔnɛloz]
Schlaflosigkeit	l'insomnie *(f)* [lɛ̃sɔmni]
Schlaganfall	l'attaque *(f)* [latak]
Schmerzen	les douleurs *(f)* [le dulœʀ]
Schnupfen	le rhume [lə ʀym]
Schüttelfrost	les frissons *(m)* [le fʀisɔ̃]
Schwellung	l'enflure *(f)* [lɑ̃flyʀ]
Schwindel	le vertige [lə vɛʀtiʒ]
Sehstörungen	les troubles de la vue [le tʀubl də la vy]
Sodbrennen	les aigreurs d'estomac [lez‿ɛgʀœʀ dɛstɔma]
Sonnenbrand	le coup de soleil [lə ku dsɔlɛj]

FÜR ALLE FÄLLE IM KRANKENHAUS

Sonnenstich	l'insolation *(f)* [lɛ̃sɔlasjɔ̃]
Stirnhöhlenentzündung	la sinusite [la sinysit]
Übelkeit	la nausée [la noze]
Verbrennung	la brûlure [la bʀylyʀ]
Verdauungsstörung	les troubles digestifs [le tʀublə diʒɛstif]
Vergiftung	l'empoisonnement *(m)* [lɑ̃pwazɔnmɑ̃]
Verletzung	la blessure [la blesyʀ]
verstaucht	foulé [fule]
Verstopfung	la constipation [la kɔ̃stipasjɔ̃]
Windpocken	la varicelle [la vaʀisɛl]
Wunde	la plaie [la plɛ]
Zecke	la tique [la tik]
Zerrung	le claquage (musculaire) [lə klakaʒ (myskylɛʀ)]
Zyste	le kyste [lə kist]

KÖRPER UND KRANKENHAUS-WORTSCHATZ

atmen	respirer [ʀɛspiʀe]
Attest	le certificat médical [lə sɛʀtifika medikal]
Besuchszeit	les heures *(f)* de visites [lez‿œʀ də vizit]
bewusstlos	sans connaissance [sɑ̃ kɔnɛsɑ̃s]; évanoui [evanui]
Blase	la vessie [la vesi]
Blinddarm	l'appendice *(m)* [lapɛ̃dis]
Blut	le sang [lə sɑ̃]
hoher Blutdruck/ niedriger Blutdruck	l'hypertension *(f)*/l'hypotension *(f)* [lipɛʀtɑ̃sjɔ̃/lipotɑ̃sjɔ̃]
bluten	saigner [seɲe]
Blutgruppe	le groupe sanguin [lə gʀup sɑ̃gɛ̃]
Bronchien	les bronches *(f)* [le bʀɔ̃ʃ]

Brust	la poitrine [la pwatʀin]
Bypass	le by-pass [lə baipas]
Chirurg/in	le chirurgien [lə ʃiʀyʀʒjɛ̃]
Darm	l'instestin *(m)* [lɛ̃tɛstɛ̃]
desinfizieren	désinfecter [dezɛ̃fɛkte]
Diagnose	le diagnostic [lə djagnɔstik]
Diät	le régime [lə ʀeʒim]
Eiter	le pus [lə py]
sich erbrechen	vomir [vɔmiʀ]
Gallenblase	la vésicule biliaire [la vezikyl biljɛʀ]
Gehirn	le cerveau [lə sɛʀvo]
Gehör	l'ouïe *(f)* [lwi]
Gelenk	l'articulation *(f)* [laʀtikylasjɔ̃]
Geschlechtsorgane	les organes génitaux [lez‿ɔʀgan ʒenito]
Haut	la peau [la po]
Herz	le cœur [lə kœʀ]
Herzschrittmacher	le stimulateur cardiaque [lə stimylatœʀ kaʀdjak]
Impfpass	le carnet de vaccinations [lə kaʀnɛd vaksinasjɔ̃]
Impfung	la vaccination [la vaksinasjɔ̃]
Infusion	la perfusion [la pɛʀfyzjɔ̃]
Knochen	l'os *(m)* [lɔs]
krank	malade [malad]
Krankenhaus	l'hôpital *(m)* [lɔpital]
Krankenkasse	la caisse d'assurance-maladie [la kɛs dasyʀɑ̃smaladi]
Krankenschein	la feuille de maladie/de soins [la fœj də maladi /də swɛ̃]
Krankenschwester	l'infirmière [lɛ̃fiʀmjɛʀ]
Leber	le foie [lə fwa]
Lunge	le poumon [lə pumɔ̃]
Magen	l'estomac *(m)* [lɛstɔma]
Mandeln	les amygdales *(f)* [lez‿amidal]
Menstruation	les règles *(f)* [le ʀɛgl]

Muskel	le muscle [lə myskl]
nähen	recoudre [ʀəkudʀ]
Narbe	la cicatrice [la sikatʀis]
Narkose	l'anesthésie *(f)* [lanɛstezi]
Nerv	le nerf [lə nɛʀ]
Niere	le rein [lə ʀɛ]
Operation	l'opération *(f)* [lɔpeʀasjɔ̃]
Prothese	la prothèse [la pʀɔtɛz]
Puls	le pouls [lə pu]
Rippe	la côte [la kot]
röntgen	faire une radio(graphie) [fɛʀ yn ʀadjo(gʀafi)]
Röntgenaufnahme	la radio(graphie) [la ʀadjo(gʀafi)]
Rückgrat	la colonne vertébrale [la kɔlɔn vɛʀtebʀal]
Schiene	l'attelle *(f)* [latɛl]
Schwangerschaft	la grossesse [la gʀɔsɛs]
schwitzen	transpirer [tʀɑ̃spiʀe]
Speiseröhre	le tube digestif [lə tyb diʒɛstif]
Sprechstunde	la consultation [la kɔ̃syltasjɔ̃]
Spritze	la piqûre [la pikyʀ]
Station	le service [lə sɛʀvis]
Stich	la piqûre [la pikyʀ]
Stuhlgang	les selles *(f)* [le sɛl]
Trommelfell	le tympan [lə tɛ̃pɑ̃]
Ultraschall-untersuchung	l'échographie *(f)* [lekogʀafi]
Unterleib	le bas-ventre [lə bavɑ̃tʀ]
Untersuchung	l'examen *(m)* [lɛgzamɛ̃]; l'analyse *(f)* [lanaliz]
Urin	l'urine *(f)* [lyʀin]
Verband	le pansement [lə pɑ̃smɑ̃]
Verdauung	la digestion [la diʒɛstjɔ̃]
verschreiben	prescrire [pʀɛskʀiʀ]
Virus	le virus [lə viʀys]
Wartezimmer	la salle d'attente [la sal datɑ̃t]
Wirbelsäule	la colonne vertébrale [la kɔlɔn vɛʀtebʀal]

Beim Zahnarzt

Ich habe (starke) Zahnschmerzen.
J'ai (très) mal aux dents. [ʒə (tʀɛ) mal‿o dɑ̃]

Ich habe eine Füllung verloren.
J'ai perdu un plombage. [ʒə pɛʀdy ɛ̃ plɔ̃baʒ]

Mir ist ein Zahn abgebrochen.
Je me suis cassé une dent. [ʒəm sɥi kase yn dɑ̃]

Geben Sie mir bitte eine Spritze.
Faites-moi une piqûre, s'il vous plaît.
[fɛtmwa yn pikyʀ sil vu plɛ]

Backenzahn	la molaire [la mɔlɛʀ]
Brücke	le bridge [lə bʀidʒ]
Füllung	le plombage [lə plɔ̃mbaʒ]
Kiefer	la mâchoire [la maʃwaʀ]
Krone	la couronne [la kuʀɔn]
Loch	la carie [la kaʀi]
Prothese	la prothèse [la pʀɔtɛz]
Schneidezahn	l'incisive *(f)* [lɛ̃siziv]
Weisheitszahn	la dent de sagesse [la dɑ̃ də saʒɛs]
Zahn	la dent [la dɑ̃]
Zahnfleisch	les gencives *(f)* [le ʒɑ̃siv]
Zahnschmerzen	le mal de dents [lə mal də dɑ̃]
ziehen	arracher [aʀaʃe]

Bankgeschäfte tätigen

Können Sie mir bitte sagen, wo hier eine Bank ist?
Pouvez-vous me dire où il y a une banque ici, s'il vous plaît ? [puve vum diʀ u il‿ja yn bɑk isi sil vu plɛ]

Der Geldautomat akzeptiert meine Karte nicht.
Le distributeur n'accepte pas ma carte.
[lə distʀibytœʀ naksɛpt pa ma kaʀt]

Der Geldautomat gibt meine Karte nicht mehr heraus.
Le distributeur ne rend pas ma carte.
[lə distribytœʀ nə ʀɑ̃ pa ma kaʀt]

Ich möchte ... Schweizer Franken in ... wechseln.
Je voudrais changer ... francs suisses en ...
[ʒvudʀɛ ʃɑ̃ʒe … fʀɑ̃ sɥis ɑ̃ …]

auszahlen — payer [peje]
Bank — la banque [la bɑ̃k]
Bankkarte — la carte bancaire [la kaʀt bɑ̃kɛʀ]
bar — en espèces [ɑ̃n‿ɛspɛs]
Bargeld — les espèces *(f)* [lez‿ɛspɛs]
Bearbeitungsgebühr — la commission [la kɔmisjɔ̃]; les frais bancaires [le fʀɛ bɑ̃kɛʀ]
Betrag — le montant [lə mɔ̃tɑ̃]; la somme [la sɔm]
Cent — le cent [lə sɑ̃nt]
Euro — l’euro *(m)* [løʀo]
Geheimzahl — le numéro de code [lə nymeʀod kɔd]
Geld — l’argent *(m)* [laʀʒɑ̃]
Geldautomat — le distributeur de billets [lə distʀibytœʀ də bijɛt]
Geldschein — le billet [lə bijɛ]
Kleingeld — la monnaie [la mɔnɛ]
Konto — le compte [lə kɔt]
Kreditkarte — la carte de crédit [la kaʀtə də kʀedi]
Münze — la pièce de monnaie [la pjɛs də mɔnɛ]
Quittung — le reçu [lə ʀəsy]
Reisescheck — le chèque de voyage [lə ʃɛk də vwajaʒ]
Schweizer Franken — le franc suisse [lə fʀɑ̃ sɥis]
Überweisung — le virement [lə viʀmɑ̃]
umtauschen — changer [ʃɑ̃ʒe]
Unterschrift — la signature [la siɲatyʀ]

Währung la monnaie [la mɔnɛ]
Wechselkurs le cours de change [lə kuʀ də ʃɑ̃ʒ]
Zahlung le paiement [lə pɛmɑ̃]

Fundbüro

Können Sie mir bitte sagen, wo das Fundbüro ist?
Pouvez-vous me dire où est le bureau des objets trouvés, s'il vous plaît ?
[puve vum diʀ u‿ɛl byʀo dez‿ɔbʒɛ tʀuve sil vu plɛ]

Ich habe ... verloren.
J'ai perdu ... [ʒɛ pɛʀdy]

Ich habe meine Handtasche im Zug vergessen.
J'ai oublié mon sac à main dans le train.
[ʒɛ ublie mɔ̃ sak‿a mɛ̃ dɑ̃l tʀɛ̃]

Hier ist meine Hotelanschrift/Heimatadresse.
Voici l'adresse de mon hôtel/mon adresse personnelle.
[vwasi ladʀɛs də mɔ̃n‿otel/mɔn‿adʀɛs pɛʀsɔnɛl]

Im Internetcafé

Wo gibt es in der Nähe ein Internetcafé?
Où est-ce qu'il y a un café Internet dans le coin ?
[u ɛs‿kilja ɛ̃ kafeɛ̃tɛʀnɛt dɑ̃l kwɛ̃]

Ich möchte ...
Je voudrais ... [ʒə vudʀɛ ...]

– im Internet surfen.
surfer sur Internet. [sœʀfe syʀ ɛ̃tɛʀnɛt]
– einen Drucker benutzen.
utiliser une imprimante. [ytilize yn‿ɛ̃pʀimɑ̃t]

- einen Scanner benutzen.
utiliser un scanner. [ytilize ɛ̃ skanɛʀ]
- eine CD brennen.
graver un CD. [gʀave ɛ̃ sede]

Wie viel kostet eine Stunde?/Viertelstunde?
C'est combien pour une heure ?/ un quart d'heure ?
[sɛ kɔ̃bjɛ̃ pur‿yn œʀ/ɛ̃ kaʀ dœʀ]

Kann ich ... mit diesem Computer verbinden?
Et-ce que je peux brancher ... sur cet ordinateur ?
[ɛs‿kə‿ʒpø bʀɑ̃ʃe ... syʀ sɛt‿ɔʀdinatœʀ]

- meinen USB-Stick
ma clé USB [ma kle yɛsbe]
- meine Kamera
mon appareil photo [mɔ̃n‿aparej fɔto]
- meine Kopföhrer
mes écouteurs [me zekutoer]

Kann ich bei Ihnen skypen?
Est-ce que je peux skyper chez vous ?
[ɛs‿kəʒ‿pø skajpe ʃe vu]

Ich habe Probleme mit dem Computer.
J'ai des problèmes avec l'ordinateur.
[ʒɛ de pʀɔblɛm‿avɛk lɔʀdinatœʀ]

Bei der Polizei

Könnten Sie mir bitte sagen, wo das nächste Polizeirevier ist?
Pourriez-vous me dire où est le commissariat de police le plus proche, s'il vous plaît ? [puʀje vum diʀ u ɛl kɔmisaʀiad pɔlis lə ply pʀɔʃ sil vu plɛ]

Ich möchte ... anzeigen.
Je voudrais déposer une plainte ...
[ʒvudʀɛ depoze yn plɑ̃t]

– einen Diebstahl
pour vol. [puʀ dvɔl]
– einen Überfall
pour agression. [puʀagʀɛsjɔ̃]

Mir ist ... gestohlen worden.
On m'a volé ... [ɔ̃ma vɔle]

– die Handtasche
mon sac à main. [ɔ̃ sak a mɛ̃]
– die Brieftasche
mon portefeuille. [ɔ̃pɔʀtəfœj]
– mein Fotoapparat
mon appareil photo. [mɔ̃n‿apaʀɛj fɔto]
– mein Auto/mein Fahrrad
ma voiture/mon vélo. [ma vwatyʀ/mɔ̃ velo]

Mein Auto ist aufgebrochen worden.
On a fracturé la porte de ma voiture.
[ɔ̃n‿a fʀaktyʀe la pɔʀtə də ma vwatyʀ]

Mein Sohn/Meine Tochter ist verschwunden.
Mon fils/Ma fille a disparu. [mɔ̃ fis/ma fij a dispaʀy]

Dieser Mann belästigt mich.
Cet homme m'importune. [sɛt ɔm mɛpɛ̃ʀtyne]

Können Sie mir bitte helfen?
Vous pouvez m'aider, s'il vous plaît ?
[vu puve mede sil vu plɛ]

aufbrechen	fracturer [fʀaktyʀe]
belästigen	importuner [ɛpɛ̃ʀtyne]
Dieb	le voleur [lə vɔlœʀ]
Diebstahl	le vol [lə vɔl]
Geldbeutel	le portemonnaie [lə pɔʀtmɔnɛ]
Kreditkarte	la carte de crédit [la kaʀt də kʀedi]
Papiere	les papiers *(m)* [le papje]
Personalausweis	la carte d'identité [la kaʀt didɑ̃tite]
Polizei	la police [la pɔlis]

Polizist/in	l'agent *(m)* de police [laʒɑ̃d pɔlis]
Rauschgift	la drogue [la dʀɔg]
Rechtsanwalt	l'avocat *(m)* [lavɔka]
Reisepass	le passeport [lə paspɔʀ]
Richter	le juge [lə ʒyʒ]
Schlüssel	la clé [la kle]
Schmuggel	la fraude [la fʀod]
Schuld	la culpabilité [la kylpabilite]
sexuelle Belästigung	le harcèlement sexuel [lə aʀsɛlmɑ̃ sɛksyɛl]
Taschendieb	le voleur à la tire [lə vɔlœʀ a la tiʀ]; le pickpocket [lə pikpɔkɛt]
Überfall	*(Person)* l'agression *(f)* [lagʀɛsjɔ̃]; *(Bank)* l'attaque [latak]
Untersuchungshaft	la détention préventive [la detɑ̃sjɔ̃ pʀevɑ̃tiv]
Verbrechen	le crime [lə kʀim]
Vergewaltigung	le viol [lə vjɔl]
verhaften	arrêter [aʀɛte]
verlieren	perdre [pɛʀdʀ]
Zeuge	le témoin [lə temwɛ̃]
zusammenschlagen	rouer de coups [ʀued ku]

Auf der Post

Wo ist bitte …
Où se trouve …, s'il vous plaît ? [u stʀuv … sil vu plɛ]

- ***das nächste Postamt?***
  le bureau de poste le plus proche
  [lə byʀod pɔst lə ply pʀɔʃ]
- ***der nächste Briefkasten?***
  la boîte aux lettres la plus proche
  [la bwat o lətʀə la ply pʀɔʃ]

Was kostet ein Brief/eine Postkarte ...
C'est combien une lettre/une carte postale ...
[sɛ kɔ̃bjɛ̃ yn lɛtʀ/yn kaʀt pɔstal]

– nach Deutschland?
pour l'Allemagne ? [puʀ lalmaɲ]
– nach Österreich?
pour l'Autriche ? [puʀ lotʀiʃ]
– in die Schweiz?
pour la Suisse ? [puʀ la sɥis]

Diesen Brief bitte per ...
Je voudrais envoyer cette lettre ...
[ʒvudʀɛ ɑ̃vwaje sɛt lɛtʀ]

– Luftpost.
par avion. [paʀ avjɔ]
– Express.
en exprès. [ɑ̃n‿ɛkspʀɛs]

Absender	l'expéditeur *(m)* [lɛkspeditœʀ]
Adresse	l'adresse *(f)* [ladʀɛs]
Brief	la lettre [la lɛtʀ]
Briefkasten	la boîte aux lettres [la bwat‿o lɛtʀ]
Briefmarke	le timbre [lə tɛ̃bʀ]
Eilbrief	la lettre exprès [la lɛtʀ‿ɛkspʀɛs]
Empfänger	le destinataire [lə dɛstinatɛʀ]
Formular	le formulaire [lə fɔʀmylɛ̃ʀ]
frankieren	affranchir [afʀɑ̃ʃiʀ]
Gewicht	le poids [lə pwa]
Leerung	la levée [la ləve]
nachsenden	faire suivre [fɛʀ sɥivʀ]
Päckchen	le paquet [lə pakɛ]
Paket	le colis [lə kɔli]
Porto	le port [lə pɔʀ]
Postamt	le bureau de poste [lə byʀod pɔst]
Postkarte	la carte postale [la kaʀt pɔstal]
Postleitzahl	le code postal [lə kɔd pɔstal]
Zollerklärung	la déclaration en douane [la deklaʀasjɑ̃ duan]

Telefonieren

Ich möchte nach … telefonieren.
Je voudrais téléphoner en … [ʒə vudʀɛ telefɔneʀ ɑ̃]

Wie viel kostet es pro Minute?
Ça coûte combien la minute ? [sa kut kɔ̃bjɛ̃ la minyt]

Ich möchte …
Je voudrais …, s'il vous plaît. [ʒvudʀɛ … sil vu plɛ]

– eine Telefonkarte.
une carte de téléphone [yn kaʀt də telefon]

Wie ist bitte die Vorwahl von …?
Quel est l'indicatif de …, s'il vous plaît ?
[kɛl ɛ lɛdikatif də… sil vu plɛ]

EIN TELEFONGESPRÄCH FÜHREN

Hier spricht …
Mme/Mlle/M. … à l'appareil.
[madam/madmwazɛl/məsjø … a lapaʀɛj]

Hallo, mit wem spreche ich?
Allô, qui est à l'appareil ? [alo ki ɛt‿a lapaʀɛj]

Kann ich bitte Herrn/Frau/ … sprechen?
Est-ce que je pourrais parler à Monsieur/Madame …, s'il vous plaît ?
[ɛs‿kəʒ puʀɛ paʀle a məsjø/madam … sil vu plɛ]

Möchten Sie eine Nachricht hinterlassen?
Vous voulez laisser un message ? [vu vule lɛse ɛ̃ mɛsaʒ]

Anruf — le coup de téléphone [lə ku də telefɔn]; l'appel [lapɛl]
anrufen — appeler [aple]; téléphoner à [telefɔne a]
Auskunft — les renseignements *(m)* [le ʀɑ̃sɛɲəmɑ̃]

FÜR ALLE FÄLLE · TELEFONIEREN

besetzt occupé [ɔkype]
Handy le portable [lə pɔʀtabl]
Ladegerät un chargeur [ɛ̃ ʃaʀʒœʀ]
Netz le réseau [lə ʀezo]
Passwort le mot de passe [lə mo de pas]
Prepaid-Karte la carte prépayée [la kaʀtə pʀepejẽ]
SIM-Karte la carte SIM [la kaʀtə sim]
Smartphone le smartphone [lə smaʀtfon]
Telefonnummer le numéro de téléphone [lə nymeʀod telefɔn]
Verbindung la communication [la kɔmynikasjɔ]
Vorwahlnummer l'indicatif *(m)* [lɛdikatif]
wählen composer le numéro [kɔ̃pɔse lə nymeʀo]
WLAN le Wi-Fi [lə wifi]

Toilette und Bad

Wo ist bitte die Toilette?
Où sont les toilettes, s'il vous plaît ?
[u sɔ̃ le twalɛt sil vu plɛ]

Damen dames [dam]
Handtuch la serviette de toilette [la sɛʀvjɛt də twalɛt]
Herren hommes [ɔm]
schmutzig sale [sal]
Seife le savon [lə savɔ̃]
Spüle la chasse d'eau [la ʃas do]
Toilettenpapier le papier hygiénique [lə papje iʒjenik]

Im Notfall

die **Brandbekämpfung**
la lutte contre l'incendie
[lyt kɔ̃tʀ lɛ̃sɑ̃di]

der **Diebstahl**
le vol
[vɔl]

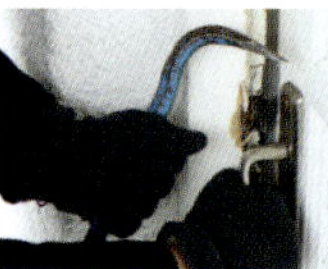

der **Einbruch**
l'effraction
[efʀaksjɔ̃]

der **Feuerlöscher**
l'extincteur
[ɛkstɛ̃ktoeʀ]

der **Notausgang**
la sortie de secours
[sɔʀtidəs(ə)kuʀ]

die **Notrufnummer**
le numéro d'appel d'urgence
[nymeʀo dapɛl dyʀʒɑ̃s

der **Raubüberfall**
l'attaque à main armée
[atak a mɛ̃ aʀme]

der **Rettungshubschrauber**
l'hélicoptère de secours
[elikɔptɛʀdəs(ə)kuʀ]

der **Rettungsring**
la bouée de sauvetage
[bwed(ə)sov(ə)taʒ]

der **Sammelpunkt**
le point de rassemblement
[pwɛ̃d(ə)ʀasɑ̃bləmɑ̃]

die **Schwimmweste**
le gilet de sauvetage
[ʒilɛd(ə)sov(ə)taʒ]

der **Taschendiebstah**
le vol à la tire
[vɔlalatiʀ]

WÖRTERBUCH

A

à [a] *(zeitlich)* um; *(Ort)* in; *(Richtung)* nach
à cause de [a koz də] wegen
à l'arrière [a larjɛʀ] hinten
à l'extérieur [a lɛksteʀjœʀ] außen
à l'intérieur [a lɛ̃teʀjœʀ] innen; drin; drinnen
à l'occasion [a lɔkazjɔ̃] gelegentlich
à nous [a nu] uns
à point [a pwɛ̃] *(Essen)* gar
à présent [a pʀezɑ̃] jetzt
à travers [a tʀavɛʀ] quer durch
à vous [a vu] euch; *(höfliche Form)* Ihnen
abbaye [abei] *(f)* Abtei
abcès [apsɛ] *(m)* Abszess
abeille [abɛj] *(f)* Biene
d'abord [dabɔʀ] erst; *(anfangs)* zunächst, zuerst
absolument [apsɔlymɑ̃] unbedingt
accélérateur [akseleʀatœʀ] *(m)* Gaspedal
accès sans marche [aksɛ sɑ̃ maʀʃ] *(m)* stufenloser Zugang
accident [aksidɑ̃] *(m)* Unfall;
  avoir un ~ [avwaʀ ɛ̃n‿aksidɑ] verunglücken
accompagnateur, accompagnatrice [akɔ̃paɲatœʀ/ akɔ̃paɲatʀis] *(m)* Begleitperson
accompagner [akɔ̃paɲe] begleiten
acheter [aʃte] kaufen
acompte [akɔ̃t] *(m)* Anzahlung
adaptateur [adaptatœʀ] *(m)* Adapter
addition [adisjɔ̃] *(f)* *(im Restaurant, Café)* Rechnung
administration [administʀasjɔ̃] *(f)* Verwaltung; *(Amt)* Behörde
adresse [adʀɛs] *(f)* Anschrift; Adresse
adulte [adylt] *(mf)* Erwachsene/r
aéroport [aeʀɔpɔʀ] *(m)* Flughafen
affranchir [afʀɑ̃ʃiʀ] frankieren
âge [aʒ] *(m)* Alter
agence de voyages [aʒɑ̃s də vwajaʒ] *(f)* Reisebüro
agent de police [aʒɑ̃d pɔlis] *(mf)* Polizist(in)
agneau [aɲo] *(m)* Lammfleisch
agréable [agʀeabl] angenehm
agression [agʀɛsjɔ̃] *(f)* Aggression; *(Angriff)* Überfall
aide [ɛd] *(f)* Hilfe
aigre [ɛgʀ] sauer
aigreurs d'estomac [ɛgʀœʀ dɛstɔma] *(fpl)* Sodbrennen
aiguille [ɛgɥij] *(f)* Nadel
ail [aj] *(m)* Knoblauch
ailleurs [ajœʀ] anderswo
aimable [ɛmabl] liebenswürdig; freundlich
aimer [ɛme] mögen; *(stärker)* lieben
air [ɛʀ] *(m)* Luft;
  ~ conditionné [ɛʀ kɔ̃disjɔne] Klimaanlage
aire de jeux [ɛʀ də ʒø] *(f)* Spielplatz
aire de repos [ɛʀ də ʀəpo] *(f)* Rastplatz
aire de service [ɛʀ də sɛʀvis] *(f)* Rastplatz
Allemagne [almaɲ] *(f)* Deutschland
allemand(e) [almɑ̃, ɑ̃d] deutsch
Allemand(e) [almɑ̃, ɑ̃d] *(m)* der/die Deutsche

aller [ale] gehen; *(mit Transportmittel)* fahren; **~ chercher** [ale ʃɛʀʃe] abholen, holen; **~ se coucher** [ales kuʃe] zu Bett gehen
aller [ale] gehen; *(mit Transportmittel)* fahren; **~ chercher** [ale ʃɛʀʃe] abholen, holen; **~ se coucher** [ales kuʃe] zu Bett gehen
allergie [alɛʀʒi] *(f)* Allergie; **je souffre d'~s** [ʒə sufʀə dalɛʀʒi] ich bin Allergiker/ Allergikerin
allumage [alymaʒ] *(m)* Zündung
allumer [alyme] anzünden
allumette [alymɛt] *(f)* Streichholz
Alsace [alzas] *(f)* Elsass
ambassade [ɑ̃basad] *(f)* Botschaft; diplomatische Vertretung
ambulance [ɑ̃bylɑ̃s] *(f)* Krankenwagen
aménagé(e) [amenaʒe] behindertengerecht; rollstuhlgerecht
aménagé(e) [amenaʒe] behindertengerecht; rollstuhlgerecht
amende [amɑ̃d] *(f)* Bußgeld; (Geld-)Strafe
amer, -ère [ame, ɛʀ] bitter
ami(e) [ami] *(m)* Freund(in); **être ~s** [ɛtʀ‿ami] befreundet sein
ampoule [ɑ̃pul] *(f)* Glühbirne
amygdales [amidal] *(fpl)* *(anatomisch)* Mandeln
an [ɑ̃] *(m)* Jahr
ananas [anana] *(m)* Ananas
ancien(ne) [ɑ̃sjɛ̃, ɑ̃sjɛn] *(aus früheren Zeiten)* alt
anesthésie [anɛstezi] *(f)* Narkose
angine [ɑ̃ʒin] *(f)* Angina
anglais(e) [ɑ̃glɛ, lɛz] englisch
anguille [ɑ̃gij] *(f)* Aal
animal [animal] *(m)* Tier; **animaux domestiques** [animo dɔmɛstik] Haustiere
année [ane] *(f)* Jahr; **~ prochaine** [ane pʀɔʃɛn] nächstes Jahr
anniversaire [anivɛʀsɛʀ] *(m)* Geburtstag
annuler [anyle] *(Fahr-, Flugkarten)* stornieren
anorak [anɔʀak] *(m)* Anorak
antigel [ɑ̃tiʒɛl] *(m)* Frostschutzmittel
antiseptique [ɑ̃tisɛptik] *(m)* Desinfektionsmittel
août [u(t)] August
appartement [apaʀtəmɑ̃] *(m)* Wohnung
appartenir [apaʀtəniʀ] gehören
appel pour l'étranger [apɛl puʀ letʀɑ̃ʒe] *(m)* Auslandsgespräch
appeler [apəle] rufen; anrufen; *(Namen geben)* nennen, **s'appeler** [sapəle] heißen
appendicite [apɛ̃disit] *(f)* Blinddarmentzündung
apporter [apɔʀte] (her) bringen; mitbringen
après [apʀɛ] *(als Präposition: zeitlich)* nach; *(als Adverb)* danach
après-demain [apʀɛ dmɛ̃] übermorgen
après-midi [apʀɛmidi] *(m)* Nachmittag; nachmittags
arbre [aʀbʀ] *(m)* Baum
architecture [aʀʃitɛktyʀ] *(f)* Architektur
arête [aʀɛt] *(f)* Gräte
argent [aʀʒɑ̃] *(m)* Geld; *(Metall)* Silber
armoire [aʀmwaʀ] *(f)* Schrank
arrêt [aʀɛ] *(m)* Haltestelle
arrêter [aʀete] anhalten; *(beenden)* aufhören; *(in Haft nehmen)* verhaften, **s'arrêter** [saʀɛte] stehen bleiben, halten

arrivée [arive] *(f)* Ankunft
arrivée des bagages [arive də bagaʒ] *(f)* Gepäckausgabe
arriver [arive] ankommen; *(passieren)* geschehen
art [ar] *(m)* Kunst
articles d'hygiène [artikl diʒjɛn] *(mpl)* Drogerieartikel
articles de papeterie [artikl də papɛtri] *(mpl)* Schreibwaren
articles ménagers [artikl menaʒe] *(mpl)* Haushaltswaren
articulation [artikylasjɔ̃] *(f)* Gelenk
ascenseur [asɑ̃sœr] *(m)* Fahrstuhl
asperge [aspɛrʒ] *(f)* Spargel
aspirateur [aspiratœr] *(m)* Staubsauger
assaisonnement [asɛzɔnmɑ̃] *(m)* Dressing
assaisonner [asɛzɔne] würzen
assez [ase] genug; *(ganz schön)* ziemlich
assiette [asjɛt] *(f)* Teller; **~ creuse** [asjɛt krøz] Suppenteller
asthme [asm] *(m)* Asthma
Atlantique [atlɑ̃tik] *(m)* Atlantik
attaque [atak] *(f)* Schlaganfall
atteindre [atɛ̃dr] erreichen
attendre [atɑ̃dr] warten; erwarten; **s'~ à** [satɑ̃dr a] rechnen mit, erwarten
attention [atɑ̃sjɔ̃] Achtung; **~!** Vorsicht!, Achtung!
atterrissage [aterisaʒ] *(m)* Landung
au cas où [o ka u] falls
au niveau du sol [o nivo dy sɔl] ebenerdig
aucun(e) [okɛ̃, yn] kein(e, -r)
aujourd'hui [ɔʒurdɥi] heute
au plus [o ply] höchstens
aussi [osi] auch; **~ ... que** [osi ... kə] genauso ... wie
automne [otɔn] *(m)* Herbst
autoroute [otɔrut] *(f)* Autobahn
autour de [otur də] um (herum)
autre [otrə] der/die/das andere; **d'~ part** [dotrə par] andererseits; **l'~** [lotr] der/die/das andere; **l'~ jour** [lotrə ʒur] kürzlich
autrefois [otrəfwa] früher; einst
autrement [otrəmɑ̃] *(als Adverb)* anders; *(andernfalls)* sonst
Autriche [otriʃ] *(f)* Österreich
Autrichien(ne) [otriʃjɛ̃, -ɛn] *(m)* Österreicher(in)
avant [avɑ̃] *(zeitlich)* vor; vorher; **~ que** [avɑ̃ kə] bevor; **en ~** [ɑ̃n‿avɑ̃] vorwärts
avant-hier [avɑ̃t‿jɛr] vorgestern
avec [avɛk] mit
avertisseur d'incendie [avɛrtisœr dɛ̃sɑ̃di] *(m)* Feuermelder
aveugle [avœglə] *(mf)* Blinde/r; *(als Adjektiv)* blind
avocat [avɔka] *(m)* Avocado
avocat(e) [avɔka/t] *(m)* Rechtsanwalt, -anwältin
avoir besoin de [avwar bəzwɛ̃ də] brauchen
avoir le mal de mer [avwar lə mal də mɛr] seekrank sein
avoir soif [avwar swaf] durstig sein
avril [avril] April

B

babeurre [babœr] *(m)* Buttermilch
baby-sitter [bebisitɛr] *(f)* Babysitter

bac [bak] *(m)* *(Fluss)* Fähre
bac à sable [bak a sablə] *(m)* Sandkasten
bagages [bagaʒ] *(mpl)* Gepäck
bague [bag] *(f)* Ring
baie [bɛ] *(f)* (große) Bucht
baignoire [bɛɲwaʀ] *(f)* Badewanne
balcon [balkɔ̃] *(m)* Balkon
balai [balɛ] *(m)* Besen
ballet [balɛ] *(m)* Ballett
banc [bɑ̃] *(m)* Sitzbank
bande élastique [bɑ̃d elastik] *(f)* Elastikbinde
banque [bɑ̃k] *(f)* Bank
banquette-lit [bɑ̃kɛtli] *(f)* Schlafcouch
barbe [baʀb] *(f)* Bart
barre de chocolat [baʀ də ʃɔkɔla] *(f)* Schokoriegel
basilic [bazilik] *(m)* Basilikum
baskets [baskɛt] *(mpl)* (höhere) Turnschuhe
bas-ventre [bavɑ̃tʀ] *(m)* Unterleib
bâtiment [batimɑ̃] *(m)* Gebäude; Bauwerk
batterie [batʀi] *(f)* Akku
beau, belle [bo, bɛl] schön
beaucoup de [boku də] viel
bébé [bebe] *(m)* Baby
beige [bɛʒ] beige
Belgique [bɛlʒik] *(f)* Belgien
beurre [bœʀ] *(m)* Butter
biberon [bibʀɔ̃] *(m)* Saugflasche
bicyclette [bisiklɛt] *(f)* Fahrrad
bidon d'essence [bidɔ̃ desɑ̃s] *(m)* Benzinkanister
bien [bjɛ̃] *(m)* Wohl
bien [bjɛ̃] *(als Adverb)* gut; **~ que** [bjɛ̃ kə] obwohl
bien que [bjɛ̃ kə] obwohl
bientôt [bjɛ̃to] bald
bienvenu(e) [bjɛ̃vəny] willkommen
bière [bjɛʀ] *(f)* Bier
bière sans alcool [bjɛʀ sɑ̃z‿alkɔl] *(f)* alkoholfreies Bier
bijouterie [biʒutʀi] *(f)* Juwelier
bijoux [biʒu] *(mpl)* Schmuck
bikini [bikini] *(m)* Bikini
billet [bijɛ] *(m)* Geldschein; *(Verkehrsmittel)* Fahrschein, Fahrkarte; **~ aller-retour** [bijɛ aleʀtuʀ] Rückfahrkarte; **~ d' entrée** [bijɛ dɑ̃tʀe] Eintrittskarte; **~ enfants** [bijɛ ɑ̃fɑ̃] Kinderfahrkarte
bistrot [bistʀo] *(m)* Kneipe
blanc, (blanche) [blɑ̃, blɑ̃ʃ] weiß
blesser [blese] verletzen
blessé(e) [blɛse] *(m)* der/die Verletzte
blessure [blesyʀ] *(f)* Verletzung
bleu(e) [blø] blau
bloc [blɔk] *(m)* Block
bœuf [bœf] *(m)* Rindfleisch
boire [bwaʀ] trinken
boisson [bwasɔ̃] *(f)* Getränk
boîte [bwat] *(f)* Dose; Schachtel; *(Tanzlokal)* Disko
boîte automatique [bwat ɔtɔmatik] *(f)* Automatik(getriebe)
boîte aux lettres [bwat‿o lɛtʀ] *(f)* Briefkasten
boîte de vitesses [bwat də vitɛs] *(f)* Getriebe
bon [bɔ̃] *(m)* Gutschein
bon, bonne [bɔ̃, bɔn] *(als Adjektiv)* gut; geeignet, richtig; **~ marché** [bɔ̃ maʀʃe] billig; **être ~** [ɛtʀə bɔ̃] *(Essen)* schmecken
bonbon [bɔ̃bɔ̃] *(m)* Bonbon
bord [bɔʀ] *(m)* Rand; *(Meer)* Ufer; **sur les ~s de la Seine** [syʀ le bɔʀ də la sɛn] an der Seine
bouche [buʃ] *(f)* Mund
boucherie [buʃʀi] *(f)* Metzgerei

boucles [bukl] *(fpl)* Locken; **~ d'oreilles** [buklə dɔʀɛj] Ohrringe
bouée [bue] *(f)* Schwimmring; **~ de sauvetage** [bued sovtaʒ] Rettungsring
bougie [buʒi] *(f)* Kerze; *(Auto)* Zündkerze
bouilli(e) [buji] gekocht
bouilloire électrique [buijwaʀ elɛktʀik] *(f)* Wasserkocher
boulangerie [bulɑ̃ʒʀi] *(f)* Bäckerei
bouteille [butɛj] *(f)* Flasche
boutique de téléphones [butik də telefɔn] Handygeschäft
bouton [butɔ̃] *(m)* Knopf
bracelet [bʀaslɛ] *(m)* Armband
bracelets [bʀaslɛ] *(mpl)* Schwimmflügel
bretelle [bʀətɛl] *(f)* Auf-/Abfahrt
bretelle [bʀətɛl] *(f)* Auf-/Abfahrt
broche [bʀɔʃ] *(f)* Brosche
bronches [bʀɔ̃ʃ] *(fpl)* Bronchien
bronchite [bʀɔ̃ʃit] *(f)* Bronchitis
bronzé(e) [bʀɔ̃ze] *(gebräunt)* braun
brosse [bʀɔs] *(f)* Bürste
brosse à dents [bʀɔs a dɑ̃] *(f)* Zahnbürste
brouillard [bʀujaʀ] *(m)* Nebel
bruit [bʀɥi] *(m)* Geräusch; *(laut)* Lärm
brûler [bʀyle] brennen; verbrennen
brûlure [bʀylyʀ] *(f)* Verbrennung
bruyant(e) [bʀɥijɑ̃, ɑ̃t] laut
buffet (de petit déjeuner) [byfɛ (də pti deʒœne)] *(m)* Frühstücksbüfett
bulletin météo(rologique) [byltɛ̃ meteɔ(ʀɔlɔʒik)] *(m)* Wetterbericht
bureau de poste [byʀod pɔst] *(m)* Postamt
bureau de tabac [byʀod taba] *(m)* Tabakladen
bus [bys] *(m)* Bus; **~ pour l'aéroport** [bys puʀ laeʀɔpɔʀ] Flughafenbus
but [by(t)] *(m)* Zweck; *(Bestimmungsort)* Ziel; *(Fußball)* Tor
by-pass [baipas] *(m)* Bypass

C

cabine téléphonique [kabin telefɔnik] *(f)* Telefonzelle
câble de démarrage [kablə də demaʀaʒ] *(m)* Starthilfekabel
câble de remorquage [kablə də ʀəmɔʀkaʒ] *(m)* Abschleppseil
câble réseau [kɑbl ʀezo] *(m)* Ladekabel *(für Laptop)*
cachet [kaʃɛ] *(m)* Tablette
cachets contre la douleur [kaʃɛ kɔ̃tʀə la dulœʀ] *(mpl)* Schmerztabletten
cachets contre les maux de tête [kaʃɛ kɔ̃tʀə le mod tɛt] *(mpl)* Kopfschmerztabletten
cadeau [kado] *(m)* Geschenk
café [kafe] *(m)* Kaffee; *(Ort)* Café
caisse [kɛs] *(f)* Kasse; *(Box)* Kiste
calcul rénal [kalkyl ʀenal] *(m)* Nierenstein
calme [kalm] ruhig; still; *(als Substantiv: m)* Ruhe; *(Windstille)* Flaute
calmer; se ~ [sə kalme] sich beruhigen
camper [kɑ̃pe] zelten
camping [kɑ̃piŋ] *(m)* Camping; **terrain de ~** [tɛʀɛ̃ də kɑ̃piŋ] Campingplatz

camping-car [kɑ̃piŋkaʀ] *(m)* Wohnmobil
cancer [kɑ̃sɛʀ] *(m)* *(Krankheit)* Krebs
canicule [kanikyl] *(f)* Hitzewelle
canot de sauvetage [kanod sovtaʒ] *(m)* Rettungsboot
canot pneumatique [kano pnømatik] *(m)* Schlauchboot
capitaine [kapitɛn] *(mf)* Kapitän(in)
capitale [kapital] *(f)* Hauptstadt
car [kaʀ] denn
car [kaʀ] *(m)* *(Fahrzeug)* Überlandbus
caravane [kaʀavan] *(f)* Wohnwagen
carnet de vaccinations [kaʀnɛd vaksinasjɔ̃] *(m)* Impfpass
carrefour [kaʀfuʀ] *(m)* Kreuzung
carte [kaʀt] *(f)* Speisekarte
carte à puce [kaʀta pys] *(f)* Chipkarte
carte bancaire [kaʀt bɑ̃kɛʀ] *(f)* Geldkarte
carte de crédit [kaʀt də kʀedi] *(f)* Kreditkarte
carte d'embarquement [kaʀtə dɑ̃baʀkəmɑ̃] *(f)* Bordkarte
carte d'identité [kaʀt didɑ̃tite] *(f)* Personalausweis
carte de randonnées [kaʀt də ʀɑ̃dɔne] *(f)* Wanderkarte
carte mémoire [kaʀt memwaʀ] *(f)* Speicherkarte
carte postale [kaʀt pɔstal] *(f)* Postkarte
carte routière [kaʀt ʀutjɛʀ] *(f)* Straßenkarte
carte verte [kaʀtə vɛʀt] *(f)* grüne Versicherungskarte
cascade [kaskad] *(f)* Wasserfall
casque de protection [kask də pʀɔteksjɔ̃] *(m)* Fahrradhelm
cassé(e) [kase] gebrochen; kaputt
casse-croûte [kaskʀut] *(m)* Imbiss
cathédrale [katedʀal] *(f)* Kathedrale; Dom
caution [kosjɔ̃] *(f)* Kaution
caverne [kavɛʀn] *(f)* Höhle
ce [sə] diese(r, -s); **~ week-end** [sə wikɛnd] am Wochenende
ceinture [sɛ̃tyʀ] *(f)* Gürtel
ceinture de sécurité [sɛ̃tyʀ də sekyʀite] *(f)* Sicherheitsgurt
céleri [sɛlʀi] *(m)* Sellerie
célibataire [selibatɛʀ] ledig *(m)*; Junggeselle
cendrier [sɑ̃dʀije] *(m)* Aschenbecher
centimètre [sɑ̃timɛtʀ] *(m)* Zentimeter
central(e) [sɑ̃tʀal] zentral
centre [sɑ̃tʀ] *(m)* Zentrum
centre-ville [sɑ̃tʀə vil] *(m)* Stadtzentrum
cerises [sʀiz] *(fpl)* Kirschen
certain(e) [sɛʀtɛ̃, ɛn] *(als Adjektiv)* bestimmt; gewiss
ces [se] diese
cet [sɛt] diese(r, -s)
cette [sɛt] diese(r, -s)
chacun(e) [ʃakɛ̃, yn] jede(r)
chaise [ʃɛz] *(f)* Stuhl
châlet [ʃalɛ] *(m)* (Alpen-)Hütte
châlet [ʃalɛ] *(m)* Clubhaus
chaleur [ʃalœʀ] *(f)* Hitze
chambre [ʃɑ̃bʀ] *(f)* Zimmer
chambre à coucher [ʃɑ̃bʀ a kuʃe] *(f)* Schlafzimmer
champagne [ʃɑ̃paɲ] *(m)* Champagner
changer [ʃɑ̃ʒe] verändern; *(Reise, Fahrt)* umsteigen; *(Geld)* wechseln; **se ~** [sə ʃɑ̃ʒe] sich umziehen
chantier [ʃɑ̃tje] *(m)* Baustelle

chapeau [ʃapo] *(m)* Hut
chapeau de soleil [ʃapod sɔlɛj] *(m)* Sonnenhut
chaque [ʃak] jede(r, -s)
charcuterie [ʃaʀkytʀi] *(f)* Wurst
charges [ʃaʀʒ] *(fpl)* Nebenkosten
chargeur [ʃaʀʒœʀ] *(m)* Ladekabel *(fürs Handy)*
chariot [ʃaʀjo] *(m)* Gepäckwagen
chat [ʃa] *(m)* Katze
château [ʃato] *(m)* Schloss
chaud(e) [ʃo, ʃod] warm; *(stärker)* heiß
chauffage [ʃofaʒ] *(m)* Heizung
chauffe-biberon [ʃofbibʀɔ̃] *(m)* Fläschchenwärmer
chauffeur de taxi, chauffeuse de taxi [ʃofœʀ/ʃoføz də taksi] *(m)* Taxifahrer(in)
chaussettes [ʃosɛt] *(fpl)* Strümpfe; Socken
chaussure [ʃosyʀ] *(f)* Schuh
chemin [ʃmɛ̃] *(m)* Weg
chemin de randonnée [ʃəmɛ̃ də ʀɑ̃done] *(m)* Wanderweg
chemise [ʃmiz] *(f)* Hemd
chemisier [ʃmizje] *(m)* Bluse
cher, chère [ʃɛʀ] lieb; teuer *(Anrede)* liebe(r)
chercher [ʃɛʀʃe] suchen; **aller ~** [ale ʃɛʀʃe] holen, abholen
cheveux [ʃvø] *(mpl)* Haar(e)
cheville [ʃvij] *(f)* Knöchel
chien [ʃjɛ̃] *(m)* Hund
choc [ʃɔk] *(m)* Zusammenstoß
chocolat [ʃɔkɔla] *(m)* Schokolade
choisir [ʃwaziʀ] wählen; auswählen
chose [ʃoz] *(f)* Ding; Sache
chou [ʃu] *(m)* Kohl
chou-fleur [ʃuflœʀ] *(m)* Blumenkohl
cicatrice [sikatʀis] *(f)* Narbe
cigare [sigaʀ] *(m)* Zigarre
cigarette [sigaʀɛt] *(f)* Zigarette
cigarillo [sigaʀijo] *(m)* Zigarillo
cimetière [simtjɛʀ] *(m)* Friedhof
cinéma [sinema] *(m)* Kino
cintre [sɛ̃tʀ] *(m)* Kleiderbügel
cirage [siʀaʒ] *(m)* Schuhcreme
circuit [siʀkɥi] *(m)* Rundfahrt
circulation [siʀkylasjɔ̃] *(f)* Verkehr
ciseaux [sizo] *(mpl)* Schere
claquage (musculaire) [klakaʒ (myskylɛʀ)] *(m)* Zerrung
clavicule [klavikyl] *(f)* Schlüsselbein
clé [kle] *(f)* Schlüssel
clé de contact [kled kɔ̃takt] *(f)* Zündschlüssel
clé USB [kle yɛsbe] *(f)* USB-Stick
clignotant [kliŋɔtɑ̃] *(m)* Blinker
code [kɔd] *(m)* Türcode
code postal [kɔd pɔstal] *(m)* Postleitzahl
cœur [kœʀ] *(m)* Herz
coffre [kɔfʀ] *(m)* Kofferraum
coffre-fort [kɔfʀəfɔʀ] *(m)* Safe
coiffeur, coiffeuse [kwafœʀ/kwaføz] *(m)* Friseur(in)
coiffure [kwafyʀ] *(f)* Frisur
coin [kwɛ̃] *(m)* Ecke
coin-cuisine [kwɛ̃kɥizin] *(m)* Kochnische
coin-fenêtre [kwɛ̃ fənɛtʀ] *(m)* Fensterplatz
col [kɔl] *(m)* Pass *(Gebirge)*
colère [kɔlɛʀ] *(f)* Wut; **en ~** [ɑ̃ kɔlɛʀ] verärgert, böse, zornig
colique [kɔlik] *(f)* Kolik
colis [kɔli] *(m)* Paket
collants [kɔlɑ̃] *(mpl)* Strumpfhose
collier [kɔlje] *(m)* Kette

colline [kɔlin] *(f)* Hügel
collision [kɔlizjɔ̃] *(f)* Zusammenstoß
collyre [kɔliʀ] *(m)* Augentropfen
colonne vertébrale [kɔlɔn vɛʀtebʀal] *(f)* Wirbelsäule
colonne vertébrale [kɔlɔn vɛʀtebʀal] *(f)* Wirbelsäule
combinaison de plongée [kɔ̃binɛzɔ̃ də plɔ̃ʒe] *(f)* Neoprenanzug
combiné [kɔ̃bine] *(m)* (Telefon-)Hörer
comestible [kɔmɛstibl] essbar
commande [kɔmɑ̃d] *(f)* Bestellung
commandes manuelles [kɔmɑ̃d manyɛl] *(fpl)* Handgas *(beim Auto)*
comme [kɔm] *(Grund)* da; *(Vergleich)* wie; **~ ça** [kɔm sa] so
commencement [kɔmɑ̃smɑ̃] *(m)* Anfang
commencer [kɔmɑ̃se] anfangen
comment [kɔmɑ̃] *(Frage)* wie
commission [kɔmisjɔ̃] *(f)* Bearbeitungsgebühr
commotion cérébrale [kɔmɔsjɔ̃ seʀebʀal] *(f)* Gehirnerschütterung
communication en ville [kɔmynikasjɔ̃ ɑ̃ vil] *(f)* Ortsgespräch
communication interurbaine [kɔmynikasjɔ̃ ɛ̃tɛʀyʀbɛn] *(f)* Ferngespräch
commun(e) [kɔmɛ̃, yn] gemeinsam; *(nichts Besonderes)* gewöhnlich
compagnie aérienne [kɔ̃paɲi aeʀjɛn] *(f)* Fluggesellschaft
compartiment [kɔ̃paʀtimɑ̃] *(m)* Abteil
complet, -ète [kɔ̃plɛ, ɛt] vollständig; ganz; voll (besetzt)
complètement [kɔ̃plɛtmɑ̃] ganz
composter [kɔ̃pɔste] entwerten
comprendre [kɔ̃pʀɑ̃dʀ] verstehen; **se faire ~** [sə fɛʀ kɔ̃pʀɑ̃dʀ] sich verständigen
comprimé [kɔ̃pʀime] *(m)* Tablette
compte [kɔ̃t] *(m)* Konto
compter [kɔ̃te] zählen
concert [kɔ̃sɛʀ] *(m)* Konzert
concombre [kɔ̃kɔ̃bʀ] *(m)* Gurke
conduire [kɔ̃dɥiʀ] Auto fahren; *(Fahrzeug lenken)* fahren; *(Land, Armee)* führen
confiserie [kɔ̃fizʀi] *(f)* Süßwarengeschäft
confiture [kɔ̃fityʀ] *(f)* Marmelade
confondre [kɔ̃fɔ̃dʀ] verwechseln
confortable [kɔ̃fɔʀtabl] bequem
connaissance [kɔnɛsɑ̃s] *(f)* Kenntnis; *(mit jemandem)* Bekanntschaft; *(Person)* der/die Bekannte; **faire la ~ (de)** [fɛʀ la kɔnɛsɑ̃s (də)] kennen lernen
connaître [kɔnɛtʀ] kennen; **faire ~** [fɛʀ kɔnɛtʀ] bekannt machen
conserves [kɔ̃sɛʀv] *(fpl)* Konserven
consigne [kɔ̃siɲ] *(f)* *(Flaschen)* Pfand
consigne automatique [kɔ̃siɲ‿ɔtɔmatik] *(f)* Schließfach
consommation [kɔ̃sɔmasjɔ̃] *(f)* Getränk
consommation d'eau [kɔ̃sɔmasjɔ̃ do] *(f)* Wasserverbrauch
constipation [kɔ̃stipasjɔ̃] *(f)* Verstopfung

consulat [kɔ̃syla] *(m)* Konsulat
consultation [kɔ̃syltasjɔ̃] *(f)* Sprechstunde
contagieux, -euse [kɔ̃taʒjø] ansteckend
content(e) [kɔ̃tɑ̃, ɑ̃t] froh; zufrieden; **être ~ de** [ɛtəʀ kɔ̃tɑ̃ də] sich freuen über
contenu [kɔ̃tny] *(m)* Inhalt
continent [kɔ̃tinɑ̃] *(m)* Festland
contraceptif [kɔ̃tʀasɛptif] *(m)* Verhütungsmittel
contrat [kɔ̃tʀa] *(m)* Vertrag
contre [kɔ̃tʀ] gegen; **être ~** [ɛtʀə kɔ̃tʀ] dagegen sein
contrôle des passeports [kɔ̃tʀol de paspɔʀ] *(m)* Passkontrolle
contrôle de sécurité [kɔ̃tʀol də sekyʀite] *(m)* Sicherheitskontrolle
contrôleur, contrôleuse [kɔ̃tʀolœʀ/kɔ̃tʀoløz] *(m)* Schaffner(in)
contusion [kɔ̃tyzjɔ̃] *(f)* Prellung
conversation [kɔ̃vɛʀsasjɔ̃] *(f)* Unterhaltung
copain, copine [kɔpɛ̃/kɔpin] *(m)* Freund(in)
coquillage [kɔkijaʒ] *(m)* Muschel
corde [kɔʀd] *(f)* Seil
corde à linge [kɔʀda lɛ̃ʒ] *(f)* Wäscheleine
coriace [kɔrjas] zäh
cornflakes [kɔʀnflɛks] *(mpl)* Cornflakes
cornichon [kɔʀniʃɔ̃] *(m)* Gürkchen
corps [kɔʀ] *(m)* Körper
correspondance [kɔʀɛspɔ̃dɑ̃s] *(f)* Anschluss
costume [kɔstym] *(m)* Anzug; **~ folklorique** [kɔstym fɔlklɔʀik] Tracht
côté [kɔte] *(m)* Seite; **à ~ de** [a kote də] neben
côte [kot] *(f)* Küste
côtelette [kotlɛt] *(f)* Kotelett
coton hydrophile [kɔtɔ idʀɔfil] *(m)* Watte
coton-tige [kɔtɔ̃tiʒ] *(m)* Wattestäbchen
cou [ku] *(m)* Hals
coucher [kuʃe] übernachten; **aller se ~** [ale sə kuʃe] zu Bett gehen
couches [kuʃ] *(fpl)* Windeln
couloir [kulwaʀ] *(m)* Gang; Korridor
coup de soleil [ku dsɔlɛj] *(m)* Sonnenbrand
coup de téléphone [ku də telefɔn] *(m)* Anruf
coupe de cheveux [kup də ʃvø] *(f)* Haarschnitt
couple [kupl] *(m)* Paar; *(verheiratet)* Ehepaar
courgette [kurʒɛt] *(f)* Zucchini
courir [kuʀiʀ] laufen; rennen
courroie de transmission [kurwa də tʀɑ̃smisjɔ̃] *(f)* Keilriemen
cours de change [kuʀ də ʃɑ̃ʒ] *(m)* Wechselkurs
court-circuit [kuʀsiʀkɥi] *(m)* Kurzschluss
court(e) [kuʀ, kuʀt] kurz
couteau [kuto] *(m)* Messer
couteau de poche [kutod pɔʃ] *(m)* Taschenmesser
coûter [kute] kosten
couverts [kuvɛʀ] *(mpl)* Besteck
couverture [kuvɛʀtyʀ] *(f)* Bettdecke
crabe [kʀab] *(m)* Krebs
crampe [kʀɑ̃p] *(f)* Krampf
cravate [kʀavat] *(f)* Krawatte
crayon de couleur [kʀɛjɔ̃d kulœʀ] *(m)* Farbstift
crème [kʀɛm] *(f)* Creme; *(Essen)* Sahne
crème solaire [kʀɛm sɔlɛʀ] *(f)* Sonnencreme
crevettes [kʀəvɛt] *(fpl)* Krabben

crevettes roses [kʀəvɛt ʀoz] *(f)* Garnelen
cric [kʀik] *(m)* Wagenheber
crier [kʀije] schreien
crime [kʀim] *(m)* Verbrechen
crique [kʀik] *(f)* Bucht
croire [kʀwaʀ] glauben
croisière [kʀwazjɛʀ] *(f)* Kreuzfahrt
cru(e) [kʀy] roh
cuillère en bois [kɥijɛʀ‿ɑ̃ bwa] *(f)* Rührlöffel
cuillère [kɥijɛʀ] *(f)* Löffel
cuisine [kɥizin] *(f)* Küche; **faire la ~** [fɛʀ la kɥizin] kochen
cuisine diététique [kɥizin djetetik] *(f)* Schonkost
cuisinier, cuisinière [kɥizinje/kɥizinjɛʀ] *(m)* Koch, Köchin
cuisinière [kɥizinjɛʀ] *(f)* Herd
cuisinière à gaz [kɥizinjɛʀ‿a gaz] *(f)* Gasherd
culture [kyltyʀ] *(f)* Kultur
cumin [kymɛ̃] *(m)* Kümmel
cure-dents [kyʀdɑ̃] *(m)* Zahnstocher
curiosités [kyʀjosite] *(fpl)* Sehenswürdigkeiten

D

d'abord [dabɔʀ] zuerst; zunächst
d'autre part [dotʀə paʀ] andererseits
dames [dam] Damen
danger [dɑ̃ʒe] *(m)* Gefahr
dangereux, -euse [dɑ̃ʒʀø, øz] gefährlich
danser [dɑ̃se] tanzen
date [dat] *(f)* Datum
date de naissance [dat də nɛsɑ̃s] *(f)* Geburtsdatum;
de [də] *(Herkunft)* aus, von; **~ couleur** [də kulœʀ] farbig
de longue conservation [də lɔŋg kɔnsɛʀvatiɔ] haltbar
déambulateur [deɑ̃bylatœʀ] *(m)* Handbike
décembre [desɑ̃bʀ] Dezember
déclaration en douane [deklaʀasjɔ̃ ɑ̃ duan] *(f)* Zollerklärung
décollage [dekɔlaʒ] *(m)* Abflug
décommander [dekɔmɑ̃de] *(Zimmer)* abbestellen
découvrir [dekuvʀiʀ] entdecken
dedans [dədɑ̃] drin; drinnen
défaut [defo] *(m)* Fehler; Mangel
dehors [dəɔʀ] draußen
déjà [deʒa] schon; bereits
déjeuner [deʒœne] *(m)* Mittagessen; *(als Verb)* zu Mittag essen
délicieux, -euse [delisjø, -øz] lecker
demande [dəmɑ̃d] *(f)* Bitte
demander [dəmɑ̃de] verlangen; **~ quelque chose à quelqu'un** jemanden um etwas bitten
démanger [demɑ̃ʒe] jucken
démarreur [demaʀœʀ] *(m)* Anlasser
demi-pension [dmipɑ̃sjɔ̃] *(f)* Halbpension
demi(e) [dəmi] halb; **une demi-heure** [yn dəmijœʀ] eine halbe Stunde; **faire demi-tour** [fɛʀ dəmi tuʀ] umkehren; **à ~** [a dmi] halb
dent [dɑ̃] *(f)* Zahn
dent de sagesse [dɑ̃ də saʒɛs] *(f)* Weisheitszahn
dentifrice [dɑ̃tifʀis] *(m)* Zahncreme; Zahnpasta
déodorant [deɔdɔʀɑ̃] *(m)* Deo(dorant)
dépanneuse [depanøz] *(f)* Abschleppwagen

départ [depaʀ] *(m)* Abfahrt; *(Flugzeug)* Abflug
dépasser [depase] überholen; *(Kapazitäten, Fähigkeiten)* überschreiten
depuis [dəpɥi] seit
déranger [deʀɑ̃ʒe] stören
dernier, -ière [dɛʀnje, jɛʀ] letzte(r, -s); **en ~ lieu** [ɑ̃ dɛʀnje ljø] zuletzt
derrière [dɛʀjɛʀ] hinter
désagréable [dezagʀeabl] unangenehm
descendre [desɑ̃dʀ] aussteigen
désinfecter [dezɛ̃fɛkte] desinfizieren
désirer [deziʀe] wünschen; *(stärker)* wollen
dessert [desɛʀ] *(m)* Nachtisch
destinataire [dɛstinatɛʀ] *(mf)* Empfänger(in)
destination [dɛstinasjɔ̃] *(f)* (Reise-)Ziel
détour [detuʀ] *(m)* Umweg
dextrose [dɛkstroz] *(f)* Traubenzucker
deuxièmement [døzjɛmmɑ̃] zweitens
devant [dəvɑ̃] *(räumlich)* vor; *(vorderer Teil)* vorn
devenir [dəvniʀ] werden
déviation [devjasjɔ̃] Umleitung
devoir [dəvwaʀ] müssen; sollen; *(Geld)* schulden
devoir [dəvwaʀ] *(m)* Pflicht
dextrose [dɛkstʀoz] *(f)* Traubenzucker
diabète [djabɛt] *(m)* Diabetes
diabétique [djabetik] *(mf)* Diabetiker(in)
diagnostic [djagnɔstik] *(m)* Diagnose
diarrhée [djaʀe] *(f)* Durchfall
difficile [difisil] schwierig
digestion [diʒɛstjɔ̃] *(f)* Verdauung
dimanche [dimɑ̃ʃ] Sonntag; am Sonntag
dîner [dine] *(m)* Abendessen
dire [diʀ] sagen
direction [diʀɛksjɔ̃] *(f)* Richtung
directive [diʀektiv] *(f)* Vorschrift
distance [distɑ̃s] *(f)* Entfernung
distributeur de billets [distʀibytœʀ də bijɛt] *(m)* Geldautomat; *(für Tickets)* Fahrkartenautomat
doigt [dwa] *(m)* Finger
domicile [dɔmisil] *(m)* Wohnort
dommage [dɔmaʒ] *(m)* Schaden; **Quel ~!** [kɛl dɔmaʒ] Wie schade!
donc [dɔ̃k] also
donner [dɔne] geben; **se ~ du mal** [sə dɔne dy mal] sich Mühe geben
dormir [dɔʀmiʀ] schlafen
dos [do] *(m)* Rücken
douane [dwan] *(f)* Zoll
double [dubl] doppelt
doucement [dusmɑ̃] langsam; *(nicht laut)* leise
douche [duʃ] *(f)* Dusche
douleurs au dos [dulœʀ o do] *(fpl)* Rückenschmerzen
draps [dʀa] *(mpl)* Bettwäsche
droguerie [dʀɔgʀi] *(f)* Drogerie
droit [dʀwa] *(m)* Recht; **droits** [dʀwa] Gebühren
droit(e) [dʀwa, dʀwat] rechte(r, -s); *(nicht schief)* gerade; **à ~** [a dʀwat] rechts
droits de douane [dʀwad duan] *(mpl)* Zollgebühren
dur(e) [dyʀ] hart; fest

E

eau [o] *(f)* Wasser; **~ chaude** [o ʃod] warmes Wasser; **~ froide** [o fʀwad] kaltes Wasser
eau minérale [o mineʀal] *(f)* Mineralwasser
eau potable [o pɔtabl] *(f)* Trinkwasser
échanger [eʃɑ̃ʒe] (aus)tauschen
écharpe [eʃaʀp] *(f)* Schal
école [ekɔl] *(f)* Schule
écrire [ekʀiʀ] schreiben; **par écrit** [paʀ ekʀi] schriftlich
efforcer; s'~ de [sefɔʀse də] sich bemühen
effrayer [efʀeje] erschrecken
église [egliz] *(f)* Kirche
élastique [elastik] *(m)* Haargummi
électrique [elɛktʀik] elektrisch
elle [ɛl] sie
elles [ɛl] *(Pluralform)* sie
éloigné(e) [elwaɲe] weit; entfernt
emballer [ɑ̃bale] einpacken; verpacken
emblème [ɑ̃blɛm] *(m)* Wahrzeichen
embouteillage [ɑ̃butɛjaʒ] *(m)* Stau
embrasser [ɑ̃bʀase] küssen; *(in Arm nehmen)* umarmen
embrayage [ɑ̃bʀɛjaʒ] *(m)* Kupplung
emmener [ɑ̃mne] mitnehmen
empoisonnement [ɑ̃pwazɔnmɑ̃] *(m)* Vergiftung
emporter [ɑ̃pɔʀte] mitnehmen; *(woandershin)* wegbringen
en [ɑ̃] in; *(Material)* aus; **~ français** [ɑ̃ fʀɑ̃sɛ] auf Französisch
en arrière [ɑ̃n‿aʀjɛʀ] rückwärts
en avant [ɑ̃n‿avɑ̃] vorwärts
en bas [ɑ̃ ba] unten
en espèces [ɑ̃n‿ɛspɛs] bar
en face de [ɑ̃ fas də] gegenüber
en outre [ɑ̃n‿utʀ] außerdem
encore [ɑ̃kɔʀ] noch; **(ne …) pas ~** [(nə …) paz‿ɑ̃kɔʀ] noch nicht
endive [ɑ̃div] *(f)* Chicorée
endommager [ɑ̃dɔmaʒe] beschädigen
enfant [ɑ̃fɑ̃] *(mf)* Kind
enfin [ɑ̃fɛ̃] endlich
enflé(e) [ɑ̃fle] geschwollen
enflure [ɑ̃flyʀ] *(f)* Schwellung
enregistrement des bagages [ɑ̃ʀʒistʀəmɑ̃ de bagaʒ] *(m)* Gepäckabfertigung
enroué(e) [ɑ̃ʀue] heiser
ensemble [ɑ̃sɑ̃bl] *(als Adverb)* gemeinsam; zusammen
ensoleillé(e) [ɑ̃sɔlɛje] sonnig
ensuite [ɑ̃sɥit] dann
entendre [ɑ̃tɑ̃dʀ] hören
entier, -ière [ɑ̃tje, ɛʀ] vollständig; ganz
entre [ɑ̃tʀ] zwischen; *(darunter)* unter
entrée [ɑ̃tʀe] *(f)* Eingang; Einfahrt; *(Beitritt)* Eintritt
enveloppe [ɑ̃vlɔp] *(f)* Briefumschlag
environ [ɑ̃viʀɔ̃] ungefähr
environs [ɑ̃viʀɔ] *(mpl)* Umgebung
envoyer [ɑ̃vwaje] schicken; senden
épaule [epol] *(f)* Schulter
épeler [eple] buchstabieren
épice [epis] *(f)* Gewürz
épicé(e) [epise] scharf
épicerie [episʀi] *(f)* Lebensmittelgeschäft
épicerie fine [episʀi fin] *(f)* Feinkostgeschäft mit internationalen Spezialitäten

épilepsie [epilɛpsi] *(f)* Epilepsie
épileptique [epilɛptik] *(mf)* Epileptiker(in)
épinards [epinaʀ] *(mpl)* Spinat
épingle de sûreté [epɛ̃gl də syʀte] *(f)* Sicherheitsnadel
épingles à cheveux [epɛ̃gl a ʃvø] *(fpl)* Haarklammern
épuisé(e) [epɥize] erschöpft
escale [ɛskal] *(f)* Zwischenlandung
escalier [ɛskalje] *(m)* Treppe
espadon [ɛspadɔ̃] *(m)* Schwertfisch
espèces [ɛspɛs] *(fpl)* Bargeld
espérons que [ɛsperɔ̃ kə] hoffentlich
essayer [eseje] versuchen; *(Kleidung)* anprobieren
essuie-glace [esɥi glas] *(m)* Scheibenwischer
Est [ɛst] *(m)* Osten; **à l'~ de** [a lɛst də] östlich von
estomac [ɛstɔma] *(m)* Magen
et [e] und
étage [etaʒ] *(m)* Stockwerk
étanche [etɑ̃ʃ] wasserdicht
état de la mer [etad la mɛʀ] *(m)* Seegang
été [ete] *(m)* Sommer
éternuer [etɛʀnye] niesen
étoffe [etɔf] *(f)* Stoff
étranger [etʀɑ̃ʒe] *(m)* Ausland
étranger, étrangère [etʀɑ̃ʒe/etʀɑ̃ʒɛʀ] *(m)* Ausländer(in); *(Unkannter)* der/die Fremde
étranger, étrangère [etʀɑ̃ʒe/etʀɑ̃ʒɛʀ]; *(als Adjektiv)* ausländisch; fremd
être [ɛtʀ] *(als Verb)* sein; **~ contre** [ɛtʀə kɔ̃tʀ] dagegen sein; **~ pour** [ɛtʀə puʀ] dafür sein; **~ amis (avec)** [ɛtʀ‿ami (avɛk)] befreundet sein (mit)
être [ɛtʀ] *(m)* Wesen; **~ humain** [ɛtʀə ymɛ̃] Mensch
être assis, être assise [ɛtʀ asi, asiz] sitzen
être bon, être bonne [ɛtʀə bɔ̃/bɔn] schmecken
être debout [ɛtʀ dəbu] stehen
étroit(e) [etʀwa, at] eng; schmal
euro [øʀo] *(m)* Euro
Europe [øʀɔp] *(f)* Europa
Européen(ne) [øʀopeɛ̃, ɛn] *(m)* Europäer(in)
Européen(ne) [øʀopeɛ̃, ɛn] *(als Adjektiv)* europäisch
évanoui(e) [evanui] bewusstlos
évanouissement [evanwismɑ̃] *(m)* Ohnmacht
exact(e) [egza, akt] genau; **être ~** [ɛ̃tʀ‿ɛgza] richtig sein, stimmen
excellent(e) [ɛksɛlɑ̃, ɑ̃t] ausgezeichnet
excursion [ɛkskyʀsjɔ̃] *(f)* Ausflug
excursion pour une journée [ɛkskyʀsjø puʀ yn ʒuʀne] *(f)* Tagesausflug
excuse [ɛkskyz] *(f)* Entschuldigung
exempt de droits de douane [ɛgzɑ̃ də dʀwad duan] zollfrei
expéditeur [ɛkspeditœʀ] *(m)* Absender
exposition [ɛkspozisjɔ̃] *(f)* Ausstellung
extincteur [ɛkstɛ̃ktœʀ] *(m)* Feuerlöscher

facile [fasil] leicht
facture [faktyʀ] *(f)* Rechnung
faible [fɛbl] schwach
faire [fɛʀ] tun; machen; *(veranlassen)* lassen; **~ mal**

[fɛʀ mal] schmerzen; **~ la queue** [fɛʀ la kø] Schlange stehen; **fait(e) main** [fɛ/fɛt mɛ̃] handgemacht
faire de l'auto-stop [fɛʀ də lotɔstɔp] trampen
faire de la nage sous-marine [fɛʀ də la naʒ sumaʀin] schnorcheln
faire de la plongée [fɛʀ də la plɔ̃ʒe] tauchen
faire de la randonnée [fɛʀ də la ʀɑ̃dɔne] wandern
faire du cheval [fɛʀ dy ʃval] reiten
faire du surf [fɛʀ dy sœʀf] surfen
faire escale à [fɛʀ ɛskal a] anlegen in
faire les formalités d'embarquement [fɛʀ le fɔʀmalite dɑ̃baʀkəmɑ̃] einchecken
faire le ménage [fɛʀ lə menaʒ] putzen
faire ses courses [fɛʀ se kuʀs] einkaufen
faire suivre [fɛʀ sɥivʀ] nachsenden
famille [famij] *(f)* Familie
farine [faʀin] *(f)* Mehl
fatigué(e) [fatige] müde
faute [fot] *(f)* Fehler; *(Verantwortlichkeit)* Schuld
fauteuil [fotœj] *(m)* Sessel
fauteuil roulant [fotœj ʀulɑ̃] *(m)* Rollstuhl
femme [fam] *(f)* Frau; *(Gattin)* Ehefrau
fenêtre [fnɛtʀə] *(f)* Fenster
fenouil [fənuj] *(m)* Fenchel
fer à repasser [fɛʀ a ʀpase] *(m)* Bügeleisen
ferme [fɛʀm] *(f)* Bauernhof
fermé(e) [fɛʀme] geschlossen; zu
fermer [fɛʀme] schließen; zumachen; **~ à clé** [fɛʀme a kle] abschließen
ferry [fɛʀi] *(m)* Fähre *(auf dem Meer)*
feu [fø] *(m)* Feuer
feu (de circulation) [fø (də siʀkylasjɔ̃)] *(m)* Ampel
feux arrière [fø aʀjɛʀ] *(mpl)* Rücklicht
feux de détresse [fød detʀɛs] *(mpl)* Warnblinkanlage
février [fevʀije] Februar
fiche [fiʃ] *(f)* Stecker
fièvre [fjɛvʀ] *(f)* Fieber
figues [fig] *(fpl)* Feigen
fil [fil] *(m)* Faden
fil de fer [fil də fɛʀ] *(m)* Draht
fille [fij] *(f)* Tochter; **jeune ~** [ʒœn fij] Mädchen; **nom de jeune ~** [nɔ̃d jœn fij] Geburtsname
film [film] *(m)* Film
film alimentaire [film alimɑ̃tɛʀ] *(m)* Frischhaltefolie
fils [fis] *(m)* Sohn
fin [fɛ̃] *(f)* Ende; Schluss
fin(e) [fɛ̃, fin] dünn; fein
fleur [flœʀ] *(f)* Blume
flocons d'avoine [flɔkɔ̃ davwan] *(mpl)* Haferflocken
foie [fwa] *(m)* Leber
foire à la brocante [fwaʀa la bʀɔkɑ̃t] *(f)* Flohmarkt
fonctionner [fɔ̃ksjɔne] funktionieren
force du vent [fɔʀs dy vɑ̃] *(f)* Windstärke
forêt [fɔʀɛ] *(f)* Wald
formulaire [fɔʀmylɛʀ] *(m)* Formular
fort(e) [fɔʀ, fɔʀt] stark; *(Senf etc.)* scharf
forteresse [fɔʀtəʀɛs] *(f)* Festung
fouet [fuɛ] *(m)* Schneebesen
foulé(e) [fule] verstaucht
four [fuʀ] *(m)* Backofen
fourchette [fuʀʃɛt] *(f)* Gabel
frais, fraîche [fʀɛ, fʀɛʃ] kühl; frisch
frais [fʀɛ] *(mpl)* Kosten; *(Ausgaben)* Unkosten

frais bancaires [fʀɛ bɑ̃kɛʀ] *(mpl)* Bearbeitungsgebühr
fraises [fʀɛz] *(fpl)* Erdbeeren
franc suisse [fʀɑ̃ sɥis] *(m)* Schweizer Franken
Français(e) [fʀɑ̃sɛ, ɛz] *(m)* Franzose, Französin
français(e) [fʀɑ̃sɛ, ɛz] französisch
France [fʀɑ̃s] *(f)* Frankreich
frein [fʀɛ̃] *(m)* Bremse
frein à main [fʀɛ̃ a mɛ̃] *(m)* Handbremse
fréquemment [fʀekamɑ̃] häufig
frère [fʀɛʀ] *(m)* Bruder
friandises [fʀijɑ̃diz] *(fpl)* Süßigkeiten
frigo [fʀigo] *(m)* Kühlschrank
frissons [fʀisɔ̃] *(mpl)* Schüttelfrost
frit(e) [fʀi, fʀit] gebacken
froid(e) [fʀwa, fʀwad] kalt; **avoir ~** [avwaʀ fʀwa] frieren
fromage [fʀɔmaʒ] *(m)* Käse
fromage à pâte molle [fʀɔmaʒ a pat mɔl] *(m)* Weichkäse
fromage blanc [fʀɔmaʒ blɑ̃] *(m)* Quark
fromage de brebis [fʀɔmaʒ də bʀəbi] *(m)* Schafskäse
fromage de chèvre [fʀɔmaʒ də ʃɛvʀ] *(m)* Ziegenkäse
frontière [fʀɔ̃tjɛʀ] *(f)* Grenze
fruits [fʀɥi] *(mpl)* Obst
fumer [fyme] rauchen
fumeur, -euse [fymœʀ, øz] *(m)* Raucher(in)
furieux, -euse [fyʀjø, øz] wütend
fusibles [fyzibl] *(mpl)* *(Elektrizität)* Sicherung

G

gant de toilette [gɑ̃d twalɛt] *(m)* Waschlappen
gants [gɑ̃] *(mpl)* Handschuhe
garage [gaʀaʒ] *(m)* Werkstatt; Garage
garçon [gaʀsɔ̃] *(m)* Junge
garçon, serveuse [gaʀsɔ̃/sɛʀvøz] *(m)* Kellner(in)
gare [gaʀ] *(f)* Bahnhof
gare principale [gaʀ pʀɛ̃sipal] *(f)* Hauptbahnhof
gare routière [gaʀ ʀutjɛʀ] *(f)* Busbahnhof
gâteau [gato] *(m)* Kuchen
gauche [goʃ] linke(r, -s); **à ~** [a goʃ] links
gaze [gaz] *(f)* Mullbinde
gel [ʒɛl] *(m)* Frost; *(Kosmetik)* Gel
gencives [ʒɑ̃siv] *(fpl)* Zahnfleisch
genou [ʒnu] *(m)* Knie
gens [ʒɑ̃] *(mpl)* Leute
gentil(le) [ʒɑ̃ti] freundlich; nett
gilet [ʒilɛ] *(m)* Weste
gilet de sauvetage [ʒilɛd sovtaʒ] *(m)* Schwimmweste
glace [glas] *(f)* Eis
gorge [gɔʀʒ] *(f)* Schlucht
gourde [guʀd] *(f)* Trinkflasche
goûter [gute] *(Speisen)* versuchen
GPS [ʒepeɛs] *(m)* Navigationsgerät
grâce à [gʀas‿a] *(Mittel)* durch
gramme [gʀam] *(m)* Gramm
grand(e) [gʀɑ̃, gʀɑ̃d] groß
grand magasin [gʀɑ̃ magazɛ̃] *(m)* Kaufhaus
gratiné(e) [gʀatine] überbacken
gratter [gʀate] jucken
gratuit(e) [gʀatɥi, ɥit] kostenlos
gratuitement [gʀatɥitmɑ̃] gratis; kostenlos
gril [gʀil] *(m)* Grill
grille-pain [gʀijpɛ̃] *(m)* Toaster
grippe [gʀip] *(f)* Grippe
gris(e) [gʀi, gʀiz] grau

gros, grosse [gʀo, gʀos] dick
grossesse [gʀɔsɛs] *(f)* Schwangerschaft
groupe [gʀup] *(m)* Gruppe
groupe sanguin [gʀup sɑ̃gɛ̃] *(m)* Blutgruppe
guêpe [gɛp] *(f)* Wespe
guichet [giʃɛ] *(m)* Fahrkartenschalter
guichet des bagages [giʃɛ de bagaʒ] *(m)* Gepäckschalter
guide [gid] *(m)* Führer; Reiseführer

H

habitant(e) [abitɑ̃, ɑ̃t] *(m)* Einwohner(in); Bewohner(in)
habiter [abite] wohnen
habituel(le) [abityɛl] gewöhnlich; üblich
hall [ol] *(m)* Empfangshalle
hanche [ɑ̃ʃ] *(f)* Hüfte
handicapé mental, handicapée mental [ɑ̃dikape mɑ̃tal] geistig behindert
harcèlement sexuel [aʀsɛlmɑ̃ sɛksyɛl] *(m)* sexuelle Belästigung
haricots [aʀiko] *(mpl)* Bohnen
haricots verts [aʀiko vɛʀ] *(mpl)* grüne Bohnen
haut(e) [o, ot] hoch; **en ~** [ɑ̃ o] oben, aufwärts; **vers le ~** [vɛʀ lə o] aufwärts, nach oben
hebdomadaire [ɛbdomadɛʀ] *(als Adjektiv)* wöchentlich
hébergement [ebɛʀʒəmɑ̃] *(m)* Unterkunft
herbes [ɛʀb] *(fpl)* Kräuter
herpès [ɛʀpɛs] *(m)* Herpes
heure [œʀ] *(f)* Stunde; **à l'~** [a lœʀ] pünktlich, rechtzeitig
heure d'arrivée [œʀ daʀive] *(f)* Ankunftszeit
heure de départ [œʀ də depaʀ] *(f)* Abfahrtszeit
heures d'ouverture [œʀ duvɛʀtyʀ] *(fpl)* Öffnungszeiten
heureux, -euse [œʀø, øz] glücklich; froh; **~ de** [œʀø də] erfreut über
hier [jɛʀ] gestern
hiver [ivɛʀ] *(m)* Winter
hold-up [ɔldœp] *(m)* (Bank-)Überfall
homme [ɔm] *(m)* Mensch; *(männlich)* Mann
hôpital [ɔpital] *(m)* Krankenhaus
hors de [ɔʀ də] außer
hôte, hôtesse [ot/otɛs] *(m)* Gastgeber(in)
hôtesse de l'air [otɛs də lɛʀ] *(f)* Flugbegleiterin
huile [ɥil] *(f)* Öl
huile d'olive [ɥil dɔliv] *(f)* Olivenöl
huîtres [ɥitʀ] *(fpl)* Austern
humide [ymid] feucht
hypertension [ipɛʀtɑ̃sjɔ̃] *(f)* hoher Blutdruck

ici [isi] hier; **viens ~ !** komm hierher!
il [il] er
île [il] *(f)* Insel
ils [il] *(männliche Pluralform)* sie
important(e) [ɛ̃pɔʀtɑ̃, ɑ̃t] wichtig; bedeutend
importuner [ɛ̃pɔʀtyne] belästigen
inconnu(e) [ɛ̃kɔny] unbekannt; fremd
inconnu(e) [ɛ̃kɔny] *(m)* der/die Fremde
indicatif [ɛ̃dikatif] *(m)* Vorwahlnummer
indication [ɛ̃dikasjɔ̃] *(f)* Angabe

indice de protection [ɛdis də pRɔtɛksjɔ̃] *(m)* Lichtschutzfaktor
infarctus [ɛ̃faRktys] *(m)* Herzinfarkt
infection [ɛ̃fɛksjɔ̃] *(f)* Infektion
infirmière [ɛ̃fiRmjɛR] Krankenschwester
inflammation [ɛ̃flamasjɔ̃] *(f)* Entzündung
inflammation des amygdales [ɛ̃flamasjɔ̃ dez‿amidal] *(f)* Mandelentzündung
informer [ɛ̃fɔRme] informieren; unterrichten
insolation [ɛ̃sɔlasjɔ̃] Sonnenstich
insuline [ɛ̃sylin] *(f)* Insulin
interdit(e) [ɛ̃tɛRdi, it] verboten
intéressant(e) [ɛ̃teRɛsɑ̃, ɑ̃t] interessant
international(e) [ɛ̃tɛRnasjɔnal] international
interphone [ɛ̃tɛRfɔn] *(m)* Babyfon®
interroger [ɛ̃tɛRoʒe] befragen
interrupteur [ɛ̃teRyptœR] *(m)* Lichtschalter
intoxication alimentaire [ɛ̃tɔksikasjɔ̃ alimɑtɛR] *(f)* Lebensmittelvergiftung
invité(e) [ɛ̃vite] *(m)* Gast
inviter [ɛ̃vite] einladen; *(bitten)* auffordern
ivre [ivRə] betrunken

J

jambe [ʒɑ̃b] *(f)* Bein
jambon [ʒɑ̃bɔ̃] *(m)* Schinken
janvier [ʒɑ̃vje] Januar
jardin [ʒaRdɛ̃] *(m)* Garten
jardin botanique [ʒaRdɛ̃ bɔtanik] *(m)* Botanischer Garten
jaune [ʒon] gelb
je [ʒə] ich
jean [dʒin] *(m)* Jeans
jeudi [ʒœdi] Donnerstag
jeun [ʒɛ̃] *(beim Arzt)* nüchtern
jeune [ʒœn] jung; **~ fille** [ʒœn fij] Mädchen
jeune [ʒœn] *(mf)* der/die Jugendliche
joli(e) [ʒɔli] hübsch; nett
jouets [ʒuɛ] *(mpl)* Spielsachen
jour [ʒuR] *(m)* Tag; **les~s ouvrables** [le ʒuRz‿uvRabl] werktags
jour de l'arrivée [ʒuR də laRive] *(m)* Anreisetag
jour ouvrable [ʒuR uvRablə] *(m)* Werktag
journal [ʒuRnal] *(m)* Zeitung
juillet [ʒɥijɛ] Juli
juin [ʒɥɛ̃] Juni
jupe [ʒyp] *(f)* Rock
jus d'orange [ʒy dɔRɑ̃ʒ] *(m)* Orangensaft
jusqu'à [ʒyska] bis; **~ maintenant** [ʒyska mɛ̃tnɑ̃] bis jetzt
juteux, -euse [ʒytø, øz] saftig

K

ketchup [kɛtʃəp] *(m)* Ketschup
kilomètre [kilɔmɛtR] *(m)* Kilometer
kit de réparation des pneus [kit də RepaRasjɔ̃ de pnø] *(m)* (Reifen-)Flickzeug
kiwi [kiwi] *(m)* Kiwi
klaxon [klaksɔn] *(m)* Hupe

L

là [la] *(dort)* da; **~-bas** [laba] dort (unten)
lac [lak] *(m)* (Binnen-)See
lacet [lasɛ] *(m)* Schnürsenkel
laine [lɛn] *(f)* Wolle

lait [lɛ] *(m)* Milch
lait écrémé [lɛ ekʀeme] *(m)* fettarme Milch
lames de rasoir [lam də ʀazwaʀ] *(fpl)* Rasierklingen
lampe [lɑ̃p] *(f)* Lampe
langue [lɑ̃g] *(f)* Zunge; *(sprachlich)* Sprache
langue des signes [lɑ̃g de siɲ] *(f)* Zeichensprache
large [laʀʒ] breit; *(Kleidung)* weit
laurier [lɔʀje] *(m)* Lorbeer
lavabo [lavabo] *(m)* Handwaschbecken
lavabos [lavabo] *(mpl)* Waschraum
lave-vaisselle [lav vesɛl] *(m)* Geschirrspülmaschine
laver [lave] waschen
laxatif [laksatif] *(m)* Abführmittel
léger, -ère [leʒe, ɛʀ] *(Gewicht)* leicht
légumes [legym] *(mpl)* Gemüse
lent(e) [lɑ̃, lɑ̃t] langsam
lentement [lɑ̃tmɑ̃] langsam
lentille [lɑ̃tij] *(f)* Kontaktlinse
lessive [lɛsiv] *(f)* (Dreck-) Wäsche; *(Pulver/flüssig)* Waschmittel
lettre [lɛtʀ] *(f)* Brief
leur [lœʀ] *(weibliches Possessivpronomen)* ihr
lèvre [lɛvʀ] *(f)* Lippe
librairie [libʀɛʀi] *(f)* Buchhandlung
libre [libʀə] frei
lieu [ljø] *(m)* Ort; **au ~ de** [o ljø də] anstatt, statt; **avoir ~** [avwaʀ ljø] stattfinden
lieu de naissance [ljød nɛsɑ̃s] *(m)* Geburtsort
lieu de pèlerinage [ljɔ̃ də pɛlʀinaʒ] *(m)* Wallfahrtsort
lilas [lila] lila
limonade [limɔnad] *(f)* Limonade
liquide [likid] flüssig
lire [liʀ] lesen
lit [li] *(m)* Bett
lit à étages [li a etaʒ] *(m)* Etagenbett
lit d'enfant [li dɑ̃fɑ̃] *(m)* Kinderbett
litre [litʀ] *(m)* Liter
livre [livʀ] *(m)* Buch
livre de poche [livʀə də pɔʃ] *(m)* Taschenbuch
localité [lɔkalite] *(f)* Ortschaft
loin [lwɛ̃] *(Weg)* weit
long, longue [lɔ̃, lɔ̃g] lang
Lorraine [lɔʀɛn] *(f)* Lothringen
lotion après-rasage [lɔsjɔ̃ apʀɛʀazaʒ] *(f)* Rasierwasser
louer [lue] loben; *(ausleihen)* mieten; *(verleihen)* vermieten
lourd [luʀ] schwül
lourd(e) [luʀ, luʀd] schwer
loyer [lwaje] *(m)* Miete
luge [lyʒ] *(f)* Schlitten
lui [lɥi] er; *(im Dativ)* ihm
lumbago [lɛ̃bago] *(m)* Hexenschuss
lumière [lymjɛʀ] *(f)* Licht
lundi [lɛ̃di] Montag
luxueux, -euse [lyksyø, øz] luxuriös

M

machine à café [maʃin a kafe] *(f)* Kaffeemaschine
machine à laver [maʃin a lave] *(f)* Waschmaschine
madame [madam] *(Anrede, vor Namen)* Frau
magasin de chaussures [magazɛd ʃosyʀ] *(m)* Schuhgeschäft
magasin d'électro-ménager [magazɛ̃ delɛktʀomenaʒe] *(m)* Elektrohandlung

magasin de fruits et légumes [magazɛd fʀɥi e legym] *(m)* Obst- und Gemüsehändler
magasin de jouets [magazɛ̃d ʒuɛ] *(m)* Spielwarengeschäft
magasin de photos [magazɛ̃d fɔto] *(m)* Fotogeschäft
magasin de produits diététiques [magazɛ̃d pʀɔdɥi djetetik] *(m)* Reformhaus
magasin de produits naturels [magazɛ̃ də pʀɔdɥi natyʀɛl] *(m)* Bioladen
magasin de souvenirs [magazɛ̃d suvniʀ] *(m)* Souvenirladen
magasin de (vins et) spiritueux [magazɛd (vɛ e) spiʀityø] *(m)* Spirituosengeschäft
magasin de vins [magazɛ̃d vɛ̃] *(m)* Weinhandlung
magazine [magazin] *(m)* Zeitschrift; Illustrierte
mai [mɛ] Mai
maillot de bain [majod bɛ̃] *(m)* Badehose
maillot une pièce [majo yn pjɛs] *(m)* Badeanzug
main [mɛ̃] *(f)* Hand; **fait ~** [fɛ mɛ̃] handgemacht
maintenant [mɛ̃tnɑ̃] jetzt
mais [mɛ] aber; sondern
maïs [mais] *(m)* Mais
maison [mɛzɔ̃] *(f)* Haus; **à la ~** [a la mɛzɔ̃] daheim
mal [mal] schlecht; **faire ~** [fɛʀ mal] schmerzen; **~ de dents** [mal də dɑ] Zahnschmerzen; **~ de gorge** [mal də gɔʀʒ] Halsschmerzen
malade [malad] krank
maladie [maladi] *(f)* Krankheit; **~ infantile** [maladi ɛ̃fɑ̃til] Kinderkrankheit
malentendant(e) [malɑ̃tɑ̃dɑ̃] hörgeschädigt
malheur [malœʀ] *(m)* Unglück
malheureusement [malœʀøzmɑ̃] leider
malvoyant(e) [malvwajɑ̃, ɑ̃t] sehbehindert
manche [mɑ̃ʃ] *(f)* Ärmel
mangue [mɑ̃g] *(f)* Mango
manquer [mɑ̃ke] fehlen; *(Ziel)* verfehlen; verpassen
manteau [mɑ̃to] *(m)* Mantel
maquereau [makʀo] *(m)* Makrele
marchand de journaux [maʀʃɑ̃d ʒuʀno] *(m)* Zeitungshändler
marche [maʀʃ] *(f)* Stufe
marché [maʀʃe] *(m)* Markt
marché aux puces [maʀʃe o pys] *(m)* Flohmarkt
marcher [maʀʃe] *(zu Fuß)* gehen
mardi [maʀdi] *(m)* Dienstag; **~ gras** [maʀdi gʀa] Fastnachtsdienstag
marée basse [maʀe bas] *(f)* Ebbe
marée haute [maʀe ot] *(f)* Flut
margarine [maʀgaʀin] *(f)* Margarine
mari [maʀi] *(m)* Ehemann
marron [maʀɔ̃] braun
mars [maʀs] März
marteau [maʀto] *(m)* Hammer
mascara [maskaʀa] *(m)* Wimperntusche
matelas [matla] *(m)* Matratze; **~ pneumatique** [matla pnømatik] Luftmatratze
matin [matɛ̃] *(m)* Morgen
mauvais(e) [movɛ, ɛz] schlecht; übel
mauve [mov] lila

maux d'estomac [mo dɛstɔma] *(mpl)* Magenschmerzen
maux de tête [mod tɛt] *(mpl)* Kopfschmerzen
mayonnaise [majɔnɛz] *(f)* Mayonnaise
me [mə] mich; mir
médicament [medikamɑ̃] *(m)* Medikament
médicament pour la circulation [medikamɑ̃ puʀ la siʀkylasjɔ̃] *(m)* Kreislaufmittel
méduse [medyz] *(f)* Qualle
meilleur(e) [mɛjœʀ] besser; **le/la ~ ...** der/die/das beste ...
melon [məlɔ̃] *(m)* (Honig-)Melone
même [mɛm] selbst; sogar; **la ~ chose** [la mɛm ʃoz] dasselbe
menu [məny] *(m)* Menü; **~ enfants** [məny ɑ̃fɑ̃] Kinderteller
mer [mɛʀ] *(f)* Meer; **la ~ du Nord** [la mɛʀ dy nɔʀ] die Nordsee
mercredi [mɛʀkʀədi] *(m)* Mittwoch
mère [mɛʀ] *(f)* Mutter
merveilleux, -euse [mɛʀvɛjø, øz] wunderbar
météo [meteo] *(f)* Wetterbericht
mètre [mɛtʀ] *(m)* Meter; **~ carré** [mɛtʀə kaʀe] Quadratmeter
métro [metʀo] *(m)* S-Bahn; U-Bahn
mettre [mɛtʀ] setzen; stellen; legen; *(Schuhe)* anziehen; *(Zeit)* brauchen; **se ~ en colère** [sə mɛtʀ‿ɑ̃ kɔlɛʀ] wütend werden
meuble [mœbl] *(m)* Möbel
micro-ondes [mikʀoɔ̃d] *(m)* Mikrowelle
midi [midi] *(m)* Mittag
miel [mjɛl] *(m)* Honig
mieux [mjø] besser
migraine [migʀɛn] *(f)* Migräne
mince [mɛ̃s] dünn; schlank
minute [minyt] *(f)* Minute
miroir [miʀwaʀ] *(m)* Spiegel
moderne [mɔdɛʀn] modern
moi [mwa] ich; *(im Akkusativ)* mich; **à ~** [a mwa] mir
mois [mwa] *(m)* Monat
moitié [mwatje] *(f)* Hälfte; **à ~** [a mwatje] halb
mon [mɔ̃] mein(e)
monde [mɔ̃d] *(m)* Welt
monnaie [mɔnɛ] *(f)* Wechselgeld
monsieur [məsjø] Herr; **Monsieur!** [məsjø] (Anrede im Restaurant) Ober
montagne [mɔ̃taɲ] *(f)* Berg; Gebirge
montant [mɔ̃tɑ̃] *(m)* Summe; Betrag
monter [mɔ̃te] einsteigen
montre-bracelet [mɔ̃tʀəbʀaslɛ] *(f)* Armbanduhr
montrer [mɔ̃tʀe] zeigen
monument [mɔnymɑ̃] *(m)* Denkmal
mordre [mɔʀdʀ] beißen
mot [mo] *(m)* Wort
moteur [mɔtœʀ] *(m)* Motor
mou, molle [mu, mɔl] weich
mouchoirs en papier [muʃwaʀ ɑ̃ papje] *(mpl)* Papiertaschentücher
mouillé(e) [muje] nass
moule [mul] *(f)* Miesmuschel
mousse à raser [musa ʀaze] *(f)* Rasierschaum
mousse gel [musʒɛl] *(f)* Duschgel
moustique [mustik] *(m)* Mücke
moutarde [mutaʀd] *(f)* Senf
mouton [mutɔ̃] *(m)* Hammelfleisch

multicolore [myltikɔlɔʀ] bunt
mur [myʀ] *(m)* Wand
murs de la ville [myʀ də la vil] *(mpl)* Stadtmauer
mûres [myʀ] *(fpl)* Brombeeren
muscle [myskl] *(m)* Muskel
musée [myze] *(m)* Museum
musique [myzik] *(f)* Musik
musli [mysli] *(m)* Müsli
mycose [mykoz] *(f)* Pilzinfektion

N

nager [naʒe] schwimmen
nationalité [nasjɔnalite] *(f)* Staatsangehörigkeit
nature [natyʀ] *(f)* Natur; **~ morte** [natyʀ mɔʀt] Stillleben
naturel(le) [natyʀɛl] natürlich
naturellement [natyʀɛlmɑ̃] natürlich
nausée [noze] *(f)* Übelkeit; Brechreiz
navette [navɛt] *(f)* Transferbus
nécessaire [nesɛsɛʀ] notwendig; nötig
neige [nɛʒ] *(f)* Schnee; **~ poudreuse** [nɛʒ pudʀøz] Pulverschnee
néphrite [nefʀit] *(f)* Nierenentzündung
nerf [nɛʀ] *(m)* Nerv
nettoyage de fin de séjour [nɛtwajaʒ də fɛd seʒuʀ] *(m)* Endreinigung
nettoyer [nɛtwaje] reinigen; putzen; **~ (à sec)** [nɛtwaje (a sɛk)] chemisch reinigen
neuf [nœf] neun
neuf, neuve [nœf, nœv] *(ungebraucht)* neu
nez [ne] *(m)* Nase
noir(e) [nwaʀ] schwarz
noix [nwa] *(f)* Nuss; **~ de coco** [nwad koko] Kokosnuss
nom [nɔ̃] *(m)* Name; **~ de famille** [nɔ̃d famij] Familienname
nombre [nɔ̃bʀ] *(m)* Zahl
non-fumeur, -euse [nɔ̃fymœʀ, -øz] Nichtraucher(in)
Nord [nɔʀ] *(m)* Norden; **au ~ de** [o nɔʀ də] nördlich von
normal(e) [nɔʀmal] normal
normalement [nɔʀmalmɑ̃] normalerweise
nos [no] unsere
note [nɔt] *(f)* *(im Hotel)* Rechnung; **~s** [nɔt] Aufzeichnungen
noter [nɔte] aufschreiben
notre [nɔtʀ] unser; unsere
nouilles [nuj] *(fpl)* Nudeln
nourisson [nuʀisɔ] *(m)* Säugling
nourriture [nuʀityʀ] *(f)* Nahrung; Verpflegung
nourriture pour bébés [nuʀityʀ puʀ bebe] *(f)* Babynahrung
nous [nu] wir; *(Akkusativ, Dativ)* uns
nouveau, nouvelle [nuvo/nuvɛl] neu; frisch; **de ~** [də nuvo] wieder
nouvelle [nuvɛl] *(f)* Neuigkeit; *(Information)* Nachricht
novembre [nɔvɑ̃bʀ] November
nu [ny] *(m)* Akt
nu(e) [ny] nackt
nuage [nyaʒ] *(m)* Wolke
nuageux, -euse [nyaʒø, øz] bewölkt
nuit [nɥi] *(f)* Nacht
nulle part [nyl paʀ] nirgends
numéro [nymeʀo] *(m)* Nummer
numéro de code [nymeʀod kɔd] *(m)* Geheimzahl

numéro de la voiture [nymeʀo də la vwatyʀ] *(m)* Wagennummer
numéro de téléphone [nymeʀod telefɔn] *(m)* Telefonnummer

O

objectif [ɔbʒɛktif] *(m)* Objektiv
observatoire [ɔbsɛʀvatwaʀ] *(m)* Sternwarte
occupé(e) [ɔkype] beschäftigt; *(Platz)* besetzt
octobre [ɔktɔbʀ] Oktober
offense [ɔfɑ̃s] *(f)* Beleidigung
oiseau [wazo] *(m)* Vogel
on [ɔ̃] man
opéra [ɔpeʀa] *(m)* Oper
opération [ɔpeʀasjɔ̃] *(f)* Operation
opposé(e) [ɔpoze] entgegengesetzt
opticien(ne) [ɔptisjɛ/ ɔptisjɛ̃n] *(m)* Optiker(in)
or [ɔʀ] *(m)* Gold
orage [ɔʀaʒ] *(m)* Gewitter
orange [ɔʀɑ̃ʒ] orange
orange [ɔʀɑ̃ʒ] *(f)* Apfelsine
ordinateur portable [ɔʀdinatœʀ pɔʀtabl] *(m)* Laptop
ordures [ɔʀdyʀ] *(fpl)* Abfall; Müll
oreille [ɔʀɛj] *(f)* Ohr
oreiller [ɔʀɛje] *(m)* Kopfkissen
orteil [ɔʀtɛj] *(m)* Zehe
os [ɔs] *(m)* Knochen
otite [ɔtit] *(f)* Mittelohrentzündung
ou [u] oder; **~ bien ... ~ bien** [u bjɛ ... u bjɛ] entweder ... oder
oublier [ublje] vergessen; *(Schirm etc.)* liegen lassen
ouïe [wi] *(f)* Gehör
ouvert(e) [uvɛʀ, t] offen; geöffnet
ouvre-boîtes [uvʀəbwat] *(m)* Dosenöffner
ouvre-bouteilles [uvʀəbutɛj] *(m)* Flaschenöffner
ouvrir [uvʀiʀ] öffnen; aufmachen

P

paiement [pɛmɑ̃] *(m)* Zahlung
paille [paj] *(f)* Strohhalm
pain [pɛ̃] *(m)* Brot; **~ blanc** [pɛ̃ blɑ̃] Weißbrot; **~ complet** [pɛ̃ kɔ̃plɛ] Vollkornbrot; **~ noir** [pɛ̃ nwaʀ] Schwarzbrot
paire [pɛʀ] *(f)* Paar
pamplemousse [pɑ̃pləmus] *(m)* Grapefruit
panne [pan] *(f)* Panne; **en ~** [ɑ̃ pan] kaputt
panneau [pano] *(m)* (Hinweis-)Schild
pansement [pɑ̃smɑ̃] *(m)* Verband
pantalon [pɑ̃talɔ̃] *(m)* Hose; **~ de jogging** [pɑ̃talɔ̃ də ʒɔgiŋ] Jogginghose; **~ de ski** [pɑ̃talɔ̃ də ski] Skihose
papeterie [papɛtʀi] *(f)* Schreibwarengeschäft
papiers [papje] *(Dokumente)* Papiere
paprika [papʀika] *(m)* Paprika
paquet [pakɛ] *(m)* Päckchen
par [paʀ] pro; *(Passiv)* durch; von; **~ avance** [paʀ‿avɑ̃s] im Voraus
paralysie [paʀalizi] *(f)* Lähmung
parapluie [paʀaplɥi] *(m)* Schirm
parc [paʀk] *(m)* Park; **~ animalier** [paʀk animalje] Wildpark; **~ de loisirs** [paʀk də lwaziʀ] Freizeitpark; **~ national** [paʀk nasjɔnal] Nationalpark

parce que [parskə] weil
pardessus [pardəsy] *(m)* (Herren-) Mantel
pare-brise [parbriz] *(m)* Windschutzscheibe
pare-chocs [parʃɔk] *(m)* Stoßstange
pareil(le) [parɛj] gleich
parents [parɑ̃] *(mpl)* Eltern
parfum [parfɛ̃] *(m)* Parfüm
parler [parle] reden; sprechen
partir [partir] weggehen; *(sich aufmachen)* aufbrechen; **~ (de)** [partir (də)] abfahren (von); **~ pour** [partir pur] abreisen nach; **à ~ de** [a partir də] ab
partir en voyage [partir‿ɑ̃ vwajaʒ] verreisen
partout [partu] überall
(ne ...) pas [(nə ...) pa] nicht; **(ne ...) pas du tout** [(nə ...) pa dy tu] gar nicht, keinesfalls; **(ne ...) pas non plus** [(nə ...) pa nɔ̃ ply] auch nicht
passage [pasaʒ] *(m)* Durchgang; *(Wechsel)* Übergang; *(Schiff)* Passage; **~ souterrain** [pasaʒ sutɛrɛ̃] Unterführung
passager, passagère [pasaʒe/pasaʒɛr] Passagier(in) Fahrgast
passe [pas] *(f)* Pass
passé [pase] *(m)* Vergangenheit
passé(e) [pase] vorüber
passeport [paspɔr] *(m)* Reisepass
passerelle [pasrɛl] *(f)* Steg
pastèque [pastɛk] *(f)* Wassermelone
pastilles contre le mal de gorge [pastij kɔ̃trə lə mal də gɔrʒ] *(fpl)* Halstabletten
pâté de foie [pated fwa] *(m)* Leberpastete
patins à glace [patɛ̃ a glas] *(mpl)* Schlittschuhe
pâtisserie [patisri] *(f)* Konditorei
pâtisseries [patisri] *(fpl)* Gebäck
payer [pɛje] zahlen; bezahlen; **~ comptant** [pɛje kɔ̃tɑ̃] bar zahlen
paysage [peizaʒ] *(m)* Landschaft
péage [peaʒ] *(m)* Autobahngebühr, Maut
périmé(e) [perime] abgelaufen
peau [po] *(f)* Haut
pêcher [pɛʃe] angeln
pédiatre [pedjatr] *(mf)* Kinderarzt(-ärztin)
peigne [pɛɲ] *(m)* Kamm
peignoir de bain [pɛɲwar də bɛ̃] *(m)* Bademantel
pellicules [pelikyl] *(fpl)* Schuppen
pendant [pɑ̃dɑ̃] während; **~ la journée** [pɑ̃dɑ̃ la ʒurne] tagsüber; **~ la semaine** [pɑ̃dɑ̃ la səmɛn] wochentags
pénible [penibl] lästig
pension (de famille) [pɑ̃sjɔ̃(d famij)] *(f)* Pension
pension complète [pɑ̃sjɔ̃ kɔ̃plɛt] *(f)* Vollpension
perche [pɛrʃ] *(f)* Barsch
perdre [pɛrdr] verlieren
père [pɛr] *(m)* Vater
perfusion [pɛrfyzjɔ̃] *(f)* Infusion
perle [pɛrl] *(f)* Perle
permis de conduire [pɛrmid kɔ̃dɥir] *(m)* Führerschein
persil [pɛrsi] *(m)* Petersilie
petit(e) [pəti, pətit] klein
petit déjeuner [pti deʒœne] *(m)* Frühstück
petit pain [pti pɛ̃] *(mpl)* Brötchen

petits pois [pti pwa] *(mpl)* Erbsen
peu [pø] wenig; **à ~ près** [a pø pʀɛ] etwa; **un ~** [ɛ̃ pø] ein wenig, ein bisschen; **un ~ de** [ɛ̃ pø də] ein wenig, etwas
peut-être [pøt‿ɛtʀ] vielleicht
phare [faʀ] *(m)* Scheinwerfer; *(am Meer)* Leuchtturm
phare [faʀ] *(m)* Scheinwerfer; *(am Meer)* Leuchtturm
pharmacie [faʀmasi] *(f)* Apotheke
photo [fɔto] *(f)* Foto; Aufnahme; Bild
pickpocket [pikpɔkɛt] *(m)* Taschendieb
pièce [pjɛs] *(f)* Stück; *(Haus, Wohnung)* Zimmer; Raum
pièce de théâtre [pjɛs də teatʀ] *(f)* Theaterstück
pied [pje] *(m)* Fuß; *(Fotografie)* Stativ
pierre [pjɛʀ] *(f)* Stein
piéton(ne) [pjetɔ̃, ɔn] *(m)* Fußgänger(in)
pile [pil] *(f)* Batterie
pillule (anticonceptionnelle) [pilyl (ɑ̃tikɔ̃sɛpsjɔnɛl)] *(f)* Antibabypille
pilote [pilɔt] *(mf)* Pilot(in)
piment [pimɑ̃] *(m)* Paprika
pince à épiler [pɛ̃s a epile] *(f)* Pinzette
pinces à linge [pɛ̃s a lɛ̃ʒ] *(fpl)* Wäscheklammern
piquer [pike] stechen
piquet de tente [pikɛd tɑ̃t] *(m)* Zeltstange
piqûre [pikyʀ] *(f)* Spritze
piscine [pisin] *(f)* Swimmingpool
place de stationnement [plas də stasjɔnmɑ̃] *(f)* Parkplatz
place de stationnement pour handicapés [plas də stasjɔnmɑ puʀ ɑ̃dikape] *(f)* Behindertenparkplatz
plage [plaʒ] *(f)* Strand
plage de nudistes [plaʒ də nydist] *(f)* FKK-Strand
plaie [plɛ] *(f)* Wunde
plaindre; se ~ de [sə plɛ̃dʀ də] sich beschweren über, sich beklagen über
planche à découper [plɑ̃ʃ‿a dekupe] *(f)* Schneidebrett
plante [plɑ̃t] *(f)* Pflanze
plaque d'immatriculation [plak dimatʀikylasjɔ̃] *(f)* Nummernschild
plat(e) [pla, plat] eben; flach
plat [pla] *(mpl)* *(Essen)* Gang; *(Mahlzeit)* Gericht; *(Geschirr)* Schüssel; *(flach)* Platte
plat du jour [pla dy ʒuʀ] *(m)* Tagesgericht
plat principal [pla pʀɛ̃sipal] *(m)* Hauptspeise
plein(e) [plɛ̃, plɛn] voll; besetzt
pleurer [plœʀe] weinen
plombage [plɔ̃mbaʒ] *(m)* Plombe
plombs [plɔ̃] *(mpl)* *(Elektriziät)* Sicherung
pluie [plɥi] *(f)* Regen
plus [plys] mehr; *(auch noch)* plus; **~ de** [ply də] mehr als; **~ que** [plys kə] mehr als; **en ~** [ɑ̃ plys] zusätzlich
plus tard [ply taʀ] später
plus tôt [ply to] früher
pluvieux, -euse [plyvjø, øz] regnerisch
pneu [pnø] *(m)* Reifen
pneu crevé [pnø kʀəve] *(m)* Platten
pneumonie [pnømɔni] *(f)* Lungenentzündung
poche [pɔʃ] *(f)* Tasche
poêle [pwal] *(f)* Pfanne
poids [pwa] *(m)* Gewicht
point de vue [pwɛ̃d vy] *(m)* Aussichtspunkt
poireau [pwaʀo] *(m)* Lauch
poires [pwaʀ] *(fpl)* Birnen

pois chiches [pwa ʃiʃ] *(mpl)* Kichererbsen

poisson [pwasɔ̃] *(m)* Fisch

poissonnerie [pwasɔnʀi] *(f)* Fischgeschäft

poitrine [pwatʀin] *(f)* Brust

poivre [pwavʀ] *(m)* Pfeffer

poivron [pwavʀɔ] *(m)* Paprika(schote)

poli(e) [pɔli] höflich

police [pɔlis] *(f)* Polizei

pommade [pɔmad] *(f)* Salbe

pommes de terre [pɔm də tɛʀ] *(fpl)* Kartoffeln

pompe [pɔ̃p] *(f)* Luftpumpe

pompiers [pɔ̃pje] *(mpl)* Feuerwehr

porc [pɔʀ] *(m)* Schweinefleisch

port [pɔʀ] *(m)* Hafen

port [pɔʀ] *(m)* Porto

portable [pɔʀtabl] *(m)* Handy; *(Rechner)* Notebook

porte [pɔʀt] *(f)* Tür

porte d'embarquement [pɔʀt dɑ̃baʀkəmɑ̃] *(f)* Flugsteig

portion [pɔʀsjɔ̃] *(f)* Portion

possible [pɔsibl] möglich; **rendre ~** [ʀɑ̃dʀə pɔsibl] ermöglichen

poste frontière [pɔstə fʀɔ̃tjɛʀ] *(m)* Grenzübergang

potage [pɔtaʒ] *(m)* Suppe

poteau indicateur [pɔto ɛ̃dikatœʀ] *(m)* Wegweiser

potiron [pɔtiʀɔ̃] *(m)* Kürbis

poubelle [pubɛl] *(f)* Mülltonne

poulet [pulɛ] *(m)* Hähnchen

pouls [pu] *(m)* Puls

poumon [pumɔ] *(m)* Lunge

pour [puʀ] für; *(Grund)* aus; **être ~** [ɛtʀə puʀ] dafür sein; **~ cent** [puʀsɑ] Prozent

pourboire [puʀbwaʀ] *(m)* Trinkgeld

pourtant [puʀtɑ̃] jedoch; doch

poussière [pusjɛʀ] *(f)* Staub

pouvoir [puvwaʀ] können; *(Erlaubnis)* dürfen

pré [pʀe] *(m)* Wiese

premier, -ière [pʀəmje, jɛʀ] erste(r, -s); **~s secours** [pʀəmje skuʀ] erste Hilfe

prendre [pʀɑ̃dʀ] nehmen; *(von jemandem)* wegnehmen; *(Verkehrsmittel)* benutzen; **~ congé** [pʀɑ̃dʀə kɔ̃ʒe] sich verbschieden, Abschied nehmen; **~ part (à)** [pʀɑ̃dʀ paʀ (a)] teilnehmen (an)

prendre de l'essence [pʀɑ̃dʀ də lɛsɑ̃s] tanken

prendre son petit déjeuner [pʀɑ̃dʀə sɔ̃ pəti deʒœne] frühstücken

prénom [pʀenɔ̃] *(m)* Vorname

près [pʀɛ] nah; **~ de** [pʀɛ də] nahe bei; **à peu ~** [a pø pʀɛ] etwa

prescrire [pʀɛskʀiʀ] verschreiben

préservatif [pʀezɛʀvatif] *(m)* Kondom; Präservativ

presque [pʀɛsk] beinahe; fast

prêt(e) [pʀɛ, pʀɛt] bereit; fertig

prévisions météo(rologiques) [pʀevizjɔ̃ meteɔ(ʀɔlɔʒik)] *(fpl)* Wettervorhersage

printemps [pʀɛ̃tɑ̃] *(m)* Frühling

prise de courant [pʀiz də kuʀɑ̃] *(f)* Steckdose; Stromanschluss

prise multiple [pʀiz myltipl] *(f)* Zwischenstecker

prison [pʀizɔ̃] *(f)* Gefängnis

prix [pʀi] *(m)* Preis; **~ d'entrée** [pʀi dɑtʀe] Eintrittspreis

prix du billet [pʀi dy bijɛ] *(m)* Fahrpreis
probablement [pʀɔbabləmɑ̃] wahrscheinlich
problème [pʀɔblɛm] *(m)* Problem
produit [pʀɔdɥi] *(m)* Erzeugnis; Produkt
produit anti-moustique [prodɥi ɑ̃timustik] *(m)* Mückenschutz
produit de nettoyage [prodɥid‿nɛtwajaʒ] *(m)* Putzmittel
produit pour laver la vaisselle [pʀɔdɥi puʀ lave la vɛsɛl] *(m)* Spülmittel
profession [pʀɔfɛsjɔ̃] *(f)* Beruf
profond(e) [pʀɔfɔ̃, ɔ̃d] tief
prononcer [pʀɔnɔ̃se] aussprechen
propre [pʀɔpʀ] sauber; frisch; *(Mittel, Hab und Gut)* eigen
propriétaire [pʀɔpʀijetɛʀ] *(mf)* Eigentümer(in) Besitzer(in)
prospectus [pʀɔspɛktys] *(m)* Prospekt
protection solaire [pʀɔtɛksjɔ̃ sɔlɛʀ] *(f)* Sonnenschutz
protège-slips [pʀɔtɛʒslip] *(mpl)* Slipeinlagen
prothèse [pʀɔtɛz] *(f)* Prothese
prudent(e) [pʀydɑ̃, ɑ̃t] vorsichtig
pull-over [pylɔvɛʀ] *(m)* Pullover
pus [py] *(m)* Eiter

quai [kɛ] *(m)* Kai; *(Bahnhof)* Bahnsteig
quand [kɑ̃] *(zeitlich)* als; wenn; *(Frage)* wann
quartier [kaʀtje] *(m)* Stadtteil
que [kə] *(bei Fragen)* was; *(bei Vergleichen)* als; wie; *(als Konjunktion)* dass; **ne ... ~** [nə kə] (nicht früher als) erst
quelqu'un [kɛlkɛ̃] jemand
quelque chose [kɛlkə ʃoz] etwas
quelquefois [kɛlkəfwa] manchmal
quelques [kɛlkə] einige; ein paar
qu'est-ce que [kɛs‿kə] was
question [kɛstjɔ̃] *(f)* Frage

raccourci [ʀakuʀsi] *(m)* *(Weg)* Abkürzung
radio [ʀadjo] *(f)* Radio
raide [ʀɛd] steil
raison [ʀɛzɔ̃] *(f)* Grund; *(geistiges Vermögen)* Vernunft; Verstand; **avoir ~** [avwaʀ ʀɛzɔ̃] Recht haben
ramer [ʀame] rudern
rampe d'accès [ʀɑ̃p daksɛ] *(f)* Auffahrtrampe
randonnée cycliste [ʀɑ̃dɔne siklist] *(f)* Radtour
rapide [ʀapid] schnell; rasch
rappeler; ~ quelque chose à quelqu'un [ʀaple kɛlkə ʃoz a kɛlkɛ̃] jemanden an etwas erinnern
rare [ʀaʀ] selten
rarement [ʀaʀmɑ̃] selten
rasoir [ʀazwaʀ] *(m)* Rasierapparat
rater [ʀate] verfehlen
réception [ʀesɛpsjɔ̃] *(f)* Rezeption
recevoir [ʀəsəvwaʀ] bekommen; erhalten; empfangen
rechargeur [ʀəʃaʀʒœʀ] *(m)* Ladegerät
réchaud à gaz [ʀeʃo a gaz] *(m)* Gaskocher
recoudre [ʀəkudʀ] nähen
reçu [ʀəsy] *(m)* Quittung

réduction [Redyksjɔ̃] *(f)* Ermäßigung
réfrigérateur [RefRiʒeRatœR] *(m)* Kühlschrank
regarder [Rəgarde] betrachten; ansehen; schauen; zuschauen
régime [Reʒim] *(m)* Diät
région [Reʒjɔ̃] *(f)* Gegend
règlement [Rɛgləmɑ̃] *(m)* Vorschrift
règles [Rɛgl] *(fpl)* Menstruation
rein [Rɛ̃] *(m)* Niere
religion [Rəliʒjɔ̃] *(f)* Religion
remarquer [RəmaRke] bemerken; merken
remède [Rəmɛd] *(m)* (Heil-)Mittel
remercier; **~ quelqu'un** [RəmɛRsje kɛlkɛ̃] jemandem danken
remise [Rəmiz] *(f)* Rabatt
remise des clés [Rəmiz de kle] *(f)* Schlüsselübergabe
remorquer [RəmɔRke] abschleppen
remplir [Rɑ̃pliR] füllen
rencontrer [Rɑ̃kɔ̃tRe] begegnen; treffen
rendez-vous [Rɑ̃devu] *(m)* Verabredung
renseignement [Rɑ̃sɛɲmɑ̃] *(m)* Auskunft
réparer [RepaRe] reparieren; *(Schaden)* ersetzen
repas [Rəpa] *(m)* Essen; Mahlzeit
répéter [Repete] wiederholen
répondeur automatique [Repɔdœr ɔtɔmatik] *(m)* Anrufbeantworter
répondre [Repɔ̃dR] antworten; **~ à** [Repɔ̃dR a] beantworten
repos [Rəpo] *(m)* Ruhe
reposer; **se ~** [sə Rəpoze] sich ausruhen
représentation [RəpRezɑ̃tasjɔ̃] *(f)* *(Theater)* Vorstellung
réservation [RezɛRvasjɔ̃] *(f)* Reservierung; Buchung; Voranmeldung; **la ~ par Internet** Internetbuchung
réservation [RezɛRvasjɔ̃] *(f)* Reservierung; Buchung; Voranmeldung; **la ~ par Internet** Internetbuchung
réserve naturelle [ResɛRv natyRɛl] *(f)* Naturschutzgebiet
réserver [RezɛRve] vorbestellen; reservieren; *(Platz)* buchen
réservoir [RezɛRvwaR] *(m)* Tank
respecter [Rɛspɛkte] beachten
respirer [Rɛspire] atmen
restaurant [Rɛstorɑ̃] *(m)* Restaurant
rester [Rɛste] bleiben; übrig bleiben
rétablir; **se ~** [sə RetabliR] sich erholen
retard [RətaR] *(m)* Verspätung
retenir [RətəniR] einbehalten; *(Platz)* buchen; **~ quelque chose** [RətəniR kɛlkə ʃoz] sich etwas merken
retour [RətuR] *(m)* Rückkehr; Rückfahrt; Heimreise; **de ~** [də RətuR] zurück
retourner [RətuRne] zurückfahren; zurückgehen
réveillé(e) [Revɛje] wach
réveiller [Revɛje] (auf)wecken; **se ~** [sə Revɛje] aufwachen
revenir [RəvniR] wiederkommen; zurückkehren
rez-de-chaussée [Redʃose] *(m)* Erdgeschoss
rhumatisme [Rymatism] *(m)* Rheuma
rhume [Rym] *(m)* Erkältung; Schnupfen; **~ des foins** [Rym de fwɛ] Heuschnupfen

rire [ʀiʀ] lachen
rivage [ʀivaʒ] *(m) (Meer)* Ufer
rive [ʀiv] *(f) (Fluss)* Ufer
rivière [ʀivjɛʀ] *(f)* Fluss
riz [ʀi] *(m)* Reis
robe [ʀɔb] *(f)* Kleid
robinet [ʀɔbinɛ] *(m)* Wasserhahn
rocade [ʀɔkad] *(f)* Umgehungsstraße
rocher [ʀɔʃe] *(m)* Fels
romarin [ʀɔmaʀɛ̃] *(m)* Rosmarin
rond(e) [ʀɔ̃, ʀɔ̃d] rund
ronfler [ʀɔ̃fle] schnarchen
rose [ʀoz] rosa
roue [ʀu] *(f)* Rad
roue de secours [ʀud səkuʀ] *(f)* Ersatzrad
rouge [ʀuʒ] rot
rouge à lèvres [ʀuʒ a lɛvʀ] *(m)* Lippenstift
rougeurs [ʀuʒœʀ] *(fpl)* Ausschlag
route [ʀut] *(f)* Straße; Weg; *(größere Straße)* Landstraße; **en cours de ~** [ɑ̃ kuʀ də ʀut] unterwegs
route secondaire [ʀut səgɔ̃dɛʀ] *(f)* Landstraße
rue [ʀy] *(f)* Straße
rue adjacente [ʀy adʒasɑt] *(f)* Nebenstraße
rue principale [ʀy pʀɛ̃sipal] *(f)* Hauptstraße
ruine [ʀɥin] *(f)* Ruine

S

sa [sa] seine; ihre
sac [sak] *(m)* Sack; *(Plastik)* Tüte; **~ à dos** [sak a do] Rucksack; **~ à main** [sak‿a mɛ̃] Handtasche
sac de voyage [sak də vwajaʒ] *(m)* Reisetasche
sac en plastique [sak ɑ̃ plastik] *(m)* Plastikbeutel
sachet [saʃɛ] *(m) (kleine)* Tüte
sachet de thé [saʃɛd te] *(m)* Teebeutel
sacoche [sakɔʃ] *(f)* Umhängetasche
sac-poubelle [sak pubɛl] *(m)* Abfallbeutel
saignement [sɛɲəmɑ̃] *(m)* Blutung
saignements de nez [sɛɲmɑ̃d ne] *(mpl)* Nasenbluten
saigner [seɲe] bluten
salade [salad] *(f)* Salat
salami [salami] *(m)* Salami
sale [sal] schmutzig
salière [saljɛʀ] *(f)* Salzstreuer
salle à manger [sal a mɑ̃ʒe] *(f)* Speisesaal
salle d'attente [sal datɑ̃t] *(f)* Wartezimmer; Wartesaal
salle de bains [sal də bɛ̃] *(f)* Badezimmer
salle de petit déjeuner [sal də pti deʒœne] *(f)* Frühstücksraum
salle de séjour [sal də seʒuʀ] *(f)* Wohnzimmer
salmonellose [salmɔnɛloz] *(f)* Salmonellenvergiftung
salon [salɔ̃] *(m)* Wohnzimmer
saluer [salye] grüßen; begrüßen
samedi [samdi] Samstag
sandales [sɑ̃dal] *(fpl)* Sandalen
sandwich [sɑ̃dwitʃ] *(m)* belegtes Brötchen
sang [sɑ̃] *(m)* Blut
sans [sɑ̃] ohne
sans connaissance [sɑ̃ kɔnɛsɑ̃s] bewusstlos
sans obstacle [sɑ̃z‿ɔpstakl] barrierefrei
sauce [sos] *(f)* Soße
saucisse [sosis] *(f)* Würstchen
sauge [soʒ] *(f)* Salbei
sauna [sona] *(m)* Sauna
savoir [savwaʀ] *(als Verb)* wissen
savoir [savwaʀ] *(m)* Wissen

savon [savɔ̃] *(m)* Seife
savourer [savuʀe] genießen
sciatique [sjatik] *(f)* Ischias
seau [so] *(m)* Eimer
sec, sèche [sɛk, sɛʃ] trocken
sèche-cheveux [sɛʃ ʃəvø] *(m)* Föhn
sécher [seʃe] trocknen
séchoir [seʃwaʀ] *(m)* Trockner
seconde [səgɔ̃d] *(f)* Sekunde
seiche [sɛʃ] *(f)* Tintenfisch
séjour [seʒuʀ] *(m)* Aufenthalt
sel [sɛl] *(m)* Salz
sélectionner [selɛksjɔne] aussuchen
self-service [sɛlfsɛʀvis] *(m)* Selbstbedienung
selles [sɛl] *(fpl)* Stuhlgang
semaine [səmɛn] *(f)* Woche; pendant la ~ [pɑ̃dɑ̃ la səmɛn] wochentags
semblable [sɑ̃blabl] ähnlich
semelle [smɛl] *(f)* Sohle
sentiment [sɑ̃timɑ̃] *(m)* Gefühl
sentir [sɑ̃tiʀ] fühlen; *(Nase)* riechen
sentir mauvais [sɑ̃tiʀ movɛ] stinken
septembre [sɛptɑ̃bʀ] September
septicémie [sɛptisemi] *(f)* Blutvergiftung
séropositif [seʀɔpozitif] HIV-positiv
serrure [sɛʀyʀ] *(f)* (Tür-) Schloss
service [sɛʀvis] *(m)* Dienst; *(für jemanden)* Gefallen; *(Restaurant)* Bedienung
service de dépannage [sɛʀvis də depanaʒ] *(m)* Abschleppdienst; Pannendienst
serviette de toilette [sɛʀvjɛt də twalɛt] *(f)* Handtuch
serviettes hygiéniques [sɛʀvjɛt iʒjenik] *(fpl)* Damenbinden
servir [sɛʀviʀ] dienen; *(Kunden, Gäste)* bedienen; servieren; se ~ [sə sɛʀviʀ] sich bedienen, zugreifen
seul(e) [sœl] allein; *(einmalig)* einzig
seulement [sœlmɑ̃] nur; *(nicht früher als)* erst
shampooing [ʃɑ̃pwɛ̃] *(m)* Shampoo
short [ʃɔʀt] *(m)* Shorts
si [si] *(Bedingung)* wenn; *(indirekte Frage)* ob; ~! doch
siège [sjɛʒ] *(m)* Sitz
siège-enfants [sjɛʒɑ̃fɑ̃] *(m)* Kindersitz
signal d'alarme [siɲal dalaʀm] *(m)* Notbremse
signature [siɲatyʀ] *(f)* Unterschrift
signe [siɲ] *(m)* Zeichen; faire ~ [fɛʀ siɲ] winken
signer [siɲe] unterschreiben
simple [sɛ̃pl] einfach
sirop contre la toux [siʀo kɔ̃tʀə la tu] *(m)* Hustensaft
situation [sityasjɔ̃] *(f)* Lage
ski [ski] *(m)* Ski
slip [slip] *(m)* Slip
smartphone [smaʀtfon] *(m)* Smartphone
sœur [sœʀ] *(f)* Schwester
soir [swaʀ] *(m)* Abend
soirée [swaʀe] *(f)* Abend; *(Veranstaltung)* Party
sole [sɔl] *(f)* Seezunge
soleil [sɔlɛj] *(m)* Sonne
sombre [sɔ̃bʀ] dunkel
sommet [sɔmɛ] *(m)* Gipfel; Spitze
somnifères [sɔmnifɛʀ] *(mpl)* Schlaftabletten
son [sɔ̃] *(m)* Klang
son [sɔ̃] *(als Possessivpronomen)* ihr
sortie [sɔʀti] *(f)* Ausgang
sortie (d'autoroute) [sɔʀti (dotoʀut)] *(f)* Ausfahrt
sortie de secours [sɔʀtid səkuʀ] *(f)* Notausgang

soucoupe [sukup] *(f)* Untertasse
soudain [sudɛ̃] plötzlich
soûl(e) [su, sul] betrunken
soumis aux droits de douane, soumise aux droits de douane [sumi/-z o dʀwad duan] zollpflichtig
soupe [sup] *(f)* Suppe
sourd, sourde [suʀ/suʀdə] *(m)* der/die Gehörlose
sous [su] unter
sous-vêtements [suvɛtmɑ̃] *(mpl)* Unterwäsche
soutien-gorge [sutjɛ̃gɔʀʒ] *(m)* BH
souvenir [suvniʀ] *(m)* Mitbringsel
souvenir; **se ~** [sə suvniʀ] sich erinnern
souvent [suvɑ̃] oft
sparadrap [spaʀadʀa] *(m)* Pflaster
spécialiste [spesjalist] *(mf)* Facharzt -ärztin
spécialité [spesjalite] *(f)* Spezialität
sport [spɔʀ] *(m)* Sport
stade [stad] *(m)* Sportplatz
station [stasjɔ̃] *(f)* Haltestelle
station de taxis [stasjɔ̃ də taksi] *(f)* Taxistand
steward, hôtesse de l'air [stiwaʀt/otɛs də lɛʀ] *(m)* Flugbegleiter(in)
stimulateur cardiaque [stimylatœʀ kaʀdjak] *(m)* Herzschrittmacher
stops [stɔp] *(mpl)* Bremslichter
studio [stydjo] *(m)* Studio; *(Wohnung)* Apartment; *(Künstler)* Atelier
stylo à bille [stilo a bij] *(m)* Kugelschreiber
sucette (de caoutchouc) [sysɛt (də kautʃu)] *(f)* Schnuller
sucre [sykʀə] *(m)* Zucker
sucré(e) [sykʀe] süß
sucrettes [sykʀɛt] *(fpl)* Süßstoff
suffisamment [syfizamɑ̃] genug
Suisse [sɥis] *(f)* Schweiz
Suisse, Suissesse [sɥis, sɥisɛs] *(m)* Schweizer(in)
suivant(e) [sɥivɑ̃, ɑ̃t] nächste(r, -s)
supermarché [sypɛʀmaʀʃe] *(m)* Supermarkt
supplément [syplemɑ̃] *(m)* Zuschlag
supplémentaire [syplemɑ̃tɛʀ] zusätzlich
suppositoires [sypozitwaʀ] *(mpl)* Zäpfchen
sur [syʀ] auf; **~ le gril** [syʀ lə gʀil] vom Grill; **~ les bords de la Seine** [syʀ le bɔʀ də la sɛn] an der Seine
sûr(e) [syʀ] sicher; zuverlässig
surbaissé(e) [syʀbese] ebenerdig
sûrement [syʀmɑ̃] bestimmt; sicher
surtout [syʀtu] besonders
sympa [sɛ̃pa] *(Ort)* gemütlich
syncope [sɛ̃kɔp] *(f)* Ohnmacht
syndicat d'initiative [sɛ̃dika dinisjativ] *(m)* Fremdenverkehrsamt
syndicat d'initiative [sɛ̃dika dinisjativ] *(m)* Fremdenverkehrsamt
système d'alarme [sistɛm dalaʀm] *(m)* Alarmanlage

T

ta [ta] dein(e)
table [tabl] *(f)* Tisch
table à langer [tabla lɑ̃ʒe] *(f)* Wickeltisch
table de nuit [tablə də nɥi] *(f)* Nachttisch
tableau [tablo] *(m)* Gemälde; Bild
tache [taʃ] *(f)* Fleck(en)
tard [taʀ] spät

tasse [tas] *(f)* Tasse
taux d'alcoolémie maximal [to dalkɔlemi maksimal] *(m)* Promillegrenze
te [tə] dich; dir
teinturerie [tɛ̃tyʀəʀi] *(f)* Reinigung
téléphone [telefɔn] *(m)* Telefon
téléphone de secours [telefɔn də skuʀ] *(m)* Notrufsäule
téléviseur [televizœʀ] *(m)* Fernseher
témoin [temwɛ̃] *(mf)* Zeuge, Zeugin
température [tɑ̃peʀatyʀ] *(f)* Temperatur; *(Krankheit)* Fieber
tempête [tɑ̃pɛt] *(f)* Sturm
temple [tɑ̃pl] *(m)* Tempel; evangelische Kirche
temps [tɑ̃] *(m)* Zeit; *(Meteorologie)* Wetter
temps [tɑ̃] *(m)* **à ~** [a tɑ̃] rechtzeitig; **en même ~** [ɑ̃ mɛm tɑ̃] gleichzeitig
tendre [tɑ̃dʀ] *(als Adjektiv)* zart; *(Berührung)* zärtlich; *(als Verb)* geben; reichen
tennis [tenis] *(m)* *(Sportart)* Tennis; *(Schuhe)* Turnschuhe
tente [tɑ̃t] *(f)* Zelt
terminal [tɛʀminal] *(m)* Terminal
terminus [tɛʀminys] *(m)* Endstation
terrasse [tɛʀas] *(f)* Terrasse
terre ferme [tɛʀ fɛʀm] *(f)* Festland
tête [tɛt] Kopf
thé [te] *(m)* Tee
théâtre [teatʀ] *(m)* Theater
thermomètre [tɛʀmɔmɛtʀ] *(m)* Fieberthermometer
thon [tɔ̃] *(m)* Thunfisch
thym [tɛ̃] *(m)* Thymian
tibia [tibja] *(m)* Schienbein
timbre [tɛ̃bʀ] *(m)* Briefmarke
tique [tik] *(f)* Zecke
tire-bouchon [tiʀbuʃɔ̃] *(m)* Korkenzieher
tirer [tiʀe] ziehen; *(Waffe)* schießen
toast [tost] *(m)* Toast
toi [twa] du; *(Akkusativ)* dich; **à ~** [a twa] dir
toilettes [twalɛt] *(fpl)* Toiletten
toit ouvrant [twa uvʀɑ̃] *(m)* Schiebedach
tomber [tɔ̃be] fallen; stürzen
ton [tɔ̃] *(als Possessivpronomen)* dein(e)
ton [tɔ̃] *(m)* *(als Substantiv)* Ton
tongs [tɔ̃g] *(fpl)* Flipflops
torchon [tɔʀʃɔ̃] *(m)* Spültuch; Geschirrtuch
tôt [to] früh
toujours [tuʒuʀ] immer; stets
tour [tuʀ] *(m)* Tour
tour de reins [tuʀ də ʀɛ̃] *(m)* Hexenschuss
touriste [tuʀist] *(mf)* Tourist(in)
tous, toutes [tus, tut] alle
tous les jours [tu le ʒuʀ] täglich
tout [tu] ganz; **~ à coup** [tut‿a ku] plötzlich; **~ de suite** [tud sɥit] gleich, sofort
tout, toute [tu, tut] ganz; alles
tout droit [tu dʀwa] geradeaus
toutes les heures [tut lez‿œʀ] stündlich
toux [tu] *(f)* Husten
traduire [tʀadɥiʀ] übersetzen
train [tʀɛ̃] *(m)* Zug
train de banlieue [tʀɛ̃d bɑ̃ljø] *(m)* Nahverkehrszug
traiteur [tʀɛtœʀ] *(m)* Feinkostgeschäft
trajet [tʀaʒɛ] *(m)* Strecke; **~ aller et retour** [tʀaʒɛ ale e ʀ(ə)tuʀ] Hin- und Rückfahrt

tram [tʀam] *(m)* Straßenbahn
tranches de charcuterie [tʀɑ̃ʃ də ʃaʀkytʀi] *(fpl)* Aufschnitt
tranquillisant [tʀɑ̃kilizɑ̃] *(m)* Beruhigungsmittel
transpirer [tʀɑ̃spiʀe] schwitzen
travailler [tʀavaje] arbeiten
très [tʀɛ] sehr
triangle de présignalisation [tʀijɑ̃gl də pʀesiɲalizasjɔ̃] *(m)* Warndreieck
troisième [tʀwazjɛm] dritte(r, -s)
trou [tʀu] *(m)* Loch
troubles cardiaques [tʀublə kaʀdjak] *(mpl)* Herzbeschwerden
troubles de la circulation [tʀublə də la siʀkylasjɔ̃] *(mpl)* Kreislaufstörung
troubles respiratoires [tʀublə ʀɛspiʀatwaʀ] *(mpl)* Atembeschwerden
trousse de secours [trus də skuʀ] *(f)* Verbandskasten
trouver [tʀuve] finden; **se ~** [sə tʀuve] (Ort) liegen
tu [ty] du
tube digestif [tyb diʒɛstif] *(m)* Speiseröhre
tunnel [tynɛl] *(m)* Tunnel
turquoise [tyʀkwaz] türkis
tuyau d'échappement [tɥijo deʃapmɑ̃] *(m)* Auspuff
tympan [tɛ̃pɑ̃] *(m)* Trommelfell

U

un, une [ɛ̃, yn] ein(e)
uni(e) [yni] einfarbig
urgence [yʀʒɑ̃s] Notfall
urgent(e) [yʀʒɑ̃, ɑ̃t] dringend
urine [yʀin] *(f)* Urin
utiliser [ytilize] benutzen

V

vacances [vakɑ̃s] *(fpl)* Ferien; Urlaub
vaccination [vaksinasjɔ̃] *(f)* Impfung
vague de chaleur [vag də ʃalœʀ] *(f)* Hitzewelle
vaisselle [vɛsɛl] *(f)* Geschirr
valable [valabl] gültig; **être ~** [ɛtʀə valabl] gelten
valise [valiz] *(f)* Koffer
vallée [vale] *(f)* Tal
vapeur [vapœʀ] *(m)* Dampfer
variable [vaʀjabl] wechselhaft
varicelle [vaʀisɛl] *(f)* Windpocken
veau [vo] *(m)* Kalbfleisch
végétarien(ne) [veʒetaʀjɛ, jɛn] vegetarisch
vélo [velo] *(m)* Fahrrad
vendre [vɑ̃dʀ] verkaufen
vendredi [vɑ̃dʀədi] Freitag
venimeux, -euse [vənimø, øz] giftig
venir [vəniʀ] kommen
vent [vɑ̃] *(m)* Wind
ventilateur [vɑ̃tilatœʀ] *(m)* Ventilator
ventre [vɑ̃tʀ] *(m)* Bauch
vents [vɑ̃] *(mpl)* Blähungen
verglas [vɛʀgla] *(m)* Glatteis
vernis à ongles [vɛʀni a ɔgl] *(m)* Nagellack
verre [vɛʀ] *(m)* Glas
verre à vin [vɛʀ a vɛ̃] *(m)* Weinglas
vers [vɛʀ] *(räumlich)* in; Richtung auf; gegen; *(zeitlich)* gegen; um; **~ le bas** [vɛʀ lə ba] abwärts; **~ le haut** [vɛʀ lə o] nach oben; **~ midi** [vɛʀ midi] gegen Mittag
vert(e) [vɛʀ, ʀt] grün
vésicule biliaire [vezikyl biljɛʀ] *(f)* Gallenblase
vessie [vesi] *(f)* Blase
veste [vɛst] *(f)* Jacke
veste de laine [vɛstə də lɛn] *(f)* Strickjacke

vêtements [vɛtmɑ̃] *(mpl)* Kleidung
veuf, veuve [vœf/vœv] verwitwet
vexation [vɛksasjɔ̃] *(f)* Beleidigung
viande [vjɑ̃d] *(f)* Fleisch
viande hachée [vjɑ̃d aʃe] *(f)* Hackfleisch
vide [vid] leer
vieille ville [vjɛj vil] *(f)* Altstadt
vieux, vieille [vjø, vjɛj] alt;
  vieil homme [vjɛj ɔm] alter Mann
village [vilaʒ] *(m)* Dorf
village de pêcheurs [vilaʒ də peʃœʀ] *(m)* Fischerort
village de vacances [vilaʒ də vakɑ̃s] *(m)* Ferienanlage
ville [vil] *(f)* Stadt
vin [vɛ̃] *(m)* Wein; **~ blanc** [vɛ̃ blɑ̃] Weißwein; **~ rosé** [vɛ̃ ʀoze] Rosé; **~ rouge** [vɛ̃ ʀuʒ] Rotwein
vinaigre [vinɛgʀ] *(m)* Essig
viol [vjɔl] *(m)* Vergewaltigung
virage [viʀaʒ] *(m)* Kurve
virement [viʀmɑ̃] *(m)* Überweisung
virus [viʀys] *(m)* Virus
vis [vis] *(f)* Schraube
visa [viza] *(m)* Visum
visage [vizaʒ] *(m)* Gesicht
visite guidée [vizit gide] *(f)* Führung
visite guidée de la ville [vizit gide də la vil] *(f)* Stadtrundfahrt
visiter [vizite] besichtigen
vite [vit] schnell; rasch
vitesse [vitɛs] *(f)* Geschwindigkeit; *(Eigenschaft)* Schnelligkeit; *(Auto)* Gang
vitrine [vitʀin] *(f)* Schaufenster
voie [vwa] *(f)* Gleis
voie rapide [vwa ʀapid] *(f)* Schnellstraße
voiture [vwatyʀ] *(f)* Wagen; Auto
voiture-couchettes [vwatyʀ kuʃɛt] *(f)* Liegewagen
vol [vɔl] *(m)* Diebstahl
vol [vɔl] *(m)* *(Flugzeug)* Flug
vol intérieur [vɔl ɛ̃teʀjœʀ] *(m)* Inlandsflug
vol international [vɔl ɛ̃tɛʀnasjɔnal] *(m)* Auslandsflug
voler [vɔle] fliegen; *(Dieb)* stehlen
voleur à la tire, voleuse à la tire [vɔlœʀ/--øz a la tiʀ] *(m)* Taschendieb(in)
volontiers [vɔlɔ̃tje] gern
votre [vɔtʀ] euer
vouloir [vulwaʀ] wollen; mögen
vous [vu] euch; Sie
voyage [vwajaʒ] *(m)* Reise; Fahrt; **~ organisé** [vwajaʒ ɔʀganize] Reisegesellschaft
voyager [vwajaʒe] reisen
vraiment [vʀɛmɑ̃] wirklich

W

wagon sans compartiments [vagɑ̃ sɑ̃ kɔ̃paʀtimɑ̃] *(m)* Großraumwagen
wagon-restaurant [vagɔ̃ʀɛstɔʀɑ̃] *(m)* Speisewagen

Y

yaourt [jauʀt] *(m)* Joghurt
yeux [jø] *(mpl)* Augen

Z

zone piétonne [zɔn pjetɔn] *(f)* Fußgängerzone
zoo [zo] *(m)* Zoo

A

Aal l'anguille *(f)* [lɑ̃gij]
ab à partir de [a paʀtiʀ də]
Abend le soir [lə swaʀ]; la soirée [la swaʀe]
Abendessen le dîner [lə dine]
abends le soir [lə swaʀ]
aber mais [mɛ]
abfahren (von) partir (de) [paʀtiʀ (də)]
Abfahrt le départ [lə depaʀ]; *(Autobahn)* la bretelle [la bʀətɛl]
Abfahrtszeit l'heure *(f)* de départ [lœʀ də depaʀ]
Abfall les ordures *(fpl)* [lez‿ɔʀdyʀ]
Abfallbeutel le sac-poubelle [lə sak pubɛl]
Abfalleimer la poubelle [la pubɛl]
Abflug le départ [lə depaʀ]; le décollage [lə dekɔlaʒ]
Abführmittel le laxatif [lə laksatif]
abgelaufen périmé [peʀime]
abholen aller chercher [ale ʃɛʀʃe]
Abkürzung *(Weg)* le raccourci [lə ʀakuʀsi]
abreisen (nach) partir (pour) [paʀtiʀ (puʀ)]
Abschleppdienst le service de dépannage [lə sɛʀvis də depanaʒ]
abschleppen remorquer [ʀəmɔʀke]
Abschleppseil le câble de remorquage [lə kablə də ʀəmɔʀkaʒ]
Abschleppwagen la dépanneuse [la depanøz]
Absender l'expéditeur *(m)* [lɛkspeditœʀ]
Abszess l'abcès *(m)* [labsɛ]
Abtei l'abbaye *(f)* [labei]
Abteil le compartiment [lə kɔ̃paʀtimɑ̃]
Achtung attention [atɑ̃sjɔ̃]
Adapter l'adaptateur *(m)* [ladaptatœʀ]
Adresse l'adresse *(f)* [ladʀɛs]
ähnlich semblable [sɑ̃blabl]
Akku la batterie [la batʀi]
Alarmanlage le système d'alarme [lə sistɛm dalaʀm]
alkoholfreies Bier la bière sans alcool [la bjɛʀ sɑ̃z‿alkɔl]
alle tous [tus]; toutes [tut]
allein seul [sœl]
Allergie l'allergie *(f)* [lalɛʀʒi]
Allergiker(in) ich bin ~ je souffre d'allergies [ʒə sufʀə dalɛʀʒi]
allergiegetestet testé contre les allergies [tɛste kɔ̃tʀə lez‿alɛʀʒi]
alles tout [tu]
als *(zeitlich)* quand [kɑ̃]; *(Vergleich)* que [kə]
also donc [dɔ̃k]
alt vieux; vieil(le) [vjø, vjɛj]; *(aus früheren Zeiten)* ancien(ne) [ɑ̃sjɛ̃, ɛn]
Alter l'âge *(m)* [laʒ]
Altstadt la vieille ville [la vjɛj vil]
Alufolie le papier (d')alu [lə papje (d)aly]
am Sonntag dimanche [dimɑ̃ʃ]
am Wochenende le week-end [lə wikɛnd]
Ampel le feu (de circulation) [lə fø (də siʀkylasjɑ̃)]
an à [a]; **~ der Seine** sur les bords de la Seine [syʀ le bɔʀ də la sɛn]
Ananas l'ananas *(m)* [lanana]
andere; **der/die/das ~** l'autre [lotʀ]

anders *(sonst)* autrement [otʀəmɑ̃]
anderswo ailleurs [ajœʀ]
Anfang le début [lə deby]; le commencement [lə kɔmɑ̃smɑ̃]
anfangen commencer [kɔmɑ̃se]
Angabe l'indication *(f)* [lɛ̃dikasjɔ̃]
angeln pêcher [peʃe]
angenehm agréable [agʀeabl]
Angina l'angine *(f)* [lɑ̃ʒin]
anhalten arrêter [aʀete]
ankommen arriver [aʀive]
Ankunft l'arrivée *(f)* [laʀive]
Ankunftszeit l'heure *(f)* d'arrivée [lœʀ daʀive]
Anlasser le démarreur [lə demaʀœʀ]
anlegen in faire escale à [fɛʀ ɛskal a]
Anlegestelle l'embarcadère *(f)* [lɑ̃baʀkadɛʀ]
Anorak l'anorak *(m)* [lanɔʀak]
Anreisetag le jour de l'arrivée [lə ʒuʀ də laʀive]
Anruf le coup de téléphone [lə ku də telefɔn]
Anrufbeantworter le répondeur automatique [lə ʀepɔ̃dœʀ ɔtɔmatik]
anrufen appeler [aple]; téléphoner à [telefɔne a]
Anschluss la correspondance [la kɔʀɛspɔ̃dɑ̃s]
Ansichtskarte la carte postale [la kaʀt pɔstal]
anstatt au lieu de [o ljø də]
ansteckend contagieux [kɔ̃taʒjø]
Antibabypille la pillule (anticonceptionnelle) [la pilyl (ɑ̃tikɑ̃sɛpsjɔnɛl)]
Antibiotika antibiotiques [z‿ɑ̃tibjɔtik]
antworten répondre [ʀepɔ̃dʀ]
Anzahlung l'acompte *(m)* [lakɔ̃t]
anziehen mettre [mɛtʀ]
Anzug le costume [lə kɔstym]
Apartment le studio [lə stydjo]
Apfel le pomme [le pɔm]
Apfelsaft le jus de pommes [lə ʒyd pɔm]
Apfelsinen les oranges *(fpl)* [lez‿ɔʀɑ̃ʒ]
Apotheke la pharmacie [la faʀmasi]
Aprikosen les abricots *(mpl)* [lez‿abʀiko]
April avril [avʀil]
arbeiten travailler [tʀavaje]
Architektur l'architecture *(f)* [laʀʃitɛktyʀ]
ärgern; sich ~ über se mettre en colère à cause de [sə mɛtʀ ɛ̃ kɔlɛʀ a koz də]
Armband le bracelet [lə bʀaslɛ]
Armbanduhr la montre-bracelet [la mɔ̃tʀəbʀaslɛ]
Ärmel la manche [la mɑ̃ʃ]
Artischocken les artichauts *(mpl)* [lez‿aʀtiʃo]
Arzt, Ärztin médecin [medsɛ̃]
Aschenbecher le cendrier [lə sɑ̃dʀije]
Asthma l'asthme *(m)* [lasm]
Atembeschwerden les troubles *(mpl)* respiratoires [le tʀublə ʀɛspiʀatwaʀ]
Atlantik l'Atlantique *(m)* [latlɑ̃tik]
atmen respirer [ʀɛspiʀe]
Auberginen les aubergines *(fpl)* [lez‿obɛʀʒin]
auch aussi [osi]; **~ nicht** (ne ...) pas non plus [(nə ...) pa nɑ̃ ply]
Auffahrt *(Autobahn)* la bretelle [la bʀətɛl]
auf sur [syʀ]; *(offen)* ouvert(e) [uvɛʀ, uvɛʀt]; **~ Französisch** en français [ɑ̃ fʀɑ̃sɛ]
Aufenthalt *(an einem Ferienort)* le séjour [lə seʒuʀ]

WÖRTERBUCH DEUTSCH - FRANZÖSISCH

Aufenthaltsraum le salon [lə salɔ̃]
Auffahrtrampe la rampe d'accès [la ʀɑ̃p daksɛ]
Aufführung la représentation [la ʀəpʀezɑ̃tasjɔ̃]
aufhören arrêter [aʀete]
Aufschnitt les tranches *(fpl)* de charcuterie [lə tʀɑ̃ʃ də ʃaʀkytʀi]; de viande froide [də vjɑ̃d fʀwad]
aufschreiben noter [nɔte]
aufstehen se lever [sə ləve]
aufwachen se réveiller [sə ʀeveje]
aufwärts en haut [ɑ̃ o]; vers le haut [vɛʀ lə o]
Aufzug l'ascenseur *(m)* [lasɑ̃sœʀ]
Augen les yeux *(mpl)* [lez‿jø]
Augenarzt oculiste [ɔkylist]
Augentropfen le collyre [lə kɔliʀ]
August août [u(t)]
aus *(Herkunft)* de [də]; *(Material)* en [ɑ̃]; *(Grund)* pour [puʀ]
Ausfahrt la sortie (d'autoroute) [la sɔʀti (dotoʀut)]
Ausflug l'excursion *(f)* [lɛkskyʀsjɔ̃]
ausgezeichnet excellent(e) [ɛksɛlɑ̃, ɑ̃t]
ausfüllen remplir [ʀɑ̃pliʀ]
Ausgang la sortie [la sɔʀti]
Auskunft le renseignement [lə ʀɑ̃sɛɲmɑ̃]
Ausland l'étranger *(m)* [letʀɑ̃ʒe]
Ausländer(in) l'étranger, l'étrangère [letʀɑ̃ʒe/ letʀɑ̃ʒɛʀ]
ausländisch étranger, -ère [etʀɑ̃ʒe, ɛʀ]
Auslandsflug le vol international [lə vɔl ɛ̃tɛʀnasjɔnal]
Auslandsgespräch l'appel *(m)* pour l'étranger [lapɛl puʀ letʀɑ̃ʒe]
Auspuff le tuyau d'échappement [lə tɥijo deʃapmɑ̃]
Ausreise la sortie [la sɔʀti]
ausruhen; sich ~ se reposer [sə ʀəpoze]
Ausschlag les rougeurs *(fpl)* [le ʀuʒœʀ]
außen à l'extérieur [a lɛksteʀjœʀ]
außer hors de [ɔʀ də]
außerdem d'autre part [dotʀə paʀ]; en outre [ɑn‿utʀ]
außerhalb à l'extérieur (de) [a lɛksteʀjœʀ (də)]
Aussichtspunkt le point de vue [lə pwɛ̃d vy]
aussprechen prononcer [pʀɔnɛ̃se]
aussteigen descendre [desɑ̃dʀ]
Ausstellung l'exposition *(f)* [lɛkspozisjɔ̃]
aussuchen sélectionner [selɛksjɔne]
Austern les huîtres *(fpl)* [lez‿ɥitʀ]
auszahlen payer [peje]
Auto la voiture [la vwatyʀ]; **~ fahren** conduire une voiture [kɔ̃dɥiʀ yn vwatyʀ]
Autobahn l'autoroute *(f)* [lotɔʀut]
Autobahnausfahrt la sortie d'autoroute [la sʀti dotoʀut]
Autobahngebühr le péage [lə peaʒ]
Automatik(getriebe) la boîte automatique [la bwat ɔtɔmatik]
Avocado l'avocat *(m)* [lavɔka]

B

Baby le bébé [lə bebe]
Babyfon l'interphone *(m)* [lɛ̃tɛʀfɔn]
Babynahrung la nourriture pour bébés [la nuʀityʀ puʀ bebe]

Babysitter le baby-sitter [lə bebisitɛʀ]
Backenzahn la molaire [la mɔlɛʀ]
Bäckerei la boulangerie [la bulɑ̃ʒʀi]
Backofen le four [lə fuʀ]
Badeanzug le maillot une pièce [lə majo yn pjɛs]
Badehose le maillot de bain [lə majod bɛ̃]
Bademantel le peignoir de bain [lə pɛɲwaʀ də bɛ̃]
Badeschuhe les chaussures *(fpl)* en plastique (pour la baignade) [le ʃosyʀ ɑ̃ plastik (puʀ la bɛɲad)]
Badewanne la baignoire [la bɛɲwaʀ]
Badezimmer la salle de bains [la sal də bɛ̃]
Bahnhof la gare [la gaʀ]
Bahnsteig le quai [lə kɛ]
bald bientôt [bjɛ̃to]
Balkon le balcon [lə balkɔ̃]
Ballett le ballet [lə balɛ]
Bananen les bananes *(fpl)* [le banan]
Bank *(Geldinstitut)* la banque [la bɑ̃k]; *(Sitz~)* le banc [lə bɑ̃]
Bankkarte la carte bancaire [la kaʀt bɑ̃kɛʀ]
bar en espèces [ɑ̃n‿ɛspɛs]
bar zahlen payer comptant [pɛje kɔ̃tɑ̃]; payer en liquide [pɛje ɑ̃ likid]
Bargeld les espèces *(fpl)* [lez‿ɛspɛs]
barrierefrei sans obstacle [sɑ̃z‿ɔpstakl]
Barsch la perche [la pɛʀʃ]
Bart la barbe [la baʀb]
Basilikum le basilic [lə bazilik]
Batterie la pile [la pil]
Bauch le ventre [lə vɑ̃tʀ]
Bauernhof la ferme [la fɛʀm]
Baum l'arbre *(m)* [laʀbʀ]
Baustelle le chantier [lə ʃɑ̃tje]
beachten respecter [ʀɛspɛkte]
beantworten répondre à [ʀepɔdʀ a]
Bearbeitungsgebühr la commission [la kɔmisjɔ̃]; les frais bancaires [le fʀɛ bɑ̃kɛʀ]
Bedienung le service [lə sɛʀvis]
befinden; sich ~ se trouver [sə tʀuve]
begegnen rencontrer [ʀɑ̃kɔ̃tʀe]
begleiten accompagner [akɔ̃paɲe]
Begleitperson l'accompagnateur, l'accompagnatrice *(m, f)* [lakɔ̃paɲatœʀ/ lakɔ̃paɲatʀis]
begrüßen saluer [salye]
behindertengerecht aménagé [amenaʒe]; équipé pour handicapés [ekipe puʀ ɑ̃dikape]
Behindertenparkplatz la place de stationnement pour handicapés [la plas də stasjɔ̃nmɑ̃ puʀ ɑ̃dikape]
Behindertentoilette les toilettes *(fpl)* pour handicapés [le twalɛt puʀ ɑ̃dikape]
Behörde l'administration *(f)* [ladministʀasjɔ̃]
bei *(örtlich)* près de [pʀɛ də]
beide tous, toutes les deux [tu/tut le dø]
beige beige [bɛʒ]
Bein la jambe [la ʒɑ̃b]
beißen mordre [mɔʀdʀ]
Bekannte/r la connaissance [la kɔnɛsɑ̃s]
bekommen recevoir [ʀəsəvwaʀ]
belästigen importuner [ɛpɛ̃ʀtyne]
belegtes Brötchen le sandwich [le sɑ̃dwitʃ]

DEUTSCH - FRANZÖSISCH

WÖRTERBUCH

Beleidigung l'offense *(f)* [lɔfɑ̃s]; la vexation [la vɛksasjɔ̃]
Belgien la Belgique [la bɛlʒik]
bemerken remarquer [ʀəmaʀke]
bemühen; sich ~ s'efforcer de [sefɔʀse də]
benachrichtigen informer [ɛ̃fɔʀme]
benutzen utiliser [ytilize]
Benzinkanister le bidon d'essence [lə bidɔ̃ dɛsɑ̃s]
bequem confortable [kɔ̃fɔʀtabl]
bereits déjà [deʒa]
Berg la montagne [la mɔ̃taɲ]
Beruf la profession [la pʀɔfɛsjɔ̃]
beruhigen; sich ~ se calmer [sə kalme]
Beruhigungsmittel le tranquillisant [lə tʀɑ̃kilizɑ̃]
beschädigen endommager [ɑ̃dɔmaʒe]
beschließen décider (de) [deside (də)]
beschweren; sich ~ (über) se plaindre (de) [sə plɛ̃dʀ (də)]
Besen le balai [lə balɛ]
besetzt occupé [ɔkype]
besichtigen visiter [vizite]
Besitzer(in) le/la propriétaire [lə/la pʀɔpʀijetɛʀ]
besonders surtout [syʀtu]
besser *(als Adjektiv)* meilleur(e) [mɛjœʀ]; *(als Adverb)* mieux [mjø]
beste(r, -s) le/la meilleur(e) [lə/la mɛjœʀ]
Besteck les couverts *(mpl)* [le kuvɛʀ]
bestehen aus se composer de [sə kɔ̃poze də]
Bestellung la commande [la kɔmɑ̃d]
bestimmt *(als Adjektiv)* certain(e) [sɛʀtɛ̃, ɛn]; *(als Adverb)* sûrement [syʀmɑ̃]
besuchen rendre visite à [ʀɑ̃dʀ vizit‿a]
Betrag le montant [lə mɔ̃tɑ̃]
betrunken soûl(e) [su, sul]; ivre [ivʀə]
Bett le lit [lə li]
Bettdecke la couverture [la kuvɛʀtyʀ]
Bettwäsche les draps *(mpl)* [le dʀa]
bevor avant que [avɑ̃ kə]
bewölkt nuageux [nyaʒø]
bewusstlos sans connaissance [sɑ̃ kɔnɛsɑ̃s]; évanoui [evanui]
bezahlen payer [pɛje]
BH le soutien-gorge [lə sutjɛ̃gɔʀʒ]
Biene l'abeille *(f)* [labɛj]
Bier la bière [la bjɛʀ]
Bikini le bikini [lə bikini]
Bild *(Foto)* la photo [la fɔto]; *(Gemälde)* le tableau [lə tablo]
billig bon marché [bɔ̃ maʀʃe]
Bioladen le magasin de produits naturels [lə magazɛ̃ də pʀɔdɥi natyʀɛl]
Birnen les poires *(fpl)* [le pwaʀ]
bis jusqu'à [ʒyska]; **~ jetzt** jusqu'à maintenant [ʒyska mɛ̃tnɑ̃]
bisschen; ein ~ un peu [ɛ̃ pø]
Bitte la demande [la dəmɑ̃d]
bitten; jemanden um etwas ~ demander quelque chose à quelqu'un [dəmɑ̃de kɛlkʃoz a kɛlkoeɛ]
bitter amer, -ère [amɛʀ]
Blähungen les vents *(mpl)* [le vɑ̃]
Blase la vessie [la vesi]
blau bleu [blø]
bleiben rester [ʀɛste]
Bleistift le crayon [lə krɛjɔ̃]
blind aveugle [avœglə]; non-voyant(e) [nɔ̃vwajɑ̃/t]
Blinddarmentzündung l'appendicite *(f)* [lapɛ̃disit]

Blinde/r l'aveugle *(mf)* [lavœglə]; le/la non-voyant(e) [lə/la nɔvwajɑ̃/t]
Blinklicht le clignotant [lə kliɲɔtɑ̃]
Block le bloc [lə blɔk]
Blume la fleur [la flœʀ]
Blumenkohl le chou-fleur [lə ʃuflœʀ]
Bluse le chemisier [lə ʃmizje]
Blut le sang [lə sɑ̃]
Blutdruck; **hoher ~** l'hypertension [lipɛʀtɑ̃sjɔ̃]
niedriger ~ l'hypotension [lipotɑ̃sjɔ̃]
bluten saigner [seɲe]
Blutgruppe le groupe sanguin [lə gʀup sɑ̃gɛ̃]
Blutung le saignement [lə sɛɲəmɑ̃]
Blutvergiftung la septicémie [la sɛptisemi]
Bohnen les haricots *(mpl)* [le aʀiko]
Bonbon le bonbon [bɔ̃bɔ̃]
Bordkarte la carte d'embarquement [la kaʀtə dɑ̃baʀkəmɑ̃]
Botanischer Garten le jardin botanique [lə ʒaʀdɛ̃ bɔtanik]
Botschaft *(diplomatische Vertretung)* l'ambassade *(f)* [lɑ̃basad]
brauchen avoir besoin de [avwaʀ bəzwɛ̃ də]
braun marron [maʀɔ]; *(gebräunt)* bronzé(e) [bʀɔ̃ze]
Brechreiz la nausée [la noze]
breit large [laʀʒ]
Bremse le frein [lə fʀɛ̃]
Bremslichter les stops *(m)* [le stɔp]
brennen brûler [bʀyle]
Brief la lettre [la lɛtʀ]
Briefkasten la boîte aux lettres [la bwat‿o lɛtʀ]
Briefmarke le timbre [lə tɛ̃bʀ]
Briefumschlag l'enveloppe *(f)* [lɑ̃vlɔp]
bringen *(her~)* apporter [apɔʀte]; *(weg~)* emporter [ɑ̃pɔʀte]
Brombeeren les mûres *(fpl)* [le myʀ]
Bronchien les bronches *(fpl)* [le bʀɔ̃ʃ]
Bronchitis la bronchite [la bʀɔ̃ʃit]
Brosche la broche [la bʀɔʃ]
Brot le pain [lə pɛ̃]
Brötchen le petit pain [le pti pɛ̃]
Brücke le bridge [lə bʀidʒ]
Bruder le frère [lə fʀɛʀ]
Brust la poitrine [la pwatʀin]
Buch le livre [lə livʀ]
buchen *(Platz)* retenir [ʀətəniʀ]; réserver [ʀezɛʀve]
Buchhandlung la librairie [la libʀɛʀi]
buchstabieren épeler [eple]
Bucht *(groß)* la baie [la bɛ]; *(klein)* la crique [la kʀik]
Buchung la réservation [la ʀesɛʀvasjɔ̃]
bunt multicolore [myltikɔlɔʀ]
Burg le château [lə ʃato]
Bügeleisen le fer à repasser [lə fɛʀ‿a ʀpase]
Bürste la brosse [la bʀɔs]
Bus le bus [lə bys]
Busbahnhof la gare routière [la gaʀ rutjɛʀ]
Bußgeld l'amende *(f)* [lamɑ̃d]
Butter le beurre [lə bœʀ]
Buttermilch le babeurre [lə babœʀ]
Bypass le by-pass [lə baipas]

C

Café le café [lə kafe]
Camping le camping [lə kɑ̃piŋ]

Campingplatz le (terrain de) camping [lə (tɛʀɛ̃ də) kɑ̃piŋ]
Cent le cent [lə sɑ̃nt]
Champagner le champagne [lə ʃɑ̃paɲ]
Chicorée l'endive *(f)* [lɑ̃div]
Chipkarte la carte à puce [la kaʀta pys]
Chili le piment [lə pimɑ̃]
Cornflakes les cornflakes *(mpl)* [le kɔʀnflɛks]
Creme la crème [la kʀɛm]

D

da *(dort)* là [la]; *(Grund)* comme [kɔm]
Damen *(Toilette)* dames [dam]
Damenbinden les serviettes *(fpl)* hygiéniques [le sɛʀvjɛt iʒjenik]
Dampfer le vapeur [lə vapœʀ]
danach après [apʀɛ]
danken remercier [ʀəmɛʀsje]
dann ensuite [ɑ̃sɥit]
Darm l'instestin *(m)* [lɛ̃tɛstɛ̃]
dass que [kə]
dasselbe la même chose [la mɛm ʃoz]
Datteln les dattes *(fpl)* [le dat]
Datum la date [la dat]
Defekt la panne [la pan]
dein ton [tɔ̃]; ta [ta]
Denkmal le monument [lə mɔnymɑ̃]
denn car [kaʀ]
Deo(dorant) le déodorant [lə deɔdɔʀɑ̃]
deshalb c'est pourquoi [sɛ puʀkwa]
Desinfektionsmittel l'antiseptique *(m)* [lɑ̃tisɛptik]
desinfizieren désinfecter [dezɛ̃fɛkte]
deutsch allemand(e) [almɑ̃/ɑ̃d]
Deutsche/r l'Allemand(e) *(m, f)* [lalmɑ̃/lalmɑ̃d]
Deutschland l'Allemagne *(f)* [lalmaɲ]
Dezember décembre [desɑ̃bʀ]
Diabetes le diabète [lə djabɛt]
Diabetiker(in) le/la diabétique [lə/la djabetik]
Diagnose le diagnostic [lə djagnɔstik]
Diät le régime [lə ʀeʒim]
dich te [tə]; toi [twa]
dick gros, grosse [gʀo, gʀos]
Diebstahl le vol [lə vɔl]
Dienstag mardi [maʀdi]
diese(r, -s) ce [sə]; *(männlich, vor Vokal)* cet [sɛt]; *(weiblich)* cette [sɛt]; *(Pluralform)* ces [se]
diese Woche cette semaine [sɛt səmɛn]
Digitalkamera l'appareil *(m)* photo digital [lapaʀɛj fɔto diʒital]
Dill l'aneth *(m)* [lanɛt]
dir te [tə]; à toi [a twa]
doch pourtant [puʀtɑ̃]; **~!** si! [si]
Dom la cathédrale [la katedʀal]
Donnerstag jeudi [ʒœdi]
doppelt double [dubl]
Dorf le village [lə vilaʒ]
dort là-bas [laba]
Dose la boîte [la bwat]
Dosenöffner l'ouvre-boîtes *(m)* [luvʀəbwat]
Draht le fil de fer [lə fil də fɛʀ]
draußen dehors [dəɔʀ]
Dressing l'assaisonnement *(m)* [lasɛzɔnmɑ̃]
drinnen à l'intérieur [a lɛ̃teʀjœʀ]; dedans [dədɑ̃]
dringend urgent(e) [yʀʒɑ̃, ɑ̃t]
dritte(r, -s) le/la troisième [lə/la tʀwazjɛm]

Drogerie la droguerie [la dʀɔgʀi]
Drogerieartikel articles d'hygiène [artikl diʒjɛn]
du tu [ty]; toi [twa]
dunkel sombre [sɔ̃bʀ]
dünn mince [mɛ̃s]
durch *(quer durch)* à travers [a tʀavɛʀ]; *(dank)* grâce à [gʀas‿a]; *(Passiv)* par [paʀ]
Durchfall la diarrhée [la djaʀe]
Durchreise; **auf der ~ sein** être de passage [ɛtʀ də pasaʒ]
dürfen pouvoir [puvwaʀ]
durstig sein avoir soif [avwaʀ swaf]
Dusche la douche [la duʃ]
Duschgel la mousse gel [la musʒɛl]

E

Ebbe la marée basse [la maʀe bas]
ebenerdig au niveau du sol [o nivo dy sɔl]; surbaissé [syʀbese]
Ecke le coin [lə kwɛ̃]
Ehefrau la femme [la fam]
Ehemann le mari [lə maʀi]
Eier les œufs *(mpl)* [lez‿ø]
eigentlich *(als Adjektiv)* véritable [veʀitabl]; *(als Adverb)* en fait [ɑ fɛt]; à vrai dire [a vʀɛ diʀ]
Eigentümer(in) le/la propriétaire [lə/la pʀɔpʀijetɛʀ]
Eimer le seau [lə so]
ein(e) un, une [ɛ̃, yn]
einchecken faire les formalités *(fpl)* d'embarquement [fɛʀ le fɔʀmalite dɑ̃baʀkəmɑ̃]
einfach simple [sɛ̃pl]
Einfahrt l'entrée *(f)* [lɑ̃tʀe]
einfarbig uni [yni]
Eingang l'entrée *(f)* [lɑ̃tʀe]
einige quelques [kɛlk(ə)]
einkaufen faire ses courses [fɛʀ se kuʀs]
einladen inviter [ɛ̃vite]
einmal une fois [yn fwa]
einpacken emballer [ɑ̃bale]
Einreise l'entrée *(f)* [lɑ̃tʀe]
einschalten *(Backofen)* allumer [alyme]
einsteigen monter [mɔ̃te]
Eintrittskarte le billet [lə bijɛ]
Eintrittspreis le prix d'entrée [lə pʀi dɑ̃tʀe]
Einwegkamera l'appareil photo jetable [lapaʀɛj fɔto ʒətabl]
Einwohner(in) l'habitant(e) *(m, f)* [labitɑ̃/t]
Eis la glace [la glas]
Eiter le pus [lə py]
Elastikbinde la bande élastique [la bɑ̃d elastik]
elektrisch *(als Adjektiv)* électrique [elɛktʀik]
Elektrohandlung le magasin d'électro-ménager [lə magazɛ̃ delɛktʀomenaʒe]
elektronisches Ticket le ticket électronique [lə tikɛ elɛktʀɔnik]
Elsass l'Alsace *(f)* [lalzas]
Eltern les parents *(mpl)* [le paʀɑ̃]
Empfänger(in) le/la destinataire [lə/la dɛstinatɛʀ]
Empfangshalle le hall [lə ol]
Ende la fin [la fɛ̃]; **am ~** finalement [finalmɑ̃]
endlich enfin [ɑ̃fɛ]
Endreinigung le nettoyage de fin de séjour [lə nɛtwajaʒ də fɛ̃d seʒuʀ]
Endstation le terminus [lə tɛʀminys]
eng étroit(e) [etʀwa, at]
englisch anglais(e) [ɑ̃glɛ, lɛz]
entdecken découvrir [dekuvʀiʀ]
Entfernung la distance [la distɑ̃s]

entgegengesetzt opposé(e) [ɔpoze]
entschuldigen; **sich ~** s'excuser [sɛkskyze]
Entschuldigung l'excuse *(f)* [lɛkskyz]
entweder ... oder ou ... ou [u … u]; ou bien ... ou bien [u bjɛ̃ … u bjɛ̃]
entwerten *(Fahrkarte)* composter [kɔ̃pɔste]
Entzündung l'inflammation *(f)* [lɛflamasjɔ̃]
Epilepsie l'épilepsie *(f)* [lepilɛpsi]
Epileptiker(in) l'épileptique *(mf)* [lepilɛptik]
er il [il]; lui [lɥi]
erbrechen; **sich ~** vomir [vɔmiʀ]
Erbsen les petits pois *(mpl)* [le pti pwa]
Erdbeeren les fraises *(fpl)* [le fʀɛz]
Erdgeschoss le rez-de-chaussée [lə ʀedʃose]
erfreut (über) heureux (de), -euse (de) [œʀø, øz (də)]
Erfrischungen les rafraîchissements *(mpl)* [le ʀafʀɛʃismɑ̃]
erholen; **sich ~** se rétablir [sə ʀetabliʀ]
erinnern; **jemanden an etwas ~** rappeler quelque chose à quelqu'un [ʀaple kɛlkə ʃoz a kɛlkɛ̃]; **sich ~** se souvenir [sə suvniʀ]
Erkältung le rhume [lə ʀym]
Ermäßigung la réduction [la ʀedyksjɔ̃]
erreichen atteindre [atɛ̃dʀ]
Ersatzrad la roue de secours [la ʀud səkuʀ]
erschöpft épuisé(e) [epɥize]
erschrecken effrayer [efʀeje]
erst *(zuerst)* d'abord [dabɔʀ]; *(nicht früher als)* seulement [sœlmɑ̃]; ne ... que [nə … kə]
erste(r, -s) le/la premier, -iere [lə/la pʀəmje/jɛʀ]
Erwachsene/r l'adulte *(mf)* [ladylt]
erwarten attendre [atɑ̃dʀ]; *(rechnen mit)* s'attendre à [satɑ̃dʀ a]
essbar comestible [kɔmɛstiblə]
Essen le repas [lə ʀəpa]
Essig le vinaigre [lə vinɛgʀ]
Estragon l'estragon *(m)* [lɛstʀagɔ̃]
Etage l'étage *(m)* [letaʒ]
Etagenbett le lit à étages [lə li a etaʒ]
etwa à peu près [a pø pʀɛ]
etwas quelque chose [kɛlkə ʃoz]; *(ein wenig)* un peu de [ɛ̃ pø də]
EU-Bürger(in) le/la citoyen européen/ne [lə sitwajɛ̃ øʀopeɛ̃/ɛn]
euch vous [vu]; à vous [a vu]
euer votre [vɔtʀ]
Euro l'euro *(m)* [løʀo]
Europa l'Europe *(f)* [løʀɔp]
Europäer(in) l'Européen(ne) *(m(f))* [løʀɔpeɛ̃, ɛn]
europäisch européen(ne) [øʀɔpeɛ̃, ɛn]
extra *(gesondert)* à part [a paʀ]; *(zusätzlich)* en plus

F

Facharzt, -ärztin le/la spécialiste [lə/la spesjalist]
Faden le fil [lə fil]
Fähre *(Fluss)* le bac [lə bak]; *(Meer)* le ferry [lə fɛʀi]
fahren aller [ale]; *(Fahrzeug lenken)* conduire [kɔ̃dɥiʀ]
Fahrgast le passager [lə pasaʒe]
Fahrkarte le billet [lə bijɛ]
Fahrkartenautomat le distributeur de billets [lə distʀibytœʀ də bijɛ]
Fahrkartenkontrolle le contrôle des billets [lə kɔ̃tʀol de bijɛ]

Fahrkartenschalter le guichet [lə giʃɛ]
Fahrplan l'horaire *(m)* (de chemin de fer/des bus/du métro/des trolleys) [lɔʀɛʀ (də ʃəmɛ̃d fɛʀ/de bys/dy metʀo/de tʀɔlɛ)]
Fahrpreis le prix du billet [lə pʀi dy bijɛ]
Fahrrad le vélo [lə velo]; la bicyclette [la bisiklɛt]
Fahrradhelm le casque de protection [lə kask də pʀɔteksjɔ̃]
Fahrschein le billet [lə bijɛ]
Fahrstuhl l'ascenseur *(m)* [lasɑ̃sœʀ]
Fahrt le voyage [lə vwajaʒ]; le trajet [lə tʀaʒɛ]
fallen tomber [tɔ̃be]
falls au cas où [o ka u]
Familie la famille [la famij]
Familienname le nom de famille [lə nɔ̃d famij]
farbig de couleur [də kulœʀ]
Farbstift le crayon de couleur [lə kʀɛjɔ̃d kulœʀ]
fast presque [pʀɛsk]
Februar février [fevʀije]
fehlen manquer [mɑ̃ke]
Fehler *(den man macht)* la faute [la fot]; *(den man hat)* le défaut [lə defo]
Feigen les figues *(fpl)* [le fig]
Feinkostgeschäft *(internationale Spezialitäten)* l'épicerie *(f)* fine [lepisʀi fin]; *(hausgemachte Produkte)* le traiteur [lə tʀɛtœʀ]
Fels(en) le rocher [lə ʀɔʃe]
Fenchel le fenouil [lə fənuj]
Fenster la fenêtre [la fnɛtʀə]
Fensterplatz le coin-fenêtre [lə kwɛ̃ fənɛtʀ]
Ferien les vacances *(fpl)* [le vakɑ̃s]
Ferienanlage le village de vacances [lə vilaʒ də vakɑ̃s]
Ferienhaus la maison de vacances/de campagne [la mɛzɔ̃d vakɑ̃s/kɑ̃paɲ]
Ferngespräch la communication interurbaine [la kɔmynikasjɔ̃ɛ̃tɛʀyʀbɛn]
Fernseher le téléviseur [lə televizœʀ]
fertig *(bereit)* prêt(e) [pʀɛ, pʀɛt]
fest ferme [fɛʀm]; *(hart)* dur(e) [dyʀ]
Festland la terre ferme [la tɛʀ fɛʀm]; le continent [lə kɔ̃tinɑ̃]
Festung la forteresse [la fɔʀtəʀɛs]
fettarme Milch le lait écrémé [lə lɛ ekʀeme]
feucht humide [ymid]
Feuer le feu [lə fø]
Feuerlöscher l'extincteur *(m)* [lɛkstɛ̃ktœʀ]
Feuermelder l'avertisseur *(m)* d'incendie [lavɛʀtisœʀ dɛ̃sɑ̃di]
Feuerwehr les pompiers *(mpl)* [le pɔ̃pje]
Feuerzeug le briquet [lə bʀikɛ]
Fieber la fièvre [la fjɛvʀ]; la température [la tɑ̃peʀatyʀ]
Fieberthermometer le thermomètre [lə tɛʀmɔmɛtʀ]
Film le film [lə film]
finden trouver [tʀuve]
Finger le doigt [lə dwa]
Fisch le poisson [lə pwasɔ̃]
Fischerdorf le village de pêcheurs [lə vilaʒ də pɛʃœʀ]
Fischgeschäft la poissonnerie [la pwasɔnʀi]
FKK-Strand la plage de nudistes [la plaʒ də nydist]
flach plat(e) [pla, plat]
Fläschchenwärmer le chauffe-biberon [lə ʃofbibʀɔ̃]

Flasche la bouteille [la butɛj]
Flaschenöffner l'ouvre-bouteilles *(m)* [luvʀəbutɛj]
Fleck(en) la tache [la taʃ]
Fleckenentferner le détachant [lə detaʃɑ̃]
Fleisch la viande [la vjɑ̃d]
Flickzeug le kit de réparation des pneus [lə kit də ʀepaʀasjɔ̃ de pnø]
Flipflops les tongs *(fpl)* [le tɔ̃g]
Flohmarkt le marché aux puces [lə maʀʃe o pys]; la foire à la brocante [la fwaʀa la bʀɔkɑ̃t]
Flug le vol [lə vɔl]
Flugbegleiter le steward [lə stiwaʀt]
Flugbegleiterin l'hôtesse *(f)* de l'air [lotɛs də lɛʀ]
Fluggesellschaft la compagnie aérienne [la kɔ̃paɲi aeʀjɛn]
Flughafen l'aéroport *(m)* [laeʀɔpɔʀ]
Flugsteig, Gate la porte d'embarquement [la pɔʀt dɑ̃baʀkəmɑ̃]
Fluss la rivière [la ʀivjɛʀ]
flüssig liquide [likid]
Flut la marée haute [la maʀe ot]
Föhn le sèche-cheveux [lə sɛʃ ʃəvø]
Formular le formulaire [lə fɔʀmylɛ̃ʀ]
Foto la photo [la fɔto]
Fotoapparat l'appareil *(m)* photo [lapaʀɛjfɔto]
Fotogeschäft le magasin de photos [lə magazɛ̃d fɔto]
fotografieren photographier [fɔtogʀafje]
Frage la question [la kɛstjɔ]
fragen interroger [ɛ̃tɛʀoʒe]
frankieren affranchir [afʀɑ̃ʃiʀ]
Frankreich la France [la fʀɑ̃s]
Franzose le Français [lə fʀɑ̃sɛ]
Französin la Française [la fʀɑ̃sɛz]
französisch français(e) [fʀɑ̃sɛ, ɛz]
Frau la femme [la fam]; *(Anrede, vor Namen)* madame [madam]
Frauenarzt gynéco(logue) [ʒinekɔ(lɔg)]
frei libre [libʀ]
Freitag vendredi [vɑ̃dʀədi]
Freizeitpark le parc de loisirs [lə paʀk də lwaziʀ]
fremd *(unbekannt)* inconnu(e) [ɛ̃kɔny]
Fremdenführer(in) le/la guide [lə/la gid]
Fremdenverkehrsamt l'office *(m)* de tourisme [lɔfis də tuʀism]; le syndicat d'initiative [lə sɛ̃dika dinisjativ]
freuen; sich ~ über être content(e) de [ɛtʀə kɔ̃tɑ̃, ɑ̃t də]; **sich ~ auf** se réjouir à l'avance de [sə ʀeʒwiʀ‿a lavɑ̃s də]
Freund(in) l'ami, l'amie [lami]; le copain, la copine [lə kɔpɛ̃/la kɔpin]
freundlich aimable [ɛmablə]
Friedhof le cimetière [lə simtjɛʀ]
frieren avoir froid [avwaʀ fʀwa]
frisch frais, fraîche [fʀɛ, fʀɛʃ]; *(neu)* nouveau, nouvelle *(männlich, vor Vokal)* nouvel [nuvo, nuvɛl]
Frischhaltefolie le film alimentaire [lə film alimɑ̃tɛʀ]
Friseur(in) le coiffeur, la coiffeuse [lə kwafœʀ/la kwafœz]
Frisur la coiffure [la kwafyʀ]; la coupe de cheveux [la kup də ʃvø]
froh *(glücklich)* heureux, -euse [œʀø, øz]
Frost le gel [lə ʒɛl]

Frostschutzmittel l'antigel *(m)* [lɑ̃tiʒɛl]
Früchtetee le thé aux fruits [lə te o fʀɥi]
früh tôt [to]
früher *(eher)* plus tôt [ply to]; *(einst)* autrefois [otʀəfwa]
Frühling le printemps [lə pʀɛ̃tɑ̃]
Frühstück le petit déjeuner [lə pti deʒœne]
frühstücken déjeuner [deʒœne]; prendre son petit déjeuner [pʀɑ̃dʀə sɔ̃ pəti deʒœne]
Frühstücksbüfett le buffet (de petit déjeuner) [lə byfɛ (də pti deʒœne)]
Frühstücksraum la salle de petit déjeuner [la sal də pti deʒœne]
fühlen sentir [sɑ̃tiʀ]
Führerschein le permis de conduire [lə pɛʀmid kɔ̃dɥiʀ]
Führung *(Museum etc.)* la visite guidée [la vizit gide]
Fundbüro le bureau des objets perdus [lə byro dez‿ɔbjɛ pɛʀdy]
funktionieren fonctionner [fɔ̃ksjɔne]
für pour [puʀ]
Fuß le pied [lə pje]
Fußgänger(in) le piéton, la piétonne [lə pjetɔ̃/la pjetɔn]
Fußgängerzone la zone piétonne [la zɔn pjetɔn]

G

Gabel la fourchette [la fuʀʃɛt]
Gallenblase la vésicule biliaire [la vezikyl biljɛʀ]
Gang *(Auto)* la vitesse [la vitɛs]; *(Flur)* le couloir [lə kulwaʀ]; *(Essen)* le plat [lə pla]
ganz *(als Adjektiv)* tout, toute [tu/tut]; *(vollständig)* entier, -ière [ɑ̃tje, ɛʀ]; complet, complète [kɔ̃plɛ/kɔ̃plɛt]; *(als Adverb)* complètement [kɔ̃plɛtmɑ̃]
gar *(Speisen)* à point [a pwɛ̃]
Garage le garage [lə gaʀaʒ]
Garnelen les crevettes *(fpl)* roses [le kʀəvɛt ʀoz]
Garten le jardin [lə ʒaʀdɛ̃]
Gasherd la cuisinière à gaz [la kɥizinjɛʀ‿a gaz]
Gaskocher le réchaud à gaz [lə ʀeʃo a gaz]
Gaspedal l'accélérateur *(m)* [lakseleʀatœʀ]
Gast l'hôte *(m)* [lot]; l'invité(e) *(m, f)* [lɛ̃vite]
Gastgeber(in) l'hôte, l'hôtesse *(m, f)* [lot/lotɛs]
Gebäck les pâtisseries *(f)* [le patisʀi]
gebacken frit [fʀi]
Gebäude le bâtiment [lə batimɑ̃]
geben donner [dɔne]
Gebirge la montagne [la mɔ̃taɲ]
gebrochen *(Gliedmaßen)* cassé(e) [kase]
Gebühren les droits *(mpl)* [le dʀwa]
Geburtsdatum la date de naissance [la dat də nɛsɑ̃s]
Geburtsname le nom de jeune fille [lə nɔ̃d jœn fij]
Geburtsort le lieu de naissance [lə ljød nɛsɑ̃s]
Geburtstag l'anniversaire *(m)* [lanivɛʀsɛʀ]
Gefahr le danger [lə dɑ̃ʒe]
gefährlich dangereux, -euse [dɑ̃ʒʀø, øz]
Gefängnis la prison [la pʀizɔ̃]
Gefühl le sentiment [lə sɑ̃timɑ]
gegen contre [kɔ̃tʀ]; *(in Richtung auf, zeitlich)* vers [vɛʀ]
Gegend la région [la ʀeʒjɔ̃]

gegenüber en face de [ɑ̃ fas də]
Geheimzahl le numéro de code [lə nymeʀod kɔd]
gehen aller [ale]; *(zu Fuß)* marcher [maʀʃe]
Gehirnerschütterung la commotion cérébrale [la kɔmɔsjɔ̃ seʀebʀal]
Gehör l'ouïe *(f)* [lwi]
gehören appartenir [apaʀtəniʀ]
Gehörlose/r le sourd, la sourde [lə suʀ/la suʀdə]; le malentendant [lə malɑ̃tɑ̃dɑ̃]
geistig behindert handicapé mental [adikape mɑ̃tal]
gekocht bouilli [buji]
gelb jaune [ʒon]
Geld l'argent *(m)* [laʀʒɑ̃]
Geldautomat le distributeur de billets [lə distʀibytœʀ də bijɛt]
Geldbeutel le portemonnaie [lə pɔʀtmɔnɛ]
Geldkarte la carte bancaire [la kaʀt bɑ̃kɛʀ]
Geldschein le billet [lə bijɛ]
gelegentlich *(als Adverb)* à l'occasion [a lɔkazjɔ̃]
Gelenk l'articulation *(f)* [laʀtikylasjɔ̃]
Gepäck les bagages *(m)* [le bagaʒ]
gemeinsam *(als Adjektiv)* commun(e) [kɔmɛ̃, yn]; *(als Adverb)* ensemble [ɑ̃sɑ̃bl]
Gemüse les légumes *(mpl)* [le legym]
gemütlich *(Ort)* sympa [sɛ̃pa]
genau exact(e) [egzakt]
genießen jouir (de) [ʒwiʀ (də)]; savourer [savuʀe]
genug assez [ase]; suffisamment [syfizamɑ̃]
geöffnet ouvert(e) [uvɛʀ, uvɛʀt]
Gepäck les bagages *(mpl)* [le bagaʒ]
Gepäckabfertigung l'enregistrement *(m)* des bagages [lɑ̃ʀʒistʀəmɑ̃ de bagaʒ]
Gepäckaufbewahrung la consigne [la kɔ̃siɲ]
Gepäckausgabe l'arrivée *(f)* des bagages [laʀive de bagaʒ]
Gepäckschalter le guichet des bagages [lə giʃɛ de bagaʒ]
Gepäckwagen le chariot [lə ʃaʀjo]
geradeaus tout droit [tu dʀwa]
Geräusch le bruit [lə bʀɥi]
gern volontiers [vɔlɔ̃tje]; **nicht ~** à contrecœur [a kɔtʀəkœʀ]
Geschenk le cadeau [lə kado]
Geschirr la vaisselle [la vɛsɛl]
Geschirrspülmaschine le lave-vaisselle [lə lav vɛsɛl]
Geschirrtuch le torchon [lə tɔʀʃ]
Geschlechtskrankheit la maladie vénérienne [la maladi veneʀjɛn]
geschlossen fermé(e) [fɛʀme]
Geschwindigkeit la vitesse [la vitɛs]
geschwollen enflé [ɑ̃fle]
Gesicht le visage [lə vizaʒ]
Gespräch la conversation [la ɔ̃vɛʀsasjɔ̃]
gestern hier [jɛʀ]
gesund en bonne santé [ɑ̃ bɔn sɑ̃te]
Getränk la boisson [la bwasɔ̃]; la consommation [la kɔsɔmasjɔ̃]
Getriebe la boîte de vitesses [la bwat də vitɛs]
Gewicht le poids [lə pwa]
Gewitter l'orage *(m)* [lɔʀaʒ]
Gewürz l'épice *(f)* [lepis]
giftig venimeux [vənimø]
Gipfel le sommet [lə sɔmɛ]

Glas *(Trink~)* le verre [lə vɛʀ]

Glatteis le verglas [lə vɛʀgla]

glauben croire [kʀwaʀ]

gleich *(identisch)* pareil(le) [paʀɛj]; *(sofort)* tout de suite [tud sɥit]

Gleichgewichtsstörungen les troubles de l'équilibre [le tʀubl də lekilibʀ]

gleichzeitig en même temps [ɑ̃ mɛm tɑ̃]

Gleis la voie [la vwa]

Glühbirne l'ampoule *(f)* [lɑ̃pul]

Gold l'or *(m)* [lɔʀ]

Gramm le gramme [lə gʀam]

Grapefruit le pamplemousse [lə pɑ̃pləmus]

Gräte l'arête *(f)* [laʀɛt]

gratis gratuit(e) [gʀatɥi]

grau gris [gʀi]

Grenze la frontière [la fʀɔ̃tjɛʀ]

Grenzübergang le poste frontière [lə pɔstə fʀɔ̃tjɛʀ]

Grill le gril [lə gʀil]

Grippe la grippe [la gʀip]

groß grand(e) [gʀɑ̃, gʀɑ̃d]

Großraumwagen le wagon sans compartiments [lə vagɔ̃ sɑ̃ kɔ̃paʀtimɑ̃]

grün vert [vɛʀ]

Grund *(Anlass)* la raison [la ʀɛzɔ̃]

grüne Bohnen les haricots *(mpl)* verts [le aʀiko vɛʀ]

Grüner Tee le thé vert [lə te vɛʀ]

grüne Versicherungskarte la carte verte [la kaʀtə vɛʀt]

Gruppe le groupe [lə gʀup]

grüßen saluer [salɥe]

Gulasch le/la goulasch [lə/la gulaʃ]

gültig valable [valabl]

Gummistiefel les bottes *(fpl)* en caoutchouc [le bɔt ɑ̃ kautʃu]

Gurke le concombre [lə kɔ̃kɔ̃bʀ]; *(Gürkchen)* le cornichon [lə kɔʀniʃɔ̃]

Gürtel la ceinture [la sɛ̃tyʀ]

gut *(als Adjektiv)* bon, bonne [bɔ̃, bɔn]; *(als Adverb)* bien [bjɛ̃]

H

Haar(e) les cheveux *(mpl)* [le ʃvø]

Haargummi l'élastique *(m)* [lelastik]

Haarklammern les épingles *(f)* à cheveux [lez‿epɛ̃gl a ʃvø]

Hackfleisch la viande hachée [la vjɑ̃d aʃe]

Hafen le port [lə pɔʀ]

Haferflocken les flocons *(mpl)* d'avoine [le flɔkɔ̃ davwan]

Hähnchen le poulet [lə pulɛ]

halb *(als Adjektiv)* demi(e) [dəmi]; *(als Adverb)* à demi [a dəmi]; à moitié [a mwatje]

Halbpension la demi-pension [la dmipɑ̃sjɔ̃]

Hälfte la moitié [la mwatje]

Hals le cou [lə ku]

Hals-Nasen-Ohren-Arzt oto-rhino(-laryngologiste) [ɔtoʀino(laʀɛ̃gɔlɔʒist)]

Halsschmerzen le mal de gorge [lə mal də gɔʀʒ]

Halstabletten les pastilles *(fpl)* contre le mal de gorge [le pastij kɔ̃tʀə lə mal də gɔʀʒ]

haltbar de longue conservation [də lɔng kɔnseʀvatiɔ]

Haltestelle l'arrêt *(m)* [laʀɛ]; la station [la stasjɔ̃]

Hammelfleisch le mouton [lə mutɔ̃]

Hammer le marteau [lə maʀto]

Hämorroiden les hémorroïdes *(f)* [lez‿emɔʀɔid]

Hand la main [la mɛ̃]
Handbike le déambulateur [lə deɑ̃bylatœʀ]
Handbremse le frein à main [lə fʀɛ̃ a mɛ̃]
Handgas *(Auto)* les commandes *(f)* manuelles [le kɔmɑ̃d manyɛl]
Handschuhe les gants *(mpl)* [le gɑ̃]
Handtasche le sac à main [lə sak‿a mɛ̃]
Handtuch la serviette de toilette [la sɛʀvjɛt də twalɛt]
Handy le portable [lə pɔʀtabl]
Handyladen la boutique de téléphones [la butik də telefɔn]
häufig *(als Adverb)* fréquemment [fʀekamɑ̃]
Hauptbahnhof la gare principale [la gaʀ pʀɛ̃sipal]
Hauptspeise le plat principal [lə pla pʀɛ̃sipal]
Hauptstadt la capitale [la kapital]
Hauptstraße la rue principale [la ʀy pʀɛ̃sipal]
Haus la maison [la mɛzɔ̃]
Haushaltswaren les articles *(mpl)* ménagers [lez‿aʀtikl menaʒe]
Haustiere les animaux *(m)* domestiques [lez‿animo dɔmɛstik]
Haut la peau [la po]
Hautarzt dermato(logue) [dɛʀmatɔ(lɔg)]
Heimreise le retour [lə ʀətuʀ]
heiser enroué [ɑ̃ʀue]
heiß chaud(e) [ʃo, ʃod]
heißen *(sich nennen)* s'appeler [sapəle]
Heizung le chauffage [lə ʃofaʒ]
helfen; **jemandem ~** aider quelqu'un [ɛde kɛlkɛ̃]
Hemd la chemise [la ʃmiz]
Herbst l'automne *(m)* [lotɔn]
Herd la cuisinière [la kɥizinjɛʀ]
Hering *(Zelt)* la sardine [la saʀdin]
Herpes l'herpès *(m)* [lɛʀpɛs]
Herr monsieur [məsjø]
Herren *(Toilette)* hommes [ɔm]
Herz le cœur [lə kœʀ]
Herzbeschwerden les troubles *(mpl)* cardiaques [le tʀublə kaʀdjak]
Herzinfarkt l'infarctus *(m)* [lɛ̃faʀktys]
Herzschrittmacher le stimulateur cardiaque [lə stimylatœʀ kaʀdjak]
Heuschnupfen le rhume des foins [lə ʀym de fwɛ]
heute aujourd'hui [ɔʒuʀdɥi]; **~ Morgen/ Abend** ce matin/soir [sə matɛ̃/sə swaʀ]
Hexenschuss le tour de reins [lə tuʀ də ʀɛ̃]; le lumbago [lə lɛ̃bago]
hier ici [isi]
Hilfe l'aide *(f)* [lɛd]; **erste Hilfe** les premiers secours [le pʀəmje skuʀ]
hinten à l'arrière [a laʀiɛʀ]
hinter derrière [dɛʀjɛʀ]
Hitze la chaleur [la ʃalœʀ]
Hitzewelle la canicule [la kanikyl]; la vague de chaleur [la vag də ʃalœʀ]
HIV-positiv séropositif [seʀɔpozitif]
hoch haut(e) [o, ot]
höchstens au plus [o plys]; au maxium [o maksimɔm]
hoffentlich espérons que [ɛsperɔ̃ kə]
höflich poli(e) [pɔli]
Höhle la caverne [la kavɛʀn]
Honig le miel [lə mjɛl]
hören entendre [ɑ̃tɑ̃dʀ]
Hörer le combiné [lə kɔ̃bine]
hörgeschädigt malentendant(e) [malɑ̃tɑ̃dɑ̃, -ɑ̃t]
Hose le pantalon [lə pɑ̃talɔ̃]

hübsch joli(e) [ʒɔli]
Hüfte la hanche [la ɑ̃ʃ]
Hügel la colline [la kɔlin]
Hund le chien [lə ʃjɛ̃]
hungrig; ~ sein avoir faim [avwaʀ fɛ̃]
Hupe le klaxon [lə klaksɔn]
Husten la toux [la tu]
Hustensaft le sirop contre la toux [lə siʀo kɔ̃tʀə la tu]
Hut le chapeau [lə ʃapo]
Hütte *(Alpen~)* le châlet [lə ʃalɛ]

I

ich je [ʒə]; *(betont)* moi [mwa]
ihr *(weibliches Possessivpronomen)* son [sɔ̃]; sa [sa]; *(Pluralform)* leur [lœʀ]
Imbiss le casse-croûte [lə kaskʀut]
immer toujours [tuʒuʀ]
Impfpass le carnet de vaccinations [lə kaʀnɛd vaksinasjɔ̃]
Impfung la vaccination [la vaksinasjɔ̃]
Infektion l'infection *(f)* [lɛ̃fɛksjɔ̃]
Infusion la perfusion [la pɛʀfyzjɔ̃]
Ingwer le gingembre [lə ʒɛ̃ʒɑ̃bʀ]
Inhalt le contenu [lə kɔ̃tny]
Inlandsflug le vol intérieur [lə vɔl ɛ̃teʀjœʀ]
innen à l'intérieur [a lɛ̃teʀjœʀ]
Insektenspray le spray anti-insectes [lə spʀɛ ɑ̃tiɛ̃sɛkt]
Insektenstich la piqûre d'insecte [la pikyr dɛ̃sɛkt]
Insel l'île *(f)* [lil]
Insulin l'insuline *(f)* [lɛ̃sylin]
interessant intéressant(e) [ɛ̃teʀɛsɑ̃, ɑ̃t]
international international(e) [ɛ̃tɛʀnasjɔnal]
Internetbuchung la réservation par Internet [la ʀezɛʀvasjɔ̃ paʀ ɛ̃tɛʀnɛt]
Ischias la sciatique [la sjatik]

J

Jacke la veste [la vɛst]
Jahr l'année *(f)* [lane]; l'an *(m)* [lɑ̃]
Januar janvier [ʒɑ̃vje]
Jeans le jean [lə dʒin]
jeden Tag tous les jours [tu le ʒuʀ]
jeder chaque [ʃak]; *(substantivisch)* chacun(e) [ʃakɛ̃ yn]
jemand quelqu'un [kɛlkɛ̃]
jetzt maintenant [mɛ̃tnɑ̃]; à présent [a pʀezɑ̃]
Joghurt le yaourt [lə jauʀt]
jucken démanger [demɑ̃ʒe]; gratter [gʀate]
Juli juillet [ʒɥijɛ]
jung jeune [ʒœn]
Junge le garçon [lə gaʀsɔ̃]
Juni juin [ʒɥɛ̃]
Juwelier la bijouterie [la biʒutʀi]

K

Kaffee le café [lə kafe]
Kaffeemaschine la machine à café [la maʃin a kafe]
Kai le quai [lə kɛ]
Kalbfleisch le veau [lə vo]
kalt froid(e) [fʀwa, fʀwad]
kaltes Wasser l'eau *(f)* froide [lo fʀwad]
Kamillentee la tisane à la camomille [la tizan‿a la kamɔmij]
Kamm le peigne [lə pɛɲ]
Kapitän le capitaine [lə kapitɛn]
kaputt cassé(e) [kase]; en panne [ɑ̃ pan]
Karotten les carottes *(fpl)* [le kaʀɔt]

Kartoffeln les pommes *(fpl)* de terre [le pɔm də tɛʀ]
Käse le fromage [lə fʀɔmaʒ]
Kasse la caisse [la kɛs]
Kathedrale la cathédrale [la katedʀal]
Katze le chat [lə ʃa]
kaufen acheter [aʃte]
Kaufhaus le grand magasin [lə gʀɑ̃ magazɛ̃]
Kaugummi le chewing-gum [lə ʃwiŋgɔm]
kaum à peine [a pɛn]
Kaution la caution [la kosjɔ̃]
Keilriemen la courroie de transmission [la kuʀwa də tʀɑ̃smisjɔ̃]
kein aucun(e) [okɛ̃, yn]; **~er** personne [pɛʀsɔn]
Kekse les biscuits *(m)* [le biskɥi]
Kerbel le cerfeuil [lə sɛʀfœj]
Kellner(in) le garçon, la serveuse [lə gaʀsɔ̃/la sɛʀvøz]
kennen connaître [kɔnɛtʀ]; **~ lernen** faire la connaissance (de) [fɛʀ la kɔnɛsɑ̃s (də)]
Kerzen les bougies *(fpl)* [le buʒi]
Ketschup le ketchup [lə kɛtʃəp]
Kette *(Schmuck)* le collier [lə kɔlje]
Kichererbsen les pois *(mpl)* chiches [le pwa ʃiʃ]
Kilogramm le kilogramme [lə kilɔgʀam]; le kilo [lə kilo]
Kilometer le kilomètre [lə kilɔmɛtʀ]
Kind l'enfant *(mf)* [lɑ̃fɑ̃]
Kinderarzt pédiatre [pedjatʀ]
Kinderbett le lit d'enfant [lə li dɑ̃fɑ̃]
Kinderfahrkarte le billet enfants [lə bijɛ ɑ̃fɑ̃]
Kindersitz le siège-enfants [lə sjɛʒɑ̃fɑ̃]
Kinderteller le menu enfants [lə məny ɑ̃fɑ̃]
Kino le cinéma [lə sinema]
Kirche *(katholisch)* l'église *(f)* [legliz]; *(evangelisch)* le temple [lə tɑ̃pl]
Kirschen les cerises *(fpl)* [le sʀiz]
Kiwi le kiwi [lə kiwi]
Kleid la robe [la ʀɔb]
Kleiderbügel le cintre [lə sɛtʀ]
Kleidung les vêtements *(mpl)* [le vɛtmɑ̃]
klein petit(e) [pəti, pətit]
Kleingeld la monnaie [la mɔnɛ]
Kleinkinder; ~ bis zu ... Jahren les petits enfants (jusqu'à ... ans) [le pətiz‿ɑ̃fɑ (ʒyska ... ɑ̃]
Klimaanlage l'air *(m)* conditionné [lɛʀ kɔ̃disjɔne]
Kneipe le bistrot [lə bistʀo]
Knie le genou [lə ʒnu]
Knoblauch l'ail *(m)* [laj]
Knöchel la cheville [la ʃvij]
Knochen l'os *(m)* [lɔs]
Knopf le bouton [lə butɔ̃]
Koch le cuisinier, la cuisinière [lə kɥizinje/la kɥizinjɛʀ]
Kochnische le coin-cuisine [lə kwɛ̃kɥizin]
koffeinfreier Kaffee décaféiné [dekafeine]
Koffer la valise [la valiz]
Kofferraum le coffre [lə kɔfʀ]
Kohl le chou [lə ʃu]
Kohlensäure; mit ~ gazeuse [gazøz]
Kokosnuss la noix de coco [la nwad koko]
Kolik la colique [la kɔlik]
kommen venir [vəniʀ]
Konditorei la pâtisserie [la patisʀi]
Kondom le préservatif [lə pʀezɛʀvatif]
können pouvoir [puvwaʀ]; *(gelernt haben)* savoir [savwaʀ]
Konserven les conserves *(fpl)* [le kɔ̃sɛʀv]

Konservierungsstoffe; (ohne) ~ (sans) conservateurs [sɑ̃ kɔ̃sɛʀvatœʀ]
Konsulat le consulat [lə kɔ̃syla]
Konto le compte [lə kɔ̃t]
Kontrolleur le contrôleur [lə kɔ̃tʀolœʀ]
Konzert le concert [lə kɔ̃sɛʀ]
Kopf tête [la tɛt]
Kopfkissen l'oreiller *(m)* [lɔʀɛje]
Kopfschmerzen les maux *(mpl)* de tête [le mod tɛt]
Kopfschmerztabletten les cachets *(mpl)* contre les maux de tête [le kaʃɛ kɔtʀə le mod tɛt]
Koriander la coriandre [la kɔʀjɑ̃dʀ]
Korkenzieher le tire-bouchon [lə tiʀbuʃɔ̃]
Körper le corps [lə kɔʀ]
kosten coûter [kute]
kostenlos gratuitement [gʀatɥitmɑ̃]
Kotelett la côtelette [la kotlɛt]
Krabben les crevettes *(fpl)* [le kʀəvɛt]
Krampf la crampe [la kʀɑ̃p]
krank malade [malad]
Krankenhaus l'hôpital *(m)* [lɔpital]
Krankenschwester l'infirmière [lɛ̃fiʀmjɛʀ]
Krankenwagen l'ambulance *(f)* [lɑ̃bylɑ̃s]
Krankheit la maladie [la maladi]
Kräuter les herbes *(fpl)* [lez‿ɛʀb]
Kräutertee la tisane [la tizan]
Krawatte la cravate [la kʀavat]
Krebs *(Krankheit)* le cancer [lə kɑ̃sɛʀ]; *(Tier)* le crabe [le kʀab]
Kreditkarte la carte de crédit [la kaʀt də kʀedi]
Kreislaufmittel le médicament pour la circulation [lə medikamɑ̃ puʀ la siʀkylasjɔ̃]
Kreislaufstörung les troubles *(m)* de la circulation [le tʀublə də la siʀkylasjɔ̃]
Kreuzfahrt la croisière [la kʀwazjɛʀ]
Kreuzung le carrefour [lə kaʀfuʀ]
Krimi le roman policier [lə ʀɔmɔ̃ pɔlisje]
Küche la cuisine [la kɥizin]
Kuchen le gâteau [lə gato]
Kugelschreiber le stylo à bille [lə stilo a bij]
kühl frais, fraîche [fʀɛ, fʀɛʃ]
Kühlschrank le réfrigérateur [lə ʀefʀiʒeʀatœʀ]; le frigo [lə fʀigo]
Kultur la culture [la kyltyʀ]
Kümmel le cumin [lə kymɛ̃]
Kunst l'art *(m)* [laʀ]
Kupplung l'embrayage *(m)* [lɑ̃bʀɛjaʒ]
Kürbis le potiron [lə pɔtiʀɔ̃]
Kurve le virage [lə viʀaʒ]
kurz *(räumlich, zeitlich)* court(e) [kuʀ, kuʀt]
kürzlich l'autre jour [lotʀə ʒuʀ]
Kurzschluss le court-circuit [lə kuʀsiʀkɥi]
küssen embrasser [ɑbʀase]
Küste la côte [la kot]

L

lachen rire [ʀiʀ]
Ladegerät le rechargeur [lə ʀəʃaʀʒœʀ]
Ladekabel *(Handy)* le chargeur [lə ʃaʀʒœʀ]; *(Laptop)* le câble réseau [lə kɑbl ʀezo]
Lage la situation [la sityasjɔ̃]
Lähmung la paralysie [la paʀalizi]
Lammfleisch l'agneau *(m)* [laɲo]
Lampe la lampe [la lɑ̃p]
Landkarte la carte (géographique) [la kaʀt (ʒeɔgʀafik)]

Landschaft le paysage [lə peizaʒ]
Landstraße la route secondaire [la ʀut səgɔ̃dɛʀ]; la départementale [la depaʀtəmɑ̃tal]
Landung l'atterrissage *(m)* [lateʀisaʒ]
lang long, longue [lɔ̃, lɔ̃g]
langsam *(als Adjektiv)* lent(e) [lɑ̃, lɑ̃t]; *(als Adverb)* lentement [lɑtmɑ]
Laptop (l'ordinateur *(m)*) portable *(m)* [(lɔʀdinatœʀ) pɔrtabl]
Lärm le bruit [lə bʀɥi]
lästig pénible [penibl]
Lauch le poireau [lə pwaʀo]
laufen courir [kuʀiʀ]
laut bruyant(e) [bʀɥijɑ̃, ɑt]
Lebensmittelgeschäft l'épicerie *(f)* [lepisʀi]
Lebensmittelvergiftung l'intoxication *(f)* alimentaire [lɛtɛ̃ksikasjɔ̃ alimɑ̃tɛʀ]
Leber le foie [lə fwa]
Leberpastete le pâté de foie [lə pated fwa]
lecker délicieux, -euse [delisjø, -jøz]
ledig célibataire [selibatɛʀ]
leer vide [vid]
leicht *(einfach)* facile [fasil]; *(Gewicht)* léger, -ère [leʒe, ɛʀ]
leider malheureusement [malœʀøzmɑ̃]
leise doucement [dusmɑ̃]
lesen lire [liʀ]
letzte(r, -s) dernier, -ière [dɛʀnje, jɛʀ]; **~n Montag** lundi dernier [lɛ̃di dɛʀnje]
Leuchtturm le phare [lə faʀ]
Leute les gens *(mpl)* [le ʒɑ̃]
Licht la lumière [la lymjɛʀ]
Lichtschalter l'interrupteur *(m)* [lɛ̃teʀyptœʀ]
Lichtschutzfaktor l'indice *(m)* de protection [lɛdis də pʀɔtɛksjɔ̃]
liegen se trouver [sə tʀuve]
Liegewagen la voiture-couchettes [la vwatyʀ kuʃɛt]
lila lilas [lila]; mauve [mov]
Limonade la limonade [la limɔnad]
linke(r, -s) gauche [goʃ]
links à gauche [a goʃ]
Linse *(Hülsenfrucht; Optik)* la lentille [la lɑ̃tij]
Lippe la lèvre [la lɛvʀ]
Lippenstift le rouge à lèvres [lə ʀuʒ a lɛvʀ]
Liter le litre [lə litʀ]
Loch le trou [lə tʀu]
Locken les boucles *(fpl)* [le bukl]
Löffel la cuillère [la kɥijɛʀ]
Lorbeer le laurier [lə lɔʀje]
Lothringen la Lorraine [la lɔʀɛn]
Luft l'air *(m)* [lɛʀ]
Luftmatratze le matelas pneumatique [lə matla pnømatik]
Luftpumpe la pompe [la pɔ̃p]
Lunge le poumon [lə pumɔ̃]
Lungenentzündung la pneumonie [la pnømɔni]
luxuriös luxueux, -euse [lyksyø, øz]

M

machen *(herstellen)* faire [fɛʀ]
Mädchen la (jeune) fille [la (ʒœn) fij]
Magen l'estomac *(m)* [lɛstɔma]
Magenschmerzen les maux *(mpl)* d'estomac [le mo dɛstɔma]
Majoran la marjolaine [la maʀʒɔlɛn]
Mahlzeit le repas [lə ʀəpa]
Mai mai [mɛ]
Mais le maïs [lə mais]
Makrele le maquereau [lə makʀo]
man on [ɔ̃]

manchmal quelquefois [kɛlkəfwa]
Mandarinen les mandarines *(fpl)* [le mɑ̃daʀin]
Mandelentzündung l'inflammation *(f)* des amygdales [lɛ̃flamasjɔ̃ dez‿amidal]
Mandeln *(Essen)* les amandes *(fpl)* [lez‿amɑd]; *(Medizin)* les amygdales *(fpl)* [lez‿amidal]
Mango la mangue [la mɑ̃g]
Mann l'homme [lɔm]
Mantel le manteau [lə mɑ̃to]; *(für Herren)* le pardessus [lə paʀdəsy]
Margarine la margarine [la maʀgaʀin]
Markt le marché [lə maʀʃe]
Marmelade la confiture [la kɔ̃fityʀ]
März mars [maʀs]
Matratze le matelas [lə matla]
Maut le Péage [lə peaʒ]
Mayonnaise la mayonnaise [la majɔnɛz]
Medikament le médicament [lə medikamɑ̃]
Meer la mer [la mɛʀ]
Mehl la farine [la faʀin]
mehr plus [plys]; **~ als** plus que [plys kə]; plus de [ply də]
mein mon, ma [mɔ̃/ma]
Melone *(Honig~)* le melon [lə məlɔ̃]; *(Wasser~)* la pastèque [la pastɛk]
Menstruation les règles *(fpl)* [le ʀɛgl]
Menü le menu [lə məny]
Messer le couteau [lə kuto]
Meter le mètre [lə mɛtʀ]
Metzgerei la boucherie [la buʃʀi]
mich me [mə]; moi [mwa]
Miesmuscheln les moules *(fpl)* [le mul]
Miete le loyer [lə lwaje]
mieten louer [lue]
Migräne la migraine [la migʀɛn]
Mikrowelle le micro-ondes [lə mikʀoɔ̃d]
Milch le lait [lə lɛ]
mindestens au moins [o mwɛ̃]
Mineralwasser l'eau *(f)* minérale [lo mineʀal]
Minze la menthe [la mɑ̃t]
Minute la minute [la minyt]
mir me [mə]; à moi [a mwa]
mit avec [avɛk]
mitbringen apporter [apɔʀte]
Mitbringsel le souvenir [lə suvniʀ]
mitnehmen *(Sachen)* emporter [ɑ̃pɔʀte]; *(Menschen)* emmener [ɑ̃mne]
Mittag midi *(m)* [midi]
Mittagessen le déjeuner [lə deʒœne]
mittags le midi [lə midi]
Mittel *(Medizin)* le remède [lə ʀəmɛd]
Mittelohrentzündung l'otite *(f)* [lɔtit]
Mittwoch mercredi [mɛʀkʀədi]
Möbel le meuble [lə mœbl]
modern moderne [mɔdɛʀn]; *(modisch)* à la mode [a la mɔd]
mögen *(gern haben)* aimer [ɛme]; *(wünschen)* vouloir [vulwaʀ]
möglich possible [pɔsibl]
Monat le mois [lə mwa]
Montag lundi [lɛ̃di]
morgen demain [dəmɛ̃]; **~ früh/Abend** demain matin/soir [dəmɛ̃ matɛ̃/swaʀ]
morgens le matin [lə matɛ̃]
Motor le moteur [lə mɔtœʀ]
Mücke le moustique [lə mustik]
Mückenschutz le produit anti-moustique [lə pʀodɥi ɑ̃timustik]
müde fatigué(e) [fatige]
Müll les ordures *(f)* [les‿ɔʀdyʀ]

Mullbinde la gaze [la gaz]
Mülltonne la poubelle [la pubɛl]
Mund la bouche [la buʃ]
Muschel le coquillage [le kɔkijaʒ]; *(Miesmuschel)* la moule [la mul]
Museum le musée [lə myze]
Musik la musique [la myzik]
Muskatnuss la muscade [la myskad]
Muskel le muscle [lə myskl]
Müsli le musli [lə mysli]
Mutter la mère [la mɛʀ]
Mütze la casquette [la kaskɛt]

N

nach *(zeitlich)* après [apʀɛ]; *(räumlich)* à [a]; **~ dem Essen** après le repas [apʀɛl ʀəpa]
Nachmittag l'après-midi *(m)* [lapʀɛmidi]
nachmittags l'après-midi [lapʀɛmidi]
Nachricht la nouvelle [la nuvɛl]
nachsenden faire suivre [fɛʀ sɥivʀ]
nächste(r, -s) le suivant, la suivante [lə sɥivɑ̃/la sɥivɑ̃t]
nächstes Jahr l'année prochaine [lane pʀɔʃɛn]
Nacht la nuit [la nɥi]
Nachtisch le dessert [lə desɛʀ]
nachts la nuit [la nɥi]
Nachttisch la table de nuit [la tablə də nɥi]
nackt nu(e) [ny]
Nadel l'aiguille *(f)* [legɥij]
Nagellack le vernis à ongles [lə vɛʀni a ɔ̃gl]
nah près [pʀɛ]
nähen recoudre [ʀəkudʀ]
Nahverkehrszug le train de banlieue [lə tʀɛ̃d bɑ̃ljø]
Name le nom [lə nɔ̃]
Narbe la cicatrice [la sikatʀis]
Narkose l'anesthésie *(f)* [lanɛstezi]
Nase le nez [lə ne]
Nasenbluten les saignements *(m)* de nez [le sɛɲmɑ̃d ne]
nass mouillé(e) [muje]
Natur la nature [la natyʀ]
natürlich *(als Adjektiv)* naturel(le) [natyʀɛl]; *(als Adverb)* naturellement [natyʀɛlmɑ̃]
Naturschutzgebiet la réserve naturelle [la ʀesɛʀv natyʀɛl]
Navigationsgerät le GPS [lə ʒepeɛs]
Nebel le brouillard [lə bʀujaʀ]
neben à côté de [a kote də]
Nebenkosten les charges *(f)* [le ʃaʀʒ]
Nebenstraße la rue adjacente [la ʀy adʒasɑ̃t]
nehmen prendre [pʀɑ̃dʀ]
Nelken *(Gewürz)* les clous *(mpl)* de girofle [le klud ʒiʀɔfl]
Neoprenanzug la combinaison de plongée [la kɔ̃binɛzɔ̃ də plɔ̃ʒe]
Nerv le nerf [le nɛʀ]
nett gentil(le) [ʒɑ̃nti, tij]
neu nouveau, nouvelle [nuvo, nuvɛl]; *(ungebraucht)* neuf, neuve [nœf, nœv]
nicht (ne ...) pas [(nə ...) pa]; **gar ~** (ne ...) pas du tout [(nə ...) pa dy tu]
Nichtraucher(in) non-fumeur, -euse [nɔ̃ fymøʀ, -øz]
nichts (ne ...) rien [(nə ...) ʀjɛ̃]
nie (ne ...) jamais [(nə ...) ʒamɛ]
niemand (ne ...) personne [(nə ...) pɛʀsɔn]
Niere le rein [lə ʀɛ̃]
Nierenentzündung la néphrite [la nefʀit]
Nierenstein le calcul rénal [lə kalkyl ʀenal]

niesen éternuer [etɛʀnye]
nirgends nulle part [nyl paʀ]
noch encore [ɑ̃kɔʀ]; **~ nicht** (ne ...) pas encore [(nə ...) paz‿ɑ̃kɔʀ]
Norden le Nord [lə nɔʀ]
normal normal(e) [nɔʀmal]
normalerweise normalement [nɔʀmalmɑ̃]
Notausgang la sortie de secours [la sɔʀtid səkuʀ]
Notbremse le signal d'alarme [lə siɲal dalaʀm]
Notebook le portable [lə pɔʀtabl]
Notfall l'urgence [lyʀʒɑ̃s]
Notlandung l'atterrissage *(m)* forcé [lateʀisaʒ fɔʀse]
Notrufsäule le téléphone de secours [lə telefɔn də skuʀ]
notwendig nécessaire [nesɛsɛʀ]
November novembre [nɔvɑ̃bʀ]
nüchtern *(nicht betrunken)* sobre [sɔbʀ]; *(beim Arzt)* jeun [ʒɛ̃]
Nudeln les nouilles *(fpl)* [le nuj]
Nummer le numéro [lə nymeʀo]
Nummernschild la plaque d'immatriculation [la plak dimatʀikylasjɔ̃]
nur seulement [sœlmɑ̃]
Nüsse les noix *(fpl)* [le nwa]

O

ob si [si]
oben en haut [ɑ̃ o]
Objektiv l'objectif *(m)* [lɔbʒɛktif]
Obst les fruits *(mpl)* [le fʀɥi]
Obst- und Gemüsehändler le magasin de fruits et légumes [lə magazɛ̃d fʀɥi e legym]
obwohl bien que [bjɛ̃ kə]
oder ou [u]
offen ouvert(e) [uvɛʀ, uvɛʀt]
öffnen ouvrir [uvʀiʀ]
Öffnungszeiten les heures *(fpl)* d'ouverture [lez‿œʀ duvɛʀtyʀ]
oft souvent [suvɑ̃]
ohne sans [sɑ̃]
Ohnmacht l'évanouissement *(m)* [levanwismɑ̃]; la syncope [la sɛ̃kɔp]
Ohr l'oreille *(f)* [lɔʀɛj]
Ohrringe les boucles *(fpl)* d'oreilles [le buklə dɔʀɛj]
Oktober octobre [ɔktɔbʀ]
Öl l'huile *(f)* [lɥil]
Oliven les olives *(fpl)* [lezɔliv]
Olivenöl l'huile *(f)* d'olive [lɥil dɔliv]
Oper l'opéra *(m)* [lɔpeʀa]
Operation l'opération *(f)* [lɔpeʀasjɔ̃]
Optiker l'opticien *(m)* [lɔptisjɛ̃]
orange orange [ɔʀɑ̃ʒ]
Orangensaft le jus d'orange [lə ʒy dɔʀɑ̃ʒ]
Oregano l'origan *(m)* [lɔʀigɑ̃]
Ort le lieu [lə ljø]
Ortschaft la localité [la lɔkalite]
Ortsgespräch la communication en ville [la kɔmynikasjɔ ɑ̃ vil]
Osten l'Est *(m)* [lɛst]
Österreich l'Autriche *(f)* [lotʀiʃ]
Österreicher(in) l'Autrichien, l'Autrichienne [lotʀiʃjɛ̃/lotʀiʃjɛn]

paar; **ein ~** quelques [kɛlk]
Paar la paire [la pɛʀ]; *(Ehe~)* le couple [lə kupl]
Päckchen le paquet [lə pakɛ]
Paket le colis [lə kɔli]

Panne la panne [la pan]
Pannendienst le service de dépannage [lə sɛʀvis də depanaʒ]
Papiere les papiers *(m)* [le papje]
Papiertaschentücher les mouchoirs *(mpl)* en papier [le muʃwaʀ ɑ̃ papje]
Paprika *(Gewürz)* le paprika [lə papʀika]; *(scharf)* le piment [lə pimɑ̃]
Paprika(schote) le poivron [lə pwavʀɔ̃]
Parfüm le parfum [lə paʀfɛ̃]
Park le parc [lə paʀk]
parken se garer [sə gaʀe]
Parkplatz la place de stationnement [la plas də stasjɔnmɑ̃]
Pass *(Ausweis)* le passeport [lə pɑspɔʀ]; *(Sport)* la passe [la pas]; *(Gebirgspass)* le col [lə kɔl]
Passagier(in) le passager, la passagère [lə pasaʒe/la pasaʒɛʀ]
Passkontrolle le contrôle des passeports [lə kɔ̃tʀol de paspɔʀ]
Pension la pension (de famille) [la pɑ̃sjɔ̃(d famij)]
Perle la perle [la pɛʀl]
Personalausweis la carte d'identité [la kaʀt didɑ̃tite]
Petersilie le persil [lə pɛʀsil]
Pfanne la poêle [la pwal]
Pfeffer le poivre [lə pwavʀ]
Pfefferminztee le thé à la menthe [lə te a la mɑ̃t]
Pfeffermühle le moulin à poivre [lə mulɛ̃ a pwavʀ]
Pfeife la pipe [la pip]
Pfeifentabak le tabac à pipe [lə taba a pip]
Pfirsiche les pêches *(fpl)* [le pɛʃ]
Pflanze la plante [la plɑ̃t]
Pflaster le sparadrap [lə spaʀadʀa]
Pflaumen les prunes *(fpl)* [le pʀyn]
Pilot(in) le/la pilote [lə/la pilɔt]
Pilz la mycose [la mikoz]
Pilzinfektion la mycose [la mykoz]
Pinzette la pince à épiler [la pɛ̃s a epile]
Plastikbeutel le sac en plastique [lə sak ɑ̃ plastik]
Platten *(Reifen)* le pneu crevé [lə pnø kʀəve]
Platzreservierung la réservation [la ʀezɛʀvasjɔ̃]
Plombe le plombage [lə plɔ̃mbaʒ]
plötzlich soudain [sudɛ̃]; tout à coup [tut‿a ku]
Polizei la police [la pɔlis]
Polizist(in) l'agent *(m)* de police [laʒɑ̃d pɔlis]
Portion la portion [la pɔʀsjɔ̃]
Porto le port [lə pɔʀ]
Postamt le bureau de poste [lə byʀod pɔst]
Postkarte la carte postale [la kaʀt pɔstal]
Postleitzahl le code postal [lə kɔd pɔstal]
Praktischer Arzt généraliste [ʒeneʀalist]
Preis le prix [lə pʀi]
Prellung la contusion [la kɔ̃tyzjɔ̃]
Prepaid-Guthaben le crédit restant [lə kʀedi ʀɛstɑ̃]
Problem le problème [lə pʀɔblɛm]
Produkt le produit [lə pʀɔdɥi]
Promillegrenze le taux d'alcoolémie maximal [lə to dalkɔlemi maksimal]
Prospekt le prospectus [lə pʀɔspɛktys]
Prothese la prothèse [la pʀɔtɛz]
Pullover le pull-over [lə pylɔvɛʀ]

Puls le pouls [lə pu]
pünktlich à l'heure [a lœʀ]
putzen nettoyer [nɛtwaje]; faire le ménage [fɛʀ lə menaʒ]
Putzmittel le produit de nettoyage [lə prodɥid‿nɛtwajaʒ]

Q

Quadratmeter le mètre carré [lə mɛtʀə kaʀe]
Qualle la méduse [la medyz]
Quark le fromage blanc [lə fʀɔmaʒ blɑ̃]
Quittung le reçu [lə ʀəsy]

R

Rabatt la remise [la ʀəmiz]
Rad la roue [la ʀu]; *(Fahrrad)* le vélo [lə velo]; **~ fahren** faire du vélo [fɛʀ dy velo]
Radarkontrolle le contrôle radar [lə kɔ̃tʀol ʀadaʀ]
Radio la radio [la ʀadjo]
Radtour la randonnée cycliste [la ʀɑ̃dɔne siklist]
Rasierapparat le rasoir [lə ʀazwaʀ]
Rasierklingen les lames *(fpl)* de rasoir [le lam də ʀazwaʀ]
Rasierschaum la mousse à raser [la musa ʀaze]
Rasierwasser la lotion après-rasage [la lɔsjɔ̃ apʀɛʀazaʒ]
Rastplatz l'aire *(f)* de repos [lɛʀ də ʀəpo]; l'aire *(f)* de service [lɛʀ də sɛʀvis]
Raststätte le restoroute® [lə ʀɛstɔʀut]
rauchen fumer [fyme]
Raucher(in) le fumeur, la fumeuse [lə fymœʀ/la fymøz]
Raum *(Zimmer)* la pièce [la pjɛs]
Rauschgift la drogu [la dʀɔg]
Rechnung la facture [la faktyʀ]; *(im Restaurant, Café)* l'addition *(f)* [ladisjɔ̃]; *(im Hotel)* la note [la nɔt]
rechte(r, -s) droit(e) [dʀwa, dʀwat]
rechts à droite [a dʀwat]
rechtzeitig *(als Adverb)* à temps [a tɑ̃]; à l'heure [a lœʀ]
reden parler [paʀle]
Reformhaus le magasin de produits diététiques [lə magazɛ̃d pʀɔdɥi djetetik]
Regen la pluie [la plɥi]
Regenjacke le k-way/la veste de pluie [lə kawɛj/la vɛstə də plɥi]
Region la région [la ʀeʒjɔ̃]
regionales Produkt/ Spezialität le produit régional/la spécialité régionale [lə pʀɔdɥi ʀeʒjɔnal/la spesjalite ʀeʒjɔnal]
regnerisch pluvieux [plyvjø]
Reifen le pneu [lə pnø]
reinigen nettoyer [nɛtwaje]
Reinigung la teinturerie [la tɛ̃tyʀəʀi]
Reis le riz [lə ʀi]
Reise le voyage [lə vwajaʒ]
Reisebüro l'agence *(f)* de voyages [laʒɑ̃s də vwajaʒ]
Reiseführer le guide [lə gid]
reisen voyager [vwajaʒe]
Reisepass le passeport [lə paspɔʀ]
Reisetasche le sac de voyage [lə sak də vwajaʒ]
reiten faire du cheval [fɛʀ dy ʃval]
reklamieren faire une réclamation [fɛʀ yn ʀeklamasjɔ̃]
Religion la religion [la ʀəliʒjɔ̃]
rennen courir [kuʀiʀ]
reparieren réparer [ʀepaʀe]

reservieren réserver [ʀezɛʀve]
Reservierung la réservation [la ʀezɛʀvasjɔ̃]
Restaurant le restaurant [lə ʀɛstɔʀɑ̃]
Rettungsboot le canot de sauvetage [lə kanod sovtaʒ]
Rettungsring la bouée de sauvetage [la bued sovtaʒ]
Rezeption la réception [la ʀesɛpsjɔ̃]
Rheuma le rhumatisme [lə ʀymatism]
Richtung la direction [la diʀɛksjɔ̃]
riechen sentir [sɑ̃tiʀ]
Rindfleisch le bœuf [lə bœf]
Ring la bague [la bag]
Rippe la côte [la kot]
Rock la jupe [la ʒyp]
roh cru(e) [kʀy];
~er Schinken le jambon cru [lə ʒɑ̃bɔ̃ kʀy]
Rollstuhl le fauteuil roulant [lə fotœj ʀulɑ̃]
Rollstuhlfahrer(in) la personne en fauteuil roulant [la pɛʀsɔn ɑ̃ fotœj ʀulɑ̃]
rollstuhlgerecht aménagé [amenaʒe]; équipé pour handicapés [ekipe puʀ ɑ̃dikape]
röntgen faire une radio(graphie) [fɛʀ yn ʀadjo(gʀafi)]
rosa rose [ʀoz]
Rosé le (vin) rosé [lə vɛ̃ ʀoze]
Rosmarin le romarin [lə ʀɔmaʀɛ̃]
rot rouge [ʀuʒ]
Rotwein le (vin) rouge [lə vɛ̃ ʀuʒ]
Rücken le dos [lə do]
Rückenschmerzen les douleurs au dos [le dulœʀ o do]
Rückfahrkarte le billet aller-retour [lə bijɛ aleʀtuʀ]
Rückfahrt le retour [lə ʀətuʀ]
Rückgrat la colonne vertébrale [la kɔlɔn vɛʀtebʀal]
Rücklicht les feux *(mpl)* arrière [le fø aʀjɛʀ]
Rucksack le sac à dos [lə sak a do]
rückwärts en arrière [ɑ̃n aʀjɛʀ]
rudern ramer [ʀame]
Ruhe le repos [lə ʀəpo]; *(Stille)* le calme [lə kalm]
ruhig calme [kalm]
Rührlöffel la cuillère en bois [la kɥijɛʀ‿ɑ̃ bwa]
Ruine la ruine [la ʀɥin]
rund rond(e) [ʀɔ̃, ʀɔ̃d]
Rundfahrt le circuit [lə siʀkɥi]

S

Sache la chose [la ʃoz]
Safe le coffre-fort [lə kɔfʀəfɔʀ]
saftig juteux, -euse [ʒytø, -øz]
sagen dire [diʀ]
Sahne la crème [la kʀɛm];
saure ~ la crème aigre [la kʀɛm ɛgʀ]
Salami le salami [lə salami]
Salat la salade [la salad]
Salbe la pommade [la pɔmad]
Salbei la sauge [la soʒ]
Salmonellenvergiftung la salmonellose [la salmɔnɛloz]
Salz le sel [lə sɛl]
Salzstreuer la salière [la saljɛʀ]
Samstag samedi [samdi]
Sandalen les sandales *(fpl)* [le sɑ̃dal]
Sandkasten le bac à sable [lə bak a sablə]
sauber propre [pʀɔpʀ]
sauer aigre [ɛgʀ]
Saugflasche le biberon [lə bibʀɔ̃]

Säugling le nourisson [lə nuʀisɔ̃]
Sauna le sauna [lə sona]
S-Bahn le métro [lə metʀo]
schade; **~!** (c'est) dommage! [(sɛ) dɔmaʒ]
Schaden le dommage [lə dɔmaʒ]
Schaffner/in le contrôleur/la contrôleuse [lə kɔtʀolœʀ/ la kɔ̃tʀoløz]
Schafskäse le fromage de brebis [lə fʀɔmaʒ də bʀəbi]
Schal l'écharpe *(f)* [leʃaʀp]
scharf *(Speisen)* épicé(e) [epise]
schauen regarder [ʀəgaʀde]
Schaufenster la vitrine [la vitʀin]
Scheibenwischer l'essuie-glace *(m)* [lesɥi glas]
Scheinwerfer le phare [lə faʀ]
Schere les ciseaux *(mpl)* [le sizo]
schicken envoyer [ɑ̃vwaje]
Schiebedach le toit ouvrant [lə twa uvʀɑ̃]
Schienbein le tibia [lə tibja]
Schild *(Hinweis~)* le panneau [lə pano]
Schinken le jambon [lə ʒɑ̃bɔ̃]
Schirm le parapluie [lə paʀaplɥi]
Schlafcouch la banquette-lit [la bɑ̃kɛtli]
schlafen dormir [dɔʀmiʀ]
Schlafsack le sac de couchage [lə sak də kuʃaʒ]
Schlaftabletten les somnifères *(m)* [le sɔmnifɛʀ]
Schlafwagen le wagon-lit [lə vagɔ̃li]
Schlafzimmer la chambre à coucher [la ʃɑ̃bʀ a kuʃe]
Schlaganfall l'attaque *(f)* [latak]
Schlagsahne la crème fleurette [la kʀɛm flœʀɛt]
Schlauchboot le canot pneumatique [lə kano pnømatik]
schlecht *(als Adjektiv)* mauvais(e) [movɛ, ɛz]; *(als Adverb)* mal [mal]
Schließfach la consigne automatique [la kɔ̃siɲ‿ɔtɔmatik]
Schlitten la luge [la lyʒ]
Schlittschuhe les patins *(mpl)* à glace [le patɛ̃ a glas]
Schloss le château [lə ʃato]; *(Tür)* la serrure [la sɛʀyʀ]
Schlucht la gorge [la gɔʀʒ]
Schlüssel la clé [la kle]
Schlüsselbein la clavicule [la klavikyl]
Schlüsselübergabe la remise des clés [la ʀəmiz de kle]
schmal étroit(e) [etʀwa, at]
schmecken *(munden)* être bon [ɛtʀə bɔ̃]
schmerzen faire mal [fɛʀ mal]
Schmerzen les douleurs *(fpl)* [le dulœʀ]
Schmerztabletten les cachets *(mpl)* contre la douleur [le kaʃɛ kɔ̃tʀə la dulœʀ]
Schmuck les bijoux *(mpl)* [le biʒu]
schmutzig sale [sal]
schnarchen ronfler [ʀɔ̃fle]
Schnee la neige [la nɛʒ]
Schneebesen le fouet [lə fuɛ]
Schneidebrett la planche à découper [la plɑ̃ʃ‿a dekupe]
Schneidezahn l'incisive *(f)* [lɛ̃siziv]
schnell *(als Adjektiv)* rapide [ʀapid]; *(als Adverb)* vite [vit]
Schnellstraße la voie rapide [la vwa ʀapid]
schnorcheln faire de la nage sous-marine [fɛʀ də la naʒ sumaʀin]
Schnuller la sucette (de caoutchouc) [la sysɛt (də kautʃu)]
Schnupfen le rhume [lə ʀym]
Schnürsenkel le lacet [lə lasɛ]
Schokolade le chocolat [lə ʃɔkɔla]

Schokoriegel la barre de chocolat [la baʀ də ʃɔkɔla]
schon déjà [deʒa]
schön beau, belle [bo, bɛl]
Schonkost la cuisine diététique [la kɥizin djetetik]
Schrank l'armoire *(f)* [laʀmwaʀ]
Schraube la vis [la vis]
schreiben écrire [ekʀiʀ]
Schreibwaren les articles *(mpl)* de papeterie [lez‿aʀtikl də papɛtʀi]
Schreibwarengeschäft la papeterie [la papɛtʀi]
schreien crier [kʀije]
Schuh la chaussure [la ʃosyʀ]
Schuhcreme le cirage [lə siʀaʒ]
Schuhgeschäft le magasin de chaussures [lə magazɛ̃ ʃosyʀ]
Schule l'école *(f)* [lekɔl]
Schulkinder les écoliers, les écolières *(m, f)* [lez‿ekɔlje/lez‿ekɔljɛʀ]
Schulter l'épaule *(f)* [lepol]
Schuppen *(Haare)* les pellicules *(fpl)* [le pelikyl]
Schüssel le plat [lə pla]
Schüttelfrost les frissons *(mpl)* [le fʀisɔ̃]
schwach faible [fɛbl]
Schwangerschaft la grossesse [la gʀɔsɛs]
schwarz noir(e) [nwaʀ]
Schwarzbrot le pain noir [lə pɛ̃ nwaʀ]
Schwarztee le thé noir [lə te nwar]
Schweinefleisch le porc [lə pɔʀ]
Schweiz la Suisse [la sɥis]
Schweizer(in) le Suisse, la Suissesse [lə sɥis/la sɥisɛs]
Schweizer Franken le franc suisse [lə fʀɑ̃ sɥis]
Schwellung l'enflure *(f)* [lɑ̃flyʀ]
schwer lourd(e) [luʀ, luʀd]; *(schwierig)* difficile [difisil]
Schwertfisch l'espadon *(m)* [lɛspadɔ̃]
Schwester la sœur [la sœʀ]
schwierig difficile [difisil]
schwimmen nager [naʒe]
Schwimmflügel les bracelets *(mpl)* [le bʀaslɛ]
Schwimmring la bouée [la bue]
Schwimmweste le gilet de sauvetage [lə ʒilɛd sovtaʒ]
schwindlig pris(e) de vertige [pʀi(z) də vɛʀtiʒ]
schwitzen transpirer [tʀɑ̃spiʀe]
schwül lourd [luʀ]
See le lac [lə lak]
Seegang l'état *(m)* de la mer [letad la mɛʀ]
seekrank sein avoir le mal de mer [avwaʀ lə mal də mɛʀ]
Seezunge la sole [la sɔl]
segeln faire de la voile [fɛʀ də la vwal]
sehbehindert malvoyant [malvwajɑ̃]
Sehenswürdigkeiten les curiosités *(fpl)* [le kyʀjosite]
sehr très [tʀɛ]
Sehstörungen les troubles de la vue [le tʀubl də la vy]
Seife le savon [lə savɔ̃]
Seil la corde [la kɔʀd]
sein *(als Verb)* être [ɛtʀ]; *(als Possessivpronomen)* son [sɔ̃]; sa [sa]
seit depuis [dəpɥi]
Seite le côté [lə kote]
Sekunde la seconde [la səgɔ̃d]
selbst même [mɛm]
Selbstbedienung le self-service [lə sɛlfsɛʀvis]
Sellerie le céleri [lə sɛlʀi]
selten *(als Adjektiv)* rare [ʀaʀ]; *(als Adverb)* rarement [ʀaʀmɑ̃]

Senf la moutarde [la mutaʀd]
September septembre [sɛptɑ̃bʀ]
servieren servir [sɛʀviʀ]
Servietten les serviettes *(f)* [le sɛʀvjɛt]
Sessel le fauteuil [lə fotœj]
sexuelle Belästigung le harcèlement sexuel [lə aʀsɛlmɑ̃ sɛksyɛl]
Shampoo le shampooing [lə ʃɑ̃pwɛ̃]
Shorts le short [lə ʃɔʀt]
sicher *(als Adjektiv)* sûr(e) [syʀ]; *(als Adverb)* sûrement [syʀmɑ̃]
Sicherheitsgurt la ceinture de sécurité [la sɛ̃tyʀ də sekyʀite]
Sicherheitskontrolle le contrôle de sécurité [lə kɔ̃tʀol də sekyʀite]
Sicherheitsnadel l'épingle *(f)* de sûreté [lepɛ̃gl də syʀte]
Sicherung *(Elektrizität)* les plombs *(mpl)* [le plɔ̃]; les fusibles *(mpl)* [le fyzibl]
sie *(weibliche Singularform)* elle [ɛl]; *(männliche Pluralform)* ils [il]; *(weibliche Pluralform)* elles [ɛl]
Silber l'argent *(m)* [laʀʒɑ̃]
SIM-Karte la carte SIM [la kaʀtə sim]
Sitz le siège [lə sjɛʒ]
sitzen être assis(e) [ɛtʀ asi, asiz]
Ski le ski [lə ski]; **~ laufen** skier [skje]; faire du ski [fɛʀ dy ski]
Slip le slip [lə slip]
Slipeinlagen les protège-slips *(mpl)* [le pʀɔtɛʒslip]
Smartphone le smartphone [lə smaʀtfon]
Socken les chaussettes *(fpl)* [le ʃosɛt]
Sodbrennen les aigreurs *(fpl)* d'estomac [lez‿ɛgʀœʀ dɛstɔma]
sofort tout de suite [tud sɥit]
Sohle la semelle [la smɛl]
Sohn le fils [lə fis]
sollen devoir [dəvwaʀ]
Sommer l'été *(m)* [lete]
Sonne le soleil [lə sɔlɛj]
Sonnenbrand le coup de soleil [lə ku dsɔlɛj]
Sonnencreme la crème solaire [la kʀɛm sɔlɛʀ]
Sonnenhut le chapeau de soleil [lə ʃapod sɔlɛj]
Sonnenmilch le lait solaire [lə lɛ sɔlɛʀ]
Sonnenschutz la protection solaire [la pʀɔtɛksjɔ̃ sɔlɛʀ]
Sonnenstich l'insolation *(f)* [lɛ̃sɔlasjɔ̃]
sonnig ensoleillé(e) [ɑsɔlɛje]
Sonntag dimanche [dimɑ̃ʃ]
Soße la sauce [la sos]
Souvenirladen le magasin de souvenirs [lə magazɛ̃d suvniʀ]
Spargel l'asperge *(f)* [laspɛʀʒ]
spät tard [taʀ]
später plus tard [ply taʀ]
spazieren gehen se promener [sə pʀɔmne]
Speicherkarte la carte mémoire [la kaʀt memwaʀ]
Speisekarte la carte [la kaʀt]
Speiseröhre le tube digestif [lə tyb diʒɛstif]
Speisesaal la salle à manger [la sal a mɑ̃ʒe]
Speisewagen le wagon-restaurant [lə vagɔ̃ ʀɛstɔʀɑ̃]
Spezialität la spécialité [la spesjalite]
Spiegel le miroir [lə miʀwaʀ]
Spielplatz l'aire *(f)* de jeux [lɛʀ də ʒø]
Spielsachen les jouets *(mpl)* [le ʒuɛ]
Spielwarengeschäft le magasin de jouets [lə magazɛ̃d ʒuɛ]

Spinat les épinards *(mpl)* [lez‿epinaʀ]
Spirituosengeschäft le magasin de (vins et) spiritueux [lə magazɛ̃d (vɛ̃ e) spiʀityø]
Sport le sport [lə spɔʀ]
Sportgeschäft le magasin (d'articles) de sport [lə magazɛ̃ (daʀtikl) də spɔʀ]
Sportplatz le terrain de sport [lə tɛʀɛ̃ də spɔʀ]; le stade [lə stad]
Sprache la langue [la lɑ̃g]
sprechen parler [paʀle]
Sprechstunde la consultation [la kɔ̃syltasjɔ̃]
Spritze la piqûre [la pikyʀ]
Spucktüte le sac à vomi [lə sak‿a vɔmi]
Spülbecken l'évier [levje]
Spülmittel le produit pour laver la vaisselle [lə pʀɔdɥi puʀ lave la vɛsɛl]
Spültuch le torchon [lə tɔʀʃɔ̃]
Staatsangehörigkeit la nationalité [la nasjɔnalite]
Stadt la ville [la vil]
Stadtbus le bus [lə bys]
Stadtmauer les murs *(mpl)* de la ville [le myʀ də la vil]
Stadtplan le plan (de la ville) [lə plɑ̃ (də la vil)]
Stadtrundfahrt la visite guidée de la ville [la vizit gide də la vil]
Stadtteil le quartier [lə kaʀtje]
Stadtzentrum le centre-ville [lə sɑ̃tʀə vil]
stark fort(e) [fɔʀ, fɔʀt]
Starthilfekabel le câble de démarrage [lə kablə də demaʀaʒ]
Station le service [lə sɛʀvis]
stattfinden avoir lieu [avwaʀ ljø]
Stau l'embouteillage *(m)* [lɑ̃butɛjaʒ]
Staub la poussière [la pusjɛʀ]
Staubsauger l'aspirateur *(m)* [laspiʀatœʀ]
stechen piquer [pike]
Steckdose la prise de courant [la pʀiz də kuʀɑ̃]
Stecker la fiche [la fiʃ]
Steg la passerelle [lə pasʀɛl]
stehen être debout [ɛtʀ dəbu]; **~ bleiben** s'arrêter [saʀɛte]
stehlen voler [vɔle]
steil raide [ʀɛd]
Stein la pierre [la pjɛʀ]
Sternwarte l'observatoire *(m)* [lɔbsɛʀvatwaʀ]
Stich la piqûre [la pikyʀ]
Stiefel les bottes *(f)* [le bɔt]
still calme [kalm]
stinken sentir mauvais [sɑ̃tiʀ movɛ]
Stockwerk l'étage *(m)* [letaʒ]
Stoff l'étoffe *(f)* [letɔf]
stören déranger [deʀɑ̃ʒe]
stornieren *(Zimmer)* décommander [dekɔmɑ̃de]; *(Fahr-, Flugkarten)* annuler [anyle]
Stoßstange le pare-chocs [lə paʀʃɔk]
Strand la plage [la plaʒ]
Strandschuhe les chaussures *(fpl)* de plage [le ʃosyʀ də plaʒ]
Straße la rue [la ʀy]; *(Land~)* la route [la ʀut]
Straßenbahn le tram [lə tʀam]
Straßenkarte la carte routière [la kaʀt ʀutjɛʀ]
Streichholz l'allumette *(f)* [lalymɛt]
Strickjacke la veste de laine [la vɛstə də lɛn]
Strohhalm la paille [la paj]
Strom le courant (électrique) [lə kuʀɑ̃ (elɛktʀik)]
Strumpfhose les collants *(mpl)* [le kɔlɑ̃]

Stufe la marche [la maʀʃ]
stufenloser Zugang l'accès *(m)* sans marche [laksɛ sɑ̃ maʀʃ]
Stuhl la chaise [la ʃɛz]
Stuhlgang les selles *(fpl)* [le sɛl]
Stunde l'heure *(f)* [lœʀ]; **eine halbe ~** une demi-heure [yn dəmijœʀ]; **eine Viertel~** un quart d'heure [ɛ̃ kaʀ dœʀ]
stündlich toutes les heures [tut lez‿œʀ]
Sturm la tempête [la tɑ̃pɛt]
stürzen tomber [tɔ̃be]
Sturzhelm le casque [lə kaskə]
suchen chercher [ʃɛʀʃe]
Süden le Sud [lə syd]
Supermarkt le supermarché [lə sypɛʀmaʀʃe]
Suppe la soupe [la sup]; le potage [lə pɔtaʒ]
surfen faire du surf [fɛʀ dy sœʀf]
süß sucré(e) [sykʀe]
Süßigkeiten les friandises *(fpl)* [le fʀijɑ̃diz]
Süßstoff les sucrettes *(fpl)* [le sykʀɛt]
Süßwarengeschäft la confiserie [la kɔ̃fizʀi]
Swimmingpool la piscine [la pisin]

Tabak le tabac [lə taba]
Tabakladen le bureau de tabac [lə byʀod taba]
Tablet-PC la tablette [la tablɛt]
Tablette le comprimé [lə kɔ̃pʀime]; le cachet [lə kaʃɛ]
Tag le jour [lə ʒuʀ]
Tagesausflug l'excursion *(f)* pour une journée [lɛkskyʀsjø puʀ yn ʒuʀne]
Tagesgericht le plat du jour [lə pla dy ʒuʀ]
Tageszeitung le quotidien [lə kɔtidjɛ̃]
täglich tous les jours [tu le ʒuʀ]
tagsüber pendant la journée [pɑ̃dɑ̃ la ʒuʀne]
Tal la vallée [la vale]
Tampons les tampons *(mpl)* [le tɑ̃pɔ̃]
Tank le réservoir [lə ʀezɛʀvwaʀ]
tanken prendre de l'essence [pʀɑ̃dʀ də lɛsɑ̃s]
tanzen danser [dɑ̃se]
Tasche la poche [la pɔʃ]; *(Hand~)* le sac à main [lə sak‿a mɛ̃]
Taschenbuch le livre de poche [lə livʀə də pɔʃ]
Taschendieb(in) le voleur à la tire, la voleuse à la tire [lə vɔlœʀ/la vɔlœz à a la tiʀ]; le/la pickpocket [ləla pikpɔkɛt]
Taschenlampe la lampe de poche [la lɑ̃p də pɔʃ]
Taschenmesser le couteau de poche [lə kutod pɔʃ]
Tasse la tasse [la tas]
taub sourd(e) [suʀ, -ʀd]
taubstumm sourd-muet, sourde-muette [suʀmɥɛ/suʀd(ə)mɥɛt]
tauchen faire de la plongée [fɛʀ də la plɔ̃ʒe]
Taxifahrer(in) le chauffeur de taxi, la chauffeuse de taxi [lə ʃofœʀ/la ʃoføse də taksi]
Taxistand la station de taxis [la stasjɔ̃ də taksi]
Tee le thé [lə te]
Teebeutel le sachet de thé [lə saʃɛd te]
Teilkasko l'assurance *(f)* au tiers [lasyʀɑ̃s o tjɛʀ]
Telefon le téléphone [lə telefɔn]
telefonieren téléphoner [telefɔne]
Telefonnummer le numéro de téléphone [lə nymeʀod telefɔn]

DEUTSCH - FRANZÖSISCH

WÖRTERBUCH

Telefonzelle la cabine téléphonique [la kabin telefɔnik]
Teller l'assiette *(f)* [lasjɛt]
Terminal le terminal [lə tɛʀminal]
Terrasse la terrasse [la tɛʀas]
teuer cher, chère [ʃɛʀ]
Theater le théâtre [lə teatʀ]
Theaterstück la pièce de théâtre [la pjɛs də teatʀ]
Thermosflasche la (bouteille) thermos [la (butɛj) tɛʀmos]
Thunfisch le thon [lə tɔ̃]
Thymian le thym [lə tɛ̃]
tief profond(e) [pʀɔfɔ̃, ɔ̃d]
Tier l'animal *(m)* [lanimal]
Tintenfisch la seiche [la sɛʃ]
Tisch la table [la tabl]
Toast le toast [lə tost]
Toaster le grille-pain [lə grij pɛ̃]
Tochter la fille [la fij]
Toiletten les toilettes *(fpl)* [le twalɛt]
Toilettenpapier le papier hygiénique [lə papje iʒjenik]
Tomaten les tomates *(fpl)* [le tɔmat]
Tourist(in) le/la touriste [lə/la tuʀist]
trampen faire de l'auto-stop [fɛʀ də lotɔstɔp]
Transferbus la navette [la navɛt]
Traubenzucker la dextrose [la dɛkstroz]
treffen rencontrer [ʀɑ̃kɔ̃tʀe]
Treppe l'escalier *(m)* [lɛskalje]
trinken boire [bwaʀ]
Trinkflasche la gourde [la guʀd]
Trinkgeld le pourboire [lə puʀbwaʀ]
Trinkwasser l'eau *(f)* potable [lo pɔtabl]
trocken sec, sèche [sɛk, sɛʃ]
trocknen sécher [seʃe]
Trockner le séchoir [lə seʃwaʀ]
Trolley(koffer/-tasche) la valise à roulettes [la valiz‿a ʀulɛt]
Trommelfell le tympan [lə tɛ̃pɑ̃]
Tropfsteinhöhle la grotte (à stalactites et à stalagmites) [la gʀɔt (a stalaktit e a stalagmit)]
trotzdem malgré cela [malgʀe səla]
T-Shirt le t(ee)-shirt [lə tiʃœʀt]
tun faire [fɛʀ]
Tunnel le tunnel [lə tynɛl]
Tür la porte [la pɔʀt]
Türcode le code [lə kɔd]
türkis turquoise [tyʀkwaz]
Turm la tour [la tuʀ]
Turnschuhe les tennis *(fpl)* [le tɛnis]; *(höhere)* les baskets *(mpl)* [le baskɛt]
Tüte le sac [lə sak]; *(kleine ~)* le sachet [lə saʃɛ]

U

U-Bahn le métro [lə metʀo]
Übelkeit la nausée [la noze]
über au-dessus (de) [odsy (də)]
überall partout [paʀtu]
überbacken gratiné(e) [gʀatine]
Überfall *(Person)* l'agression *(f)* [lagʀɛsjɔ̃]; *(Bank)* le hold-up [ɔldœp]
überholen dépasser [depase]
Überlandbus le car [lə kaʀ]
übermorgen après-demain [apʀɛ dmɛ̃]
übernachten coucher [kuʃe]; passer la nuit [pase la nɥi]
Übernachtung la nuit [la nɥit]
übersetzen *(Sprache)* traduire [tʀadɥiʀ]
Überweisung le virement [lə viʀmɑ̃]
üblich habituel(le) [abitɥɛl]
übrig bleiben rester [ʀɛste]

Ufer *(Fluss)* la rive [la RiV]; *(Meer)* le bord [lə bɔR]; le rivage [lə Rivaʒ]
um *(herum)* autour de [otuR də]; *(Zeitangabe)* à [a]; *(gegen)* vers [vɛR]; **~ diese Zeit** à cette heure-ci [a sɛt‿œR si]
umbuchen changer [ʃɑ̃ʒe]
Umgebung les environs *(mpl)* [lez‿ɑ̃viRɔ]
Umgehungsstraße la rocade [la Rɔkad]
Umhängetasche la sacoche [la sakɔʃ]
umkehren faire demi-tour [fɛR dəmi tuR]
Umleitung la déviation [la devjasjɔ̃]
umtauschen échanger [eʃɑ̃ʒe]
Umweg le détour [lə detuR]
unangenehm désagréable [dezagReabl]
unbedingt *(als Adverb)* absolument [apsɔlymɑ̃]
und et [e]
Unfall l'accident *(m)* [laksidɑ̃]
ungefähr environ [ɑ̃viRɔ̃]
Unglück le malheur [lə malœR]
Unkosten les frais *(mpl)* [le fRɛ]
uns nous [nu]; à nous [a nu]
unser(e) notre [nɔtR]; nos [no]
unten en bas [ɑ̃ ba]
unter sous [su]; *(zwischen)* entre [ɑ̃tR]
Unterführung le passage souterrain [lə pasaʒ sutɛRɛ̃]
unterhalb au-dessous (de) [odsu (də)]
Unterkunft l'hébergement *(m)* [lebɛRʒəmɑ̃]
Unterleib le bas-ventre [lə bavɑ̃tR]
unterschreiben signer [siɲe]
Unterschrift la signature [la siɲatyR]
Untertasse la soucoupe [la sukup]
Unterwäsche les sous-vêtements *(mpl)* [le suvɛtmɑ̃]
unterwegs en cours de route [ɑ̃ kuR də Rut]
Urin l'urine *(f)* [lyRin]
Urlaub *(Ferien)* les vacances *(fpl)* [le vakɑ̃s]
USB-Stick la clé USB [la kle yɛsbe]

V

Vater le père [lə pɛR]
vegetarisch végétarien(ne) [veʒetaRjɛ]
Ventilator le ventilateur [lə vɑ̃tilatœR]
Venusmuschel les palourdes *(fpl)* [le paluRd]
Verabredung le rendez-vous [lə Rɑ̃devu]
verabschieden; **sich ~** prendre congé [pRɑ̃dRə kɔ̃ʒe]
Verband *(Medizin)* le pansement [lə pɑ̃smɑ̃]
Verbandskasten la trousse de secours [la tRus də skuR]
verboten interdit(e) [ɛ̃tɛRdi, it]
Verbrechen le crime [lə kRim]
Verbrennung la brûlure [la bRylyR]
Verdauung la digestion [la diʒɛstjɔ̃]
Verdauungsstörung les troubles *(mpl)* digestifs [le tRublə diʒɛstif]
vereinbaren convenir de [kɔ̃vəniR də]
vergessen oublier [ublije]
Vergewaltigung le viol [lə vjɔl]
Vergiftung l'empoisonnement *(m)* [lɑ̃pwazɔnmɑ̃]
verhaften arrêter [aRɛte]
verheiratet marié [maRje]
Verhütungsmittel le contraceptif [lə kɔ̃tRasɛptif]

verirren; **sich ~** s'égarer [segaʀe]
verkaufen vendre [vɑ̃dʀ]
Verkehr la circulation [la siʀkylasjɔ̃]
Verkehrsamt l'office *(m)* de tourisme [lɔfis də tuʀism]; le syndicat d'initiative [lə sɛ̃dika dinisjativ]
verletzen blesser [blese]
Verletzte/r le blessé, la blessée [lə blɛse/la blɛse]
Verletzung la blessure [la blesyʀ]
verlieren perdre [pɛʀdʀ]
vermieten louer [lue]
verpassen manquer [mɑ̃ke]; rater [ʀate]
Verpflegung la nourriture [la nuʀityʀ]
verreisen partir en voyage [paʀtiʀ‿ɑ̃ vwajaʒ]
verschließen fermer [fɛʀme]
verschreiben prescrire [pʀɛskʀiʀ]
Verspätung le retard [lə ʀətaʀ]
verstaucht foulé [fule]
verstehen comprendre [kɔ̃pʀɑ̃dʀ]
Verstopfung la constipation [la kɔ̃stipasjɔ̃]
versuchen essayer [eseje]; *(Speisen)* goûter [gute]
Vertrag le contrat [lə kɔtʀa]
verunglücken avoir un accident [avwaʀ ɛ̃n‿aksidɑ̃]
verwechseln confondre [kɔ̃fɔ̃dʀ]
verwitwet veuf, veuve [vœf/vœv]
viel beaucoup de [boku də]
vielleicht peut-être [pøtɛtʀ]
Virus le virus [lə viʀys]
Visum le visa [lə viza]
Vogel l'oiseau *(m)* [lwazo]
voll plein(e) [plɛ̃, plɛn]; *(besetzt)* complet, -ète [kɔ̃plɛ, ɛt]; *(ganz)* entier, -ière [ɑ̃tje, jɛʀ]
Vollkasko l'assurance tous risques [lasyʀɑ̃s tu ʀisk]
Vollkornbrot le pain complet [lə pɛ̃ kɔ̃plɛ]
Vollpension la pension complète [la pɑ̃sjɔ̃ kɔ̃plɛt]
von de [də]; *(Passiv)* par [paʀ]; **~ Zeit zu Zeit** de temps en temps [də tɑ̃z‿ɑ̃ tɑ̃]
vor *(räumlich)* devant [dəvɑ̃]; *(zeitlich)* avant [avɑ̃]; **~ dem Essen** avant les repas [avɑ̃ le ʀpa]; **~ zehn Minuten** il y a dix minutes [il‿ja di minyt]
vorgestern avant-hier [avɑ̃t‿jɛʀ]
vorher avant [avɑ̃]
vormittags le matin [lə matɛ̃]
vorn devant [dəvɑ̃]
Vorname le prénom [lə pʀenɔ̃]
Vorschrift la directive [la diʀektiv]; le règlement [lə ʀɛgləmɑ̃]
Vorsicht la prudence [la pʀydɑ̃s]; **~!** Attention! [atɑ̃sjɔ̃]
vorsichtig prudent(e) [pʀydɑ̃, ɑ̃t]
Vorspeise l'entrée *(f)* [lɑ̃tʀe]
vorüber passé(e) [pase]
Vorwahlnummer l'indicatif *(m)* [lɛdikatif]
vorwärts en avant [ɑ̃n‿avɑ̃]

W

wach réveillé(e) [ʀevɛje]
Wagenheber le cric [lə kʀik]
Wagennummer *(Zug)* le numéro de la voiture [lə nymeʀo də la vwatyʀ]
wählen choisir [ʃwaziʀ]; *(Telefon)* composer (un numéro) [kɔ̃poze (ɛ̃ nymeʀo)]
während *(als Präposition)* pendant [pɑ̃dɑ̃]

wahrscheinlich *(als Adverb)* probablement [pʀɔbabləmɑ̃]
Währung la monnaie [la mɔnɛ]
Wahrzeichen l'emblème *(m)* [lɑ̃blɛm]
Wald la forêt [la fɔʀɛ]
Wallfahrtsort le lieu de pèlerinage [lə ljɔ̃ də pɛlʀinaʒ]
Wand le mur [lə myʀ]
Wanderkarte la carte de randonnées [la kaʀt də ʀɑ̃dɔne]
wandern faire de la randonnée [fɛʀ də la ʀɑ̃dɔne]
Wander-/Trekkingschuh les chaussures *(fpl)* de randonnée/montagne [ʃosyʀ də ʀɑ̃dɔne/mɔ̃taɲ]
Wanderweg le chemin de randonnée [lə ʃəmɛ̃ də ʀɑ̃done]
warm chaud(e) [ʃo, ʃod]; **~es Wasser** l'eau chaude [lo ʃod]
Warnblinkanlage les feux *(mpl)* de détresse [le fød detʀɛs]
Warndreieck le triangle de présignalisation [lə tʀijɑ̃gl də pʀesiɲalizasjɔ̃]
warten attendre [atɑ̃dʀ]
Wartesaal la salle d'attente [la sal datɑ̃t]
Wartezimmer la salle d'attente [la sal datɑ̃t]
was que [kə]; qu'est-ce que [kɛs‿kə]; **~ für ein/eine ... ?** quel/le [kɛl]
Waschbecken le lavabo [lə lavabo]
Wäsche *(Schmutzwäsche)* la lessive [la lɛsiv]
Wäscheklammern les pinces *(f)* à linge [le pɛ̃s a lɛ̃ʒ]
Wäscheleine la corde à linge [la kɔʀda lɛ̃ʒ]
waschen laver [lave]
Wäschetrockner le sèche-linge [lə sɛʃlɛ̃ʒ]
Waschlappen le gant de toilette [lə gɑ̃d twalɛt]
Waschmaschine la machine à laver [la maʃin‿a lave]
Waschmittel la lessive [la lɛsiv]
Waschraum les lavabos *(m)* [le lavabo]
Wasser l'eau *(f)* [lo]
wasserdicht étanche [etɑ̃ʃ]
Wasserfall la cascade [la kaskad]
Wasserhahn le robinet [lə ʀɔbinɛ]
Wasserkocher la bouilloire électrique [la bujwaʀ elɛktʀik]
Wasserverbrauch la consommation d'eau [la kɔ̃sɔmasjɔ̃ do]
Watte le coton hydrophile [lə kɔtɔ̃ idʀɔfil]
Wattestäbchen le coton-tige [lə kɔ̃tɔtiʒ]
Wechselgeld la monnaie [la mɔnɛ]
wechselhaft variable [vaʀjabl]
Wechselkurs le cours de change [lə kuʀ də ʃɑ̃ʒ]
wecken réveiller [ʀeveje]
Weg le chemin [lə ʃmɛ̃]
wegen à cause de [a koz də]
weggehen partir [paʀtiʀ]
Wegweiser le poteau indicateur [lə pɔto ɛ̃dikatœʀ]
wehtun faire mal [fɛʀ mal]
weich mou, molle [mu, mɔl]
Weichkäse le fromage à pâte molle [lə fʀɔmaʒ a pat mɔl]
weil parce que [paʀs kə]
Wein le vin [lə vɛ̃]
weinen pleurer [plœʀe]
Weinglas le verre à vin [lə vɛʀ a vɛ̃]
Weinhandlung le magasin de vins [lə magazɛ̃d vɛ̃]
Weisheitszahn la dent de sagesse [la dɑ̃ də saʒɛs]
weiß blanc, blanche [blɑ̃/blɑ̃ʃ]

Weißbrot le pain blanc [lə pɛ̃ blɑ̃]
Weißwein le (vin) blanc [lə vɛ̃ blɑ̃]
weit *(nicht eng)* large [laʀʒ]; *(Weg)* loin [lwɛ̃]; *(entfernt)* éloigné(e) [elwaɲe]
Welt le monde [lə mɔ̃d]
wenig peu [pø]; **ein ~** un peu [ɛ̃ pø]
wenigstens au moins [o mwɛ̃]
wenn *(Bedingung)* si [si]; *(zeitlich)* quand [kɑ̃]
werden devenir [dəvniʀ]
Werkstatt *(Auto)* le garage [lə gaʀaʒ]
Werktag le jour ouvrable [lə ʒuʀ uvʀablə]
Werkzeug les outils *(m)* [lez‿uti]
Wertsachen les objets *(mpl)* de valeur [lez‿ɔbjɛd valœʀ]
Wespe la guêpe [la gɛp]
Weste le gilet [lə ʒilɛ]
Westen l'ouest *(m)* [lwɛst]
Wetterbericht le bulletin météo(rologique) [lə byltɛ̃ meteɔ(ʀɔlɔʒik)]; la météo w[la meteo]
Wettervorhersage les prévisions *(fpl)* météo (rologiques) [le pʀevizjɔ̃ meteɔ(ʀɔlɔʒik)]
wichtig important(e) [ɛ̃pɔʀtɑ̃, ɑ̃t]
Wickeltisch la table à langer [la tabla lɑ̃ʒe]
wie *(Frage)* comment [kɔmɑ̃]; *(Vergleich)* comme [kɔm]
wieder de nouveau [də nuvo]
wiederholen répéter [ʀepete]
wiederkommen revenir [ʀəvəniʀ]
Wiese le pré [lə pʀe]
Wildpark le parc animalier [lə paʀk animalje]
willkommen bienvenu(e) [bjɛ̃vəny]
Wimperntusche le mascara [lə maskaʀa]
Wind le vent [lə vɑ̃]
Windeln les couches *(f)* [le kuʃ]
Windpocken la varicelle [la vaʀisɛl]
Windschutzscheibe le pare-brise [lə paʀbʀiz]
Windstärke la force du vent [la fɔʀs dy vɑ̃]
windsurfen faire de la planche à voile [fɛʀ də la plɑ̃ʃ‿a vwal]
Winter l'hiver *(m)* [livɛʀ]
wir nous [nu]
Wirbelsäule la colonne vertébrale [la kɔlɔn vɛʀtebʀal]
WLAN la Wi-Fi [la wifi]
wirklich *(als Adverb)* vraiment [vʀɛmɑ̃]
wissen savoir [savwaʀ]
Woche la semaine [la səmɛn]; **in einer ~** dans une semaine [dɑ̃zyn səmɛn]
wochentags pendant la semaine [pɑ̃dɑ̃ la səmɛn]
wöchentlich *(als Adjektiv)* hebdomadaire [ɛbdomadɛʀ]
wohnen habiter [abite]
Wohnmobil le camping-car [lə kɑ̃piŋkaʀ]
Wohnort le domicile [lə dɔmisil]
Wohnung l'appartement *(m)* [lapaʀtəmɑ̃]
Wohnwagen la caravane [la kaʀavan]
Wohnzimmer la salle de séjour [la sal də seʒuʀ]
Wolke le nuage [lə nyaʒ]
Wolle la laine [la lɛn]
Wort le mot [lə mo]
Wunde la plaie [la plɛ]
wunderbar merveilleux, -euse [mɛʀvɛjø, øz]
wünschen désirer [deziʀe]
Wurst la charcuterie [la ʃaʀkytʀi]
Würstchen la saucisse [la sosis]

würzen assaisonner [asɛzɔne]
wütend furieux, -euse [fyʀjø, øz]

Z

zäh coriace [kɔrjas]
Zahl le nombre [lə nɔ̃bʀ]
zahlen payer [pɛje]
zählen compter [kɔ̃te]
Zahlung le paiement [lə pɛmɑ̃]
Zahn la dent [la dɑ̃]
Zahnarzt dentiste [dɑ̃tist]
Zahnbürste la brosse à dents [la bʀɔs a dɑ̃]
Zahncreme/-pasta le dentifrice [lə dɑ̃tifʀis]
Zahnfleisch les gencives *(fpl)* [le ʒɑ̃siv]
Zahnschmerzen le mal de dents [lə mal də dɑ̃]
Zahnseide le fil dentaire [lə fil dɑ̃tɛʀ]
Zahnstocher le cure-dents [lə kyʀdɑ̃]
Zäpfchen les suppositoires *(mpl)* [le sypozitwaʀ]
zart tendre [tɑ̃dʀ]
Zecke la tique [la tik]
Zehe l'orteil *(m)* [lɔʀtɛj]
Zeichen le signe [lə siɲ]
Zeichensprache la langue des signes [la lɑ̃g de siɲ]
zeigen montrer [mɔ̃tʀe]
Zeit le temps [lə tɑ̃]; **um diese ~** à cette heure-ci [a sɛt‿œʀ si]
Zeitschrift le magazine [lə magazin]
Zeitung le journal [lə ʒuʀnal]
Zeitungshändler le marchand de journaux [lə maʀʃɑ̃d ʒuʀno]
Zelt la tente [la tɑ̃t]
zelten camper [kɑ̃pe]
Zeltstange le piquet de tente [lə pkɛd tɑ̃t]
Zentimeter le centimètre [lə sɑ̃timɛtʀ]
zentral central(e) [sɑ̃tʀal]
Zentralheizung le hauffage central [lə ʃofaʒ sɑ̃tʀal]
Zentrum le centre [lə sɑ̃tʀ]
Zerrung le claquage (musculaire) [lə klakaʒ (myskylɛʀ)]
Zeuge, Zeugin le/la témoin [lə/la temwɛ]
Ziegenkäse le fromage de chèvre [lə fʀɔmaʒ də ʃɛvʀ]
ziehen tirer [tiʀe]
Ziel le but [lə by(t)]; *(Reise~)* la destination [la dɛstinasjɔ̃]
ziemlich assez [ase]
Zigarette la cigarette [la sigaʀɛt]
Zigarettentabak le tabac à cigarettes [lə taba a sigarɛt]
Zigarillo le cigarillo [lə sigaʀijo]
Zigarre le cigare [lə sigaʀ]
Zimmer la chambre [la ʃɑ̃bʀ]
Zimt la noix de muscade [la nwad myskad]
Zitronen les citrons *(mpl)* [le sitʀɔ̃]
Zoll la douane [la dwan]
Zollerklärung la déclaration en douane [la deklaʀasjɔ ɑ̃ duan]
zollfrei exempt de droits de douane [ɛgzɑ̃ də dʀwad duan]; **~er Laden** la boutique horstaxes [la butik ɔʀtaks]
Zollgebühren les droits *(mpl)* de douane [le dʀwad duan]
zollpflichtig soumis aux droits de douane [sumi o dʀwad duan]
Zoo le zoo [lə zo]
zu *(Richtung)* à [a]; *(geschlossen)* fermé(e) [fɛʀme]; **~ sehr/viel** trop [tʀo]
Zucchini la courgette [la kurʒɛt]

Zucker le sucre [lə sykʀə]
zuerst d'abord [dabɔʀ]
zufrieden content(e) [kɔ̃tɑ̃, ɑ̃t]
Zug le train [lə tʀɛ̃]
Zugchef le chef de bord [lə ʃɛf də bɔʀd]
zuhören; **jemandem ~** écouter quelqu'un [ekute kɛlkɛ̃]
Zündkerze la bougie [la buʒi]
Zündschlüssel la clé de contact [la kled kɔ̃takt]
Zündung l'allumage *(m)* [lalymaʒ]
Zunge la langue [la lɑ̃g]
zurück de retour [də ʀətuʀ]
zurückfahren retourner [ʀətuʀne]
zusammen ensemble [ɑ̃sɑ̃bl]
Zusammenstoß le choc [lə ʃɔk]; la collision [la kɔlizjɔ̃]
zusätzlich supplémentaire [syplemɑ̃tɛʀ]; en plus [ɑ̃ plys]
Zuschlag le supplément [lə syplemɑ̃]
zweitens deuxièmement [døzjɛmmɑ̃]
Zwiebeln les oignons *(mpl)* [lez‿ɔɲɔ̃]
zwischen entre [ɑ̃tʀ]
Zwischenlandung l'escale *(f)* [lɛskal]
Zwischenstecker la prise multiple [la pʀiz myltipl]

BILDQUELLEN

* - Shutterstock

U1 */(Pascale Gueret), New York; **9** Fotolia (felinda), New York; **23** */(pisaphotography), New York; **24** */(Chris worldwide), New York; **49** */(Netfalls Remy Musser), New York; **54.1** Fotolia (Ciaobucarest), New York; **54.2** Fotolia (ArTo), New York; **54.3** Fotolia (Artur Bogacki), New York; **54.4** Thinkstock (mpalis), München; **54.5** Default-Eintrag, Defaultsitz; **54.6** */(muratart), New York; **54.7** */(Grisha Bruev), New York; **54.8** */(Vladimir Wrangel), New York; **54.9** Thinkstock (serda_ik), München; **54.10** Fotolia (Alen Ajan), New York; **54.11** Fotolia (goodluz), New York; **54.12** Thinkstock (Hemera Technologies), München; **55** */(ami mataraj), New York; **55** */(Piyato), New York; **58** */(MNStudio), New York; **73.1** Fotolia (Giuseppe Lancia), New York; **73.2** Fotolia (roobcio), New York; **73.3** Fotolia (Andrey Starostin), New York; **73.4** Fotolia (Rémy MASSEGLIA), New York; **73.5** Dreamstime.com (Wksp), Brentwood, TN; **73.6** Fotolia (Andrei Nekrassov), New York; **73.7** Fotolia (dulsita), New York; **73.8** Fotolia (Dani Vincek), New York; **73.9** Fotolia (HelleM), New York; **73.10** Fotolia (BSANI), New York; **73.11** Fotolia (felinda), New York; **73.12** iStockphoto (malerapaso), Calgary, Alberta; **73.13** Fotolia (pedrolieb), New York; **73.14** Fotolia (o.meerson), New York; **73.15** Fotolia (ExQuisine), New York; **73.16** Fotolia (Picture Partners), New York; **73.17** Fotolia (Gaetan Soupa), New York; **73.18** Dreamstime.com (Wksp), Brentwood, TN; **73.19** Fotolia (lunamarina), New York; **73.20** Dreamstime.com (Onepony), Brentwood, TN; **74.1** Dreamstime.com (Givaga), Brentwood, TN; **74.2** */(valeriy555), New York; **74.3** Fotolia (sspice), New York; **74.4** Fotolia (Sergejs Rahunoks), New York; **74.5** */(OFC Pictures), New York; **74.6** Fotolia (ExQuisine),

New York; **74.7** Fotolia (Sergii Moscaliuk), New York; **74.8** */(JPC-PROD), New York; **74.9** Fotolia (Viktor), New York; **74.10** */(Lu Mikhaylova), New York; **74.11** */(Diana Taliun), New York; **74.12** Fotolia (BeTa-Artworks), New York; **74.13** Fotolia (Marius Graf), New York; **74.14** */(Jiri Hera), New York; **74.15** Fotolia (Viktor), New York; **74.16** Fotolia (ExQuisine), New York; **74.17** */(Dima Sobko), New York; **74.18** Fotolia (Robert Neumann), New York; **74.19** Fotolia (gtranquillity), New York; **74.20** Dreamstime.com (Travelling-light), Brentwood, TN; **75.1** Fotolia (valeriy555), New York; **75.2** Fotolia (Anna Kucherova), New York; **75.3** Fotolia (Irochka), New York; **75.4** Fotolia (valeriy555), New York; **75.5** */(Hong Vo), New York; **75.6** Fotolia (valeriy555), New York; **75.7** */(Hong Vo), New York; **75.8** Fotolia (valeriy555), New York; **75.9** Fotolia (valeriy555), New York; **75.10** Fotolia (Schlierner), New York; **75.11** Fotolia (jerome signoret), New York; **75.12** Fotolia (Malyshchyts Viktar), New York; **75.13** iStockphoto (stock_colors), Calgary, Alberta; **75.14** */(Yeti studio), New York; **75.15** Fotolia (valeriy555), New York; **75.16** */(sanddebeautheil), New York; **75.17** Fotolia (margo555), New York; **75.18** Fotolia (valeriy555), New York; **75.19** iStockphoto (Sandra Caldwell), Calgary, Alberta; **75.20** Fotolia (valeriy555), New York; **76.1** Fotolia (valeriy555), New York; **76.2** Fotolia (valeriy555), New York; **76.3** Fotolia (valeriy555), New York; **76.4** Fotolia (valeriy555), New York; **76.5** */(Daria Reznikova), New York; **76.6** Fotolia (valeriy555), New York; **76.7** Fotolia (Malyshchyts Viktar), New York; **76.8** */(Roman Samokhin), New York; **76.9** Fotolia (valeriy555), New York; **76.10** Fotolia (valeriy555), New York; **76.11** Fotolia (valeriy555), New York; **76.12** Fotolia (valeriy555), New York; **76.13** iStockphoto (Caziopeia), Calgary, Alberta; **76.14** Fotolia (valeriy555), New York; **76.15** Fotolia (valeriy555), New York; **76.16** Fotolia (Malyshchyts Viktar), New York; **76.17** Fotolia (valeriy555), New York; **76.18** Fotolia (valeriy555), New York; **76.19** Fotolia (valeriy555), New York; **76.20** Fotolia (valeriy555), New York; **77** */(s4svisuals), New York; **83** */(Maria Sbytova), New York; **96.1** Fotolia (Kzenon), New York; **96.2** */(Premier Photo), New York; **96.3** */(EQRoy), New York; **96.4** Fotolia (gemenacom), New York; **96.5** Fotolia (Bauer Alex), New York; **96.6** Thinkstock (RL Productions)), München; **96.7** */(Elena Dijour), New York; **96.8** iStockphoto (vasiliki), Calgary, Alberta; **96.9** Fotolia (Andres Rodriguez), New York; **96.10** */(HUANG Zheng), New York; **96.11** Fotolia (Africa Studio), New York; **96.12** Fotolia (paul prescott), New York; **97** */(Douwmamaria), New York; **100** */(Jacques PALUT), New York; **107** Fotolia (Gina Sanders), New York; **128.1** Fotolia (davis), New York; **128.2** Fotolia (Photographee.eu), New York; **128.3** Fotolia (koszivu), New York; **128.4** Fotolia (playstuff), New York; **128.5** Fotolia (Arcady), New York; **128.6** */(Mark Rademaker), New York; **128.7** Fotolia (Photographee.eu), New York; **128.8** Fotolia (Silvano Rebai), New York; **128.9** Fotolia (Claudio Divizia), New York; **128.10** Fotolia (Fiedels), New York; **128.11** Fotolia (Birgit Reitz-Hofmann), New York; **128.12** Fotolia (Gerhard Seybert), New York